21世纪高校网络与新媒体专业系列教材

编委会

总 主 编 石长顺
副 主 编 郭 可　支庭荣
主编单位 华中科技大学
　　　　　　上海外国语大学
　　　　　　暨南大学
　　　　　　华南理工大学
　　　　　　武汉理工大学
　　　　　　河南工业大学
　　　　　　沈阳体育学院
　　　　　　广州大学
编委会成员（按英文字母顺序排序）

陈冠兰	陈沛芹	陈少华	单文盛	郭　可
韩　锋	何志武	黄少华	惠悲荷	季爱娟
李　芳	李　军	李文明	李秀芳	梁冬梅
鲁佑文	尚恒志	石长顺	唐东堰	王　艺
肖赞军	杨　娟	杨　溟	尹章池	于晓光
余　林	张合斌	张晋升	张　萍	郑传洋
郑勇华	支庭荣	周建青	邹　英	

新媒体概论
（第二版）

尹章池　等编著

图书在版编目(CIP)数据

新媒体概论 / 尹章池等编著 . -- 2 版 . -- 北京：北京大学出版社，2025.4.
(21 世纪高校网络与新媒体专业系列教材). -- ISBN 978-7-301-35771-2

Ⅰ . G206.2

中国国家版本馆 CIP 数据核字第 2024RR5743 号

书　　名	新媒体概论（第二版）
	XINMEITI GAILUN（DI-ER BAN）
著作责任者	尹章池　等编著
策 划 编 辑	李淑方
责 任 编 辑	李淑方
特 约 编 辑	刘晨昕
标 准 书 号	ISBN 978-7-301-35771-2
出 版 发 行	北京大学出版社
地　　址	北京市海淀区成府路 205 号　100871
网　　址	http://www.pup.cn　　　　　新浪微博：@ 北京大学出版社
微信公众号	通识书苑（微信号：sartspku）　科学元典（微信号：kexueyuandian）
电 子 邮 箱	编辑部 jyzx@pup.cn　　　总编室 zpup@pup.cn
电　　话	邮购部 010-62752015　发行部 010-62750672　编辑部 010-62767857
印 刷 者	北京溢漾印刷有限公司
经 销 者	新华书店
	787 毫米 ×1092 毫米　16 开本　16.5 印张　350 千字
	2017 年 5 月第 1 版
	2025 年 4 月第 2 版　2025 年 4 月第 1 次印刷
定　　价	59.00 元

未经许可，不得以任何方式复制或抄袭本书之部分或全部内容。
版权所有，侵权必究
举报电话：010-62752024　电子邮箱：fd@pup.cn
图书如有印装质量问题，请与出版部联系，电话：010-62756370

总　序

教育部在2012年公布的本科专业目录中,首次在新闻传播学学科中列入特设专业"网络与新媒体",这是自1998年以来为适应社会发展需要,该学科新增的两个专业之一(另一个为数字出版专业)。实际上,早在1998年,华中科技大学就面对互联网新媒体的迅速崛起和新闻传播业界对网络新媒体人才的急迫需求,率先在全国开办了网络新闻专业(方向)。当时,该校新闻与信息传播学院在新闻学本科专业中采取"2+2"方式,开办了一个网络新闻专业(方向)班,面向华中科技大学理工科招考二年级学生,然后在新闻与信息传播学院继续学习两年专业课程。首届毕业学生受到了业界的青睐。

在教育部新颁布《普通高等学校本科专业目录(2012年)》之后,全国首次有28所高校申办了网络与新媒体专业并获得教育部批准,继而开始正式招生。招生学校涵盖"985"高校、"211"高校和省属高校、独立学院四个层次。这开设网络与新媒体专业的28所高校,不包括同期批准的数字媒体艺术专业招生的45所高校和此前业已存在的基本偏向网络新闻方向的传播学专业招生的31所高校。2014年、2015年、2016年、2017年又先后批准了20、29、47和36所高校进行网络与新媒体专业招生,加上2011年和2012年批准的9所进行新媒体与信息网络专业招生的高校,到2018年全国已有169所高校开设了网络与新媒体专业。

媒体已成为当代人们生活的一部分,并逐渐走向21世纪的商业和文化中心。数字化媒体不但改变了世界,改变了人们的通信手段和习惯,也改变了媒介传播生态,推动着基于网络与新媒体的新闻传播学教育改革与发展,成为当代社会与高等教育研究的重要领域。尼葛洛庞帝于《数字化生存》一书中提出的"数字化将决定我们的生存"的著名预言(1995年),在网络与新媒体的快速发展中得到应验。

中国互联网络信息中心(CNNIC)2019年8月发布的《第44次中国互联网络发展状况统计报告》显示,截至2019年6月,我国网民规模已达8.54亿,较2018年年底增长2598万,互联网普及率达61.2%,较2018年年底提升1.6个百分点。互联网用户规模的迅速发展,标志着网络与新媒体技术正处在一个不断变化的流动状态,且其低门槛的进入使人与人之间的交往变得更为便捷,世界已从"地球村"走向了"小木屋",时空概念的消解正在打破国家与跨地域之间的界限。加上我国手机网民数量持续增长,手机网民规模已达8.47

亿,较 2018 年年底增长 2984 万,网民使用手机上网的比例达 99.1%,较 2018 年年底提升 0.5 个百分点。这是否更加证明移动互联网时代已经到来,"人人都是记者"已成为现实?

网络与新媒体的发展重新定义了新媒体形态。新媒体作为一个相对的概念,已从早期的广播与电视转向互联网。随着数字技术的发展,新媒体更新的速度与形态的变化时间越来越短(见图 1)。当代新媒体的内涵与外延已从单一的互联网发展到网络广播电视、手机电视、微博、微信、互联网电视等。在网络环境下,一种新的媒体格局正在出现。

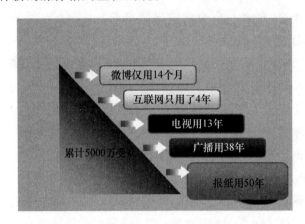

图 1　各类媒体形成"规模"的标志时间

基于网络与新媒体的全媒体转型也正在迅速推行,并在四个方面改变着新闻业,即改变着新闻内容、改变着记者的工作方式、改变着新闻编辑室和新闻业的结构、改变着新闻机构与公众和政府之间的关系。相应地也改变着新闻和大众传播教育,包括新闻和大众传播教育的结构、教育者的工作方式和新闻传播学专业讲授的内容。

为使新设的"网络与新媒体"专业从一开始就走向规范化、科学化的发展建设之路,加强和完善课程体系建设,探索新专业人才培养模式,促进学界之间的教学交流,共同推进网络与新媒体专业教育,由华中科技大学广播电视与新媒体研究院及华中科技大学武昌分校(现更名为"武昌首义学院")主办,北京大学出版社承办的"全国高校网络与新媒体专业学科建设"研讨会,于 2013 年 5 月 25—26 日在武汉举行。参加会议的 70 多名高校代表就议题"网络与新媒体专业培养模式""网络与新媒体专业主干课程体系"等展开了研讨,通过全国高校之间的学习对话,在网络与新媒体专业主干课和专业选修课的设置方面初步达成一致意见,形成了网络与新媒体专业新建课程体系。

网络与新媒体主干课程共 14 门:网络与新媒体(传播)概论、网络与新媒体发展史、网络与新媒体研究方法、网络与新媒体技术、网页设计与制作、网络与新媒体编辑、全媒体新闻采写、视听新媒体节目制作教程、融合新闻学、网络与新媒体运营与管理、网络与新媒体用户分析、网络与新媒体广告策划、网络法规与伦理、新媒体与社会等。

选修课程初定8门：西方网络与新媒体理论、网络与新媒体舆情监测、网络与新媒体经典案例、网络与新媒体文学、动画设计、数字出版、数据新闻挖掘与报道、网络媒介数据分析与应用等。

这些课程的设计是基于当时全国28所高校网络与新媒体专业申报目录、网络与新媒体专业的社会调查，以及长期相关教学研究的经验讨论而形成的，也算是首届会议的一大收获。新专业建设应教材先行，因此，在这次会议上应各高校的要求，组建了高校网络与新媒体专业系列规划教材编写委员会，全国参会的26所高校中有50多位学者申报参编教材。在北京大学出版社领导和李淑方编辑的大力支持下，经过个人申报、会议集体审议，初步确立了30余种教材编写计划。这套网络与新媒体专业系列教材包括：

《网络与新媒体概论》《西方网络与新媒体理论》《新媒体研究方法》《融合新闻学》《网页设计与制作》《全媒体新闻采写》《网络与新媒体编辑》《网络与新媒体评论》《新媒体视听节目制作》《视听评论》《视听新媒体导论》《出镜记者案例分析》《网络与新媒体技术应用》《网络与新媒体经营》《网络与新媒体广告》《网络与新媒体用户分析》《网络法规与伦理》《新媒体与社会》《数字媒体导论》《数字出版导论》《网络与新媒体游戏导论》《网络媒体实务》《网络舆情监测与分析》《网络与新媒体经典案例评析》《网络媒介数据分析与应用》《网络播音主持》《网络与新媒体文学》《网络与新媒体营销传播》《网络与新媒体实验教学》《网络文化教程》《全媒体动画设计赏析》《突发新闻教程》《文化产业概论》《新媒体概论》等。

这套教材是我国高校新闻教育工作者探索"网络与新媒体"专业建设规范化的初步尝试，它将在网络与新媒体的高等教育中不断创新和实践，不断修订完善。希望广大师生、业界人士不吝赐教，以便这套教材更加符合网络与新媒体的发展规律和教学改革理念。

石长顺

2014年7月

2019年9月修改

（作者系华中科技大学广播电视与新媒体研究院院长、教授；

武昌首义学院副校长，兼任新闻与文法学院院长）

第二版前言

新媒体在网络通信技术、传播技术和计算机技术的多重推动下，新主体、新形态、新环境不断演进，经历了网络传播、移动传播、智能传播的发展阶段。新媒体内涵与外延、新媒体运作方式、新媒体传播模式、新媒体产业盈利模式和创新形态有了更加丰富的表现。传播中心或重心的转移，生动地演绎着新媒体的无限活力和发展轨迹。

本教材自 2017 年 5 月出版以来，已经连续印刷多次，连续出版发行 7 年，覆盖全国几十所院校。原有的教材内容、数据、案例显得较为陈旧，难以及时展现和科学阐述当代新媒体的本质意义、重要发展成就和生动传播实践。如果一本教材落后于人才培养和课程体系改革，毫无疑问首先就要对它予以修改完善，赋予它新的内涵。

编著者 20 多年来一直从事"新媒体概论""媒介经营与管理""新闻传媒经营管理研究""版权与 IP 运营"等本科生和研究生课程的教学，主持国家社科基金重点项目 1 项，一般项目 2 项，省部级重点项目 5 项，发表新闻传播学学术论文 130 余篇，出版《新媒体概论》《大数据新闻传媒概论》等专著、教材 11 部，对新媒体的教学和前沿研究一直保持跟踪和参与学术探讨，对"新媒体概论"有较为独特的认识视角与表达方式，力图通过本教材的体例和内容结构体现最新研究成果。

第二版《新媒体概论》基本上延续首版的框架，但是在知识单元、逻辑架构和内容呈现上进行了深入的梳理，删除、合并或调整了网络视频等章节以及较为陈旧的内容，补充了智能媒体、短视频和网络直播等章节或内容。着力在每个章节的内容表述、逻辑表达、案例数据等方面全面更新，重新厘定学习目的、小结、思考与练习和参考文献，重在展现新媒体的新趋势、新格局、新成果。《新媒体概论（第二版）》入选武汉理工大学"十四五"规划教材。本教材和各章的具体修订撰写工作分工如下。

尹章池全面主持确定本教材第二版修订的框架设计、修订方案、重点难点，统筹全书编撰体例、各章纲目、新增重点范畴，审定各章的内容信息、学术观点和逻辑结构。

贵俊琦修订撰写第一章新媒体的起源与发展，姜禹泽修订撰写第二章网络媒体，伍园园修订撰写第三章移动媒体，徐景熙修订撰写第四章社交媒体，刘念修订撰写第五章新媒体传播，李昕修订撰写第六章新媒体创意，宋佳鑫修订撰写第七章新媒体制作，宋佳鑫、李昕修订撰写第八章新媒体产业，贵俊琦、伍园园修订撰写第九章新媒体版权。

在书稿多次修改过程中，24级博士生王逸豪、24级硕士生董紫芩、姚子涛、孙一欣、蒋雯雯、王旭、郭鹏辉参与了部分章节的文字修订。

对所有在本书中被引用参考文献或者学术观点、数据案例的作者表达由衷敬意！对参与编写第一版和第二版而付出心血的作者深表感谢！

编著者

2025年2月16日

第一版前言

"新媒体"是相对报纸、杂志、广播、电视等传统媒体而言的媒体统称。它是指利用数字技术、网络技术,通过互联网、宽带局域网、无线通信网和卫星等渠道,以电视、电脑和手机为终端,向用户(即受众)提供视频、音频、语音数据、远程教育等交互式信息和娱乐服务,以此获取经济利益的一种传播形式。

从内容上来讲,新媒体既可以传播文字,也可以传播声音和图像;从过程上来讲,新媒体既可以通过流媒体方式进行线性传播,也可以通过存储、读取方式进行非线性传播。这样,原有的以材质、样式、符号系统等物理形态对媒介所进行的分类和定义已经不再适用,"媒介"这个概念的外延已经大大扩展。

一般来说,新媒体有两个明显特征:一是可以承载传统媒体能承载的各种形式,如文字、图形、视频、音频等,二是与受众具有互动性。新媒体正在对我们的媒体环境、文化环境乃至经济和社会环境产生影响,我们生活在新的媒体生态中。

新媒体技术推动了当代媒体产业结构的深刻调整,新媒体产业在媒体产业中的比重迅速上升,新媒体产业将引领媒体产业潮流。部分传统的媒体行业将逐步衰微,适应市场需求的媒体行业将继续保持活力,文化创意和内容资源将成为媒体产业的核心竞争力。

新媒体改变了我们的生活,拉近了我们的距离,加快了我们的生活节奏,我们一刻也离不开它。

新媒体催生了新的经济形态,依托新媒体平台的企业如雨后春笋般产生,并展示其独具魅力的经营风采,哪怕只是昙花一现。

新媒体使得媒体人面临转型,甚至被遗弃的挑战。因此,人们不得不对新闻学与传播学教育进行重新思考,比如探索网络与新媒体专业的架构与发展。

网络与新媒体专业致力于培养能掌握网络与新媒体信息传播的理论知识与实践技能,能熟练运用网络与新媒体进行信息采写、策划、传播,兼具新媒体组织运营和管理能力,拥有宽广的国际视野和进取的创新精神的复合型、应用型传媒人才。"新媒体概论"课程就是这个专业的核心基础课,加强其教材建设尤为必要。尽管国内已经有若干版本,但是,对于日新月异的新媒体传播和专业建设来说,这些版本又显得偏少或滞后。

  本教材由编著者在2012年以来主讲该课程的教案、讲稿和主持相关研究项目课题成果的基础上撰写、修订而成。尹章池教授负责制定本教材的体系结构、内容框架、撰写纲要和编写体例,全书材料的组织和数据的收集与甄别、文字统稿和定稿。研究生参与了各章的具体编写:陈蓉编写第一章、第五章;叶子编写第二章、第三章;管晶编写第四章;刘依编写第六章、第八章;钟其英编写第七章;白冰莹编写第九章。

编著者
2016.12

本书资源

  扫描右侧二维码标签,关注"博雅学与练"微信公众号,获得本书专属的在线学习资源。一书一码,相关资源仅供一人使用。

  读者在使用过程中如遇到技术问题,可发邮件至 shfli2004@126.com。

  任课教师可根据书后的"教辅申请说明"反馈信息,获取教辅资源。

新媒体概论（第二版）

目 录

第一章 新媒体的起源与发展 ………………………………………… 1

第一节 新媒体的起源 ……………………………………………… 1
一、众说纷纭的"新媒体" …………………………………… 1
二、全方位认识"新媒体" …………………………………… 2

第二节 新媒体的特征 ……………………………………………… 5
一、即时性与交互性 …………………………………………… 6
二、个性化与分众化 …………………………………………… 6
三、数字化、多媒体化与虚拟化 ……………………………… 7
四、全球化与融合化 …………………………………………… 8

第三节 新媒体的演变与发展历程 ………………………………… 9
一、新媒体的发展动因 ………………………………………… 9
二、新媒体的发展历程 ………………………………………… 13

第四节 新媒体的发展趋势 ………………………………………… 23
一、媒体移动化趋势 …………………………………………… 23
二、媒体融合化趋势 …………………………………………… 23
三、媒体智能化趋势 …………………………………………… 24

第五节 新媒体产生的影响 ………………………………………… 24
一、生活方式的改变 …………………………………………… 25
二、核心价值观的传播 ………………………………………… 29
三、经济增长方式的转换 ……………………………………… 30

第二章 网络媒体 …………………………………………………… 33

第一节 门户网站 …………………………………………………… 33
一、门户网站的定义 …………………………………………… 33
二、门户网站的特征 …………………………………………… 33
三、门户网站的分类 …………………………………………… 34
四、门户网站的发展历程 ……………………………………… 35
五、门户网站的发展方向 ……………………………………… 36

第二节 搜索引擎 …………………………………………………… 37
  一、搜索引擎的定义 ……………………………………………… 37
  二、搜索引擎的特征 ……………………………………………… 37
  三、搜索引擎的分类 ……………………………………………… 38
  四、搜索引擎的发展历程 ………………………………………… 39
  五、搜索引擎的发展方向 ………………………………………… 40

第三节 数字出版 …………………………………………………… 41
  一、数字出版的定义 ……………………………………………… 41
  二、数字出版的特征 ……………………………………………… 41
  三、数字出版的分类 ……………………………………………… 42
  四、数字出版的发展现状 ………………………………………… 43
  五、数字出版的发展方向 ………………………………………… 44

第四节 网络游戏 …………………………………………………… 46
  一、网络游戏的定义 ……………………………………………… 46
  二、网络游戏的特征 ……………………………………………… 46
  三、网络游戏的分类 ……………………………………………… 47
  四、网络游戏的发展现状 ………………………………………… 48
  五、网络游戏的发展方向 ………………………………………… 50

第三章 移动媒体 …………………………………………………… 53

第一节 移动互联网 ………………………………………………… 53
  一、移动互联网与移动媒体 ……………………………………… 53
  二、移动互联网的特征 …………………………………………… 53
  三、移动互联网发展的新趋势 …………………………………… 55

第二节 手机媒体 …………………………………………………… 56
  一、手机媒体的定义 ……………………………………………… 56
  二、手机媒体的特征 ……………………………………………… 57
  三、手机媒体的业务形态 ………………………………………… 59
  四、手机媒体存在的问题与发展路径 …………………………… 61

第三节 平板媒体 …………………………………………………… 64
  一、平板媒体与平板电脑 ………………………………………… 64
  二、平板电脑的发展历程 ………………………………………… 64
  三、平板媒体对传统纸媒的影响 ………………………………… 66

第四节 车载移动媒体 ……………………………………………… 67
  一、移动电视与车载移动媒体 …………………………………… 67

二、车载移动媒体的类型与特征 …………………………………… 68
　　三、车载移动媒体存在的问题与发展路径 ……………………… 69

第四章　社交媒体 ……………………………………………………… 73
第一节　社交媒体概述 ………………………………………………… 73
　　一、社交媒体的定义 ……………………………………………… 73
　　二、社交媒体的分类 ……………………………………………… 74
　　三、社交媒体的发展阶段 ………………………………………… 75
第二节　网络社区、博客与即时通信 ………………………………… 76
　　一、网络社区 ……………………………………………………… 76
　　二、博客 …………………………………………………………… 82
　　三、即时通信 ……………………………………………………… 84
第三节　微博、微信与客户端 ………………………………………… 87
　　一、微博 …………………………………………………………… 87
　　二、微信 …………………………………………………………… 92
　　三、新闻客户端 …………………………………………………… 95
第四节　短视频与网络直播 …………………………………………… 98
　　一、短视频 ………………………………………………………… 98
　　二、网络直播 ……………………………………………………… 105

第五章　新媒体传播 …………………………………………………… 111
第一节　新媒体新闻 …………………………………………………… 111
　　一、新媒体新闻的定义 …………………………………………… 111
　　二、新媒体新闻的特点 …………………………………………… 111
　　三、新媒体新闻的形态 …………………………………………… 114
第二节　新媒体舆论 …………………………………………………… 120
　　一、舆论和新媒体舆论 …………………………………………… 120
　　二、新媒体语境下舆论的特点 …………………………………… 121
　　三、网络舆论的形成 ……………………………………………… 123
　　四、新媒体舆论的引导策略 ……………………………………… 125
第三节　新媒体文化 …………………………………………………… 126
　　一、新媒体文化的定义 …………………………………………… 126
　　二、新媒体文化的特点 …………………………………………… 127
　　三、新媒体文化的发展条件 ……………………………………… 128
　　四、新媒体文化存在的问题与规范引导 ………………………… 129

第四节　网络谣言 ··· 131
　　一、网络谣言的内涵 ·· 131
　　二、网络谣言的形成 ·· 132
　　三、网络谣言的传播模式 ·· 132
　　四、网络谣言中新媒体的双重角色 ································ 133
　　五、网络谣言的控制策略 ·· 133

第六章　新媒体创意 ··· 136
第一节　新媒体内容创新 ··· 136
　　一、新媒体内容创新的机遇 ······································ 136
　　二、新媒体内容创新的挑战 ······································ 141
第二节　新媒体语言 ··· 143
　　一、新媒体时代的语言特性 ······································ 143
　　二、新媒体时代的语言要求 ······································ 145
第三节　新媒体运营 ··· 146
　　一、新媒体项目定位 ·· 146
　　二、新媒体运营 ·· 147
　　三、新媒体推广 ·· 150
　　四、用户数据分析 ·· 153

第七章　新媒体制作 ··· 156
第一节　数字媒体技术概述 ··· 156
　　一、数字媒体技术的内涵 ·· 156
　　二、数字媒体技术的分类 ·· 159
　　三、数字媒体技术在展示设计中的应用 ···························· 160
第二节　数字音频和数字图像 ··· 163
　　一、数字音频和数字图像概述 ···································· 163
　　二、数字音频和数字图像的制作与处理 ···························· 167
第三节　数字动画和数字游戏 ··· 173
　　一、数字动画和数字游戏概述 ···································· 173
　　二、数字动画和数字游戏的制作与处理 ···························· 178
第四节　数字影视剪辑和特效 ··· 181
　　一、数字影视剪辑和特效概述 ···································· 181
　　二、数字影视剪辑和特效的制作与处理 ···························· 185

第八章 新媒体产业 … 189
第一节 新媒体产业概述 … 189
一、新媒体产业的概念 … 189
二、新媒体产业的经济特征 … 190
三、新媒体产业的发展现状 … 194
第二节 新媒体产业的价值链与产业链 … 196
一、新媒体价值链的构成 … 196
二、新媒体产业链的构成 … 197
三、新媒体产业链的核心领域 … 199
四、新媒体产业存在的问题与发展路径 … 200
第三节 新媒体产业政策 … 202
一、美国的新媒体产业政策 … 202
二、欧洲的新媒体产业政策 … 203
三、日本的新媒体产业政策 … 204
四、中国的新媒体产业政策 … 205
第四节 新媒体商业模式 … 206
一、新媒体商业模式的发展演变 … 206
二、新媒体商业模式的发展趋势 … 210

第九章 新媒体版权 … 217
第一节 新媒体版权的发展现状 … 217
一、中国新媒体版权保护发展 … 217
二、新媒体侵权盗版的特点 … 218
三、新媒体版权面临的困境 … 219
第二节 避风港原则与红旗原则 … 222
一、避风港原则 … 223
二、红旗原则 … 224
三、避风港原则与红旗原则的争议与平衡 … 225
第三节 数字版权保护的应用 … 227
一、音乐的数字版权保护 … 227
二、数字视频的版权保护 … 228
三、电子书的版权保护 … 228
第四节 信息网络传播权与版权保护 … 231
一、新媒体时代下版权保护的新形势 … 231
二、合理使用与侵权 … 232

三、国外对于合理使用与侵权的处理方式 …………………………………… 233
四、中国对合理使用规定的完善 …………………………………… 235
五、新媒体产业的版权保护 …………………………………… 238

第一章 新媒体的起源与发展

学习目的

1. 通过对新媒体概念的学习,掌握新媒体的定义和特点。
2. 通过学习新媒体的发展历程,了解各大新媒体的特点和优势。
3. 了解新媒体的发展趋势,预测新媒体的未来前景。
4. 通过系统学习新媒体知识,认识新媒体对生活方式的重要影响。

第一节 新媒体的起源

网络技术、数字技术和移动通信技术的发展,为新媒体的产生和发展营造了良好的环境。自新媒体兴起以来,其扩展规模和发展速度就出乎众人的预料,对报纸、广播、电视等传统媒体的生存构成了严峻挑战。当前,新媒体正以不可阻挡的势头,迅速渗透到人类社会的政治、经济、思想、文化等诸多领域,不仅改变了社会的传播形态,也影响着人们的生活方式和思维方式。因此,新媒体也成为新闻学、传播学等诸多领域的研究热点。本章通过介绍新媒体的起源、定义、特征及发展趋势,试图提供一个较为直观且全面的新媒体画像。

一、众说纷纭的"新媒体"

"新媒体"这一概念可追溯到20世纪中后期。1967年,美国哥伦比亚广播电视网(Columbia Broadcasting System,CBS)技术研究所所长P.戈德马克(P. Goldmark)发表了一份关于开发电子录像(Electronic Video Recording,EVR)商品的计划书,他在该计划书中将"电子录像"称作"new media"(新媒体),由此提出"新媒体"的概念。1969年,美国传播政策总统特别委员会主席E.罗斯托(E. Rostow)在向尼克松总统提交的报告书(简称《罗斯托报告》)中,也多处使用"new media"一词以及有关的概念。随后,新媒体一词在美国广泛流传。20世纪70年代末至20世纪80年代,学术界、科技界、新闻界经常讨论有关"新媒体"的话题。不同的专家、学者对"新媒体"的定义持不同意见,目前,国内外比较具有代表性的观点主要有以下几种。

早期,联合国教科文组织对新媒体下过一个定义:新媒体就是网络媒体。

与之类似的是把新媒体定义为"以数字技术为基础,以网络为载体进行信息传播的媒介"。

国内清华大学新闻与传播学院熊澄宇教授认为,所谓新媒体,或称数字媒体、网络媒体,是建立在计算机信息处理技术和互联网基础之上,有传播功能的媒介总和。该定义强调新媒体的技术性,以及技术引起传播渠道的变化。

中国人民大学新闻学院的匡文波教授认为"新媒体"是一个通俗的说法,严谨的表述是"数字化互动式新媒体"。从技术上看,"新媒体"是数字化的;从传播特征看,"新媒体"具有高度的互动性。同时新媒体的传播过程具有非线性的特点,信息发送和接收既可以同步也可以异步。

上述定义主要根据新媒体的传播技术、方式和特征来界定新媒体的概念。随着数字和网络信息技术的发展,新媒体的内涵和外延不断变化。因此,对新媒体的定义应根据其实际变化发展而不断更新和完善。

二、全方位认识"新媒体"

新媒体是一个随着技术持续演进而不断被赋予新意义的范畴。若要明晰新媒体的本质,还得从"百家之言"入手。通过辨析媒体"新""旧"之分,深入理解新媒体与传统媒体的本质区别,从而对其有全方位的了解。

(一)认识新媒体定义的各种"论"

中央电视台资深媒体人杨继红曾对新媒体的定义展开了调研,在其著作《谁是新媒体》中,对当前的各类定义进行了梳理分类,将它们划分为"传承论""相对论""凡数字论""互联论""媒体定义回归论""规模论""多维论"及"一言难尽论"。

"传承论"从媒体发展传承的演进过程出发,将新媒体的定义置于整个人类社会的媒体发展进程中,认为新媒体是基于传统媒体发展起来的新的媒介形式。

"相对论"将新媒体视为媒体演进发展的延续,即是一个相对的概念,比传统媒体"新"的就是新媒体,因而新媒体往往兼备多种媒体的特征和特长。

"凡数字论"是狭义上的定义,认为凡是基于数字技术在传媒领域运用而产生的新媒体形态就是新媒体。

"互联论"从新媒体的互联性特点出发,认为新媒体是在互联网基础上实现多对多或点对点传播的、具有与用户互动等交互功能的媒体形式。在这个互联网的平台上,人人都是传播的主体,并且能够自由互动。

"媒体定义回归论"从媒体自身出发对新媒体进行界定,认为"媒体"应该泛指从事大众传播的机构,因而新媒体应该被定义为新的大众传播机构。

"规模论"是在"媒体定义回归论"的基础上产生的。"媒体定义回归论"强调媒体的定义应是"大众传播",而一种传播形态能够达到大众传播的规模时,就成为新媒体。

以上这些有关新媒体定义的各种"论",既有广义上的,也有狭义上的,都是从单一角度归纳"新媒体"的定义的,而"多维论"则从多角度、多层面对"新媒体"进行综合定义,融合了诸多单一角度的观点。此外,由于新媒体领域的发展速度很快,目前依旧很难给新媒体下一个确切的且能达成共识的定义,因此便产生了"一言难尽论",认为新媒体的定义尚需系统研究。

(二)认识媒体新与旧的相对性

"新媒体"是个相对概念,其内涵会随着传媒技术的进步而发展。纵观人类传播史,"新媒体"具有显著的时代性特征。下面从时间和技术两个维度出发,介绍媒体新与旧的相对性。

首先从时间维度看,在媒介发展史上,每一次媒介技术的变革都会带来所谓的"新媒体"。从最早的口头传播到文字的创新、印刷术的发明,再到广播电视等电子媒体的壮大,直至当前各类新媒体的不断涌现,媒介形态始终处于一个不断发展演化的过程之中。因此"新媒体"的"新"指的是"今日之新"。所谓"新媒体"是在与"旧媒体"的对照中产生的时间性概念。例如当前的微博、微信、短视频相对于传统的报纸、广播、电视是"新媒体",但随着新技术的发展与运用,今日的新媒体在不久的将来同样会被归入"旧媒体"的范畴。

其次从技术维度看,当下的新媒体依托数字技术、网络技术、移动通信技术、智能技术等基础技术或新兴科技,向用户提供信息服务。在"万物皆媒"的趋势下,新媒体的外延不断拓展,种类日益丰富。

综上,笔者综合归纳各方面的观点,提出新媒体的定义:新媒体是依托网络技术、数字技术、移动通信技术和智能技术发展起来的具有高度互动性的媒介总和。

(三)认识新媒体的本质

新媒体绝不是简单的时间概念上的新,其本质表现在观念新、技术新、手段新、效果新等。

1. 观念新

观念是人们在实践当中形成的各种认识的集合体。这种集合体很容易产生一种惯性,并成为平常所说的思维定式。观念新即要求打破思维定式,对传统传播观念做出根本性的突破与更新。

交互性是新媒体区别于传统媒体的最突出特点。它包括两层含义:一是信息发送者和接收者之间的信息交流是双向的;二是参与个体在信息交流过程中都拥有自主权。这就意味着,传统媒体时代传播者处于"绝对中心"的格局被彻底打破。新媒体完全从"用户的需要"出发,探索一切可能的突破与尝试,实质上就是对传统观念进行反思,不断地寻求新的答案。例如:报纸是否可以自我复制传播?观众是否可以与电视里的人物进行对话?广播是否可以储存重播?随着观念的更新,在新型传播手段与媒介技术的助推下,新媒体逐步实现了人们对传统媒体的期待。

2. 技术新

新观念的实现必须依靠新技术的应用。媒体对于技术的依赖与生俱来,倘若没有造纸术与印刷术的进步,就不会有今天的报纸;没有无线电技术的发展,广播也难以遍及世界;没有微波、卫星传播技术的成熟以及视频处理设备的日益精良,电视更无法成为大众传播的无冕之王;微博、微信、QQ等,更是依靠新技术的发展而兴起。

技术的发展与人类对技术的期望是永无止境的,对现有条件的不满足,是人类不断进步的根源。如今,互联网技术的日新月异,已经毫不夸张地达到了"没有做不到,只有想不到"的地步。

从互联网最初的超文本标记语言(HTML)、阿贾克斯(Asynchronous Javascript And XML,AJAX)、扎沃语言(JAVA),到现在的 VR、AR、5G 技术、物联网技术和生成式人工智能技术等,新技术持续涌现,信息内容的生产成本随之不断地降低,信息内容的广度在惊人地扩展,传播速度越来越快,信息内容的展现方式越来越丰富多样。

3. 手段新

传统媒体凭借权威性和中心化特质,使得其传播效果与受众广度及传播力度之间直接相关。传统媒体传播手段以版面编排、时段选择与频次设置为主。新媒体为了能够在现有的媒介市场上占据一定的市场份额,需要在手段上有所创新与突破。如果说新的观念是动力,新的技术是基础,那么新的手段则是实践的根本。

实际上,电视诞生之后,新的科技迅速地推动着传播手段的更新。丹尼尔·贝尔(Daniel Bell)在《资本主义文化矛盾》一书中就提到,当代文化正在变成一种视觉文化,而不是一种印刷文化,这是千真万确的事实。[①] 而随着电脑、互联网的发展,这种论断立即遭到了反驳:新的信息时代并非一个单纯的视觉传播代替文字传播的时代,而是各种传播形式方方面面的力量重组。[②] 这种重组恰恰就是对于手段更新的需求,思考如何改进信息传播的方式与效果,能将传播中的所有元素,包括文字、图像、声音以及各种符号都有机地统一在一起。

---

① [美]丹尼尔·贝尔.资本主义文化矛盾[M].严蓓雯,译.南京:江苏人民出版社,2007:10.
② 同上.

互联网从一开始就努力提升用户评论、留言的作用,并辅以各种投票与民意调查,让受众参与传播活动甚至成为主角。新媒体中许多信息不再依赖编辑、记者的工作,而直接选用用户的观点、想法及意见,成为新闻与报道的主体。而在论坛、博客以及微博这样的以用户为核心的新媒体应用中,内容几乎全部来自用户,此时媒体的角色转变为提供技术支持服务的平台,通过话题、圈子以及标签等方式实现内容的聚合,形成了不同的媒体形态。这些新手段的广泛应用,推动了新媒体的全新发展。

4. 效果新

效果是检验价值的最终标准。新媒体可以聚集不同来源的海量信息。相对于传统媒体,新媒体能够更快、更全、更准确地为用户提供各类新闻与资讯。

新媒体的立体化、组合化传播提升了人们对信息的兴趣与关注度。在新媒体时代,人们更加乐于关注新闻与时事,更加乐于接受大容量、高频率的信息轰炸,这与新媒体灵活、丰富的表现手段不无关系。从 Web 1.0 时代的超链接开始,到 Web 2.0 的标签,乃至 Web 3.0 的通用数字身份体系,无论是网络编辑的主观汇总,还是基于网站程序的自动聚合,用户都可以非常方便地从一个信息关联到另一个信息,沿着事物内在的种种规律进行个性化阅读。此外,新媒体正在不断吸收、整合各种各样的表现形式与表现手段。不管是文字、图片还是声音、视频,甚至更加有趣的动画、特效等,都可以在新媒体上得到完美的综合体现。新媒体将人性化的要求摆到前所未有的高度,这也是新媒体基于用户需要而产生的本质属性。新媒体融入生活当中、融入用户当中,其传播效果是传统媒体所无法比拟的。

新媒体传播显得新奇而富有力量,用户乐于通过新媒体去获取和分享信息。灵活多变的形式、丰富多彩的内容正逐渐让新媒体成为最有影响力的媒体,也成为最有效果的媒体。

总之,新媒体并不是静态概念,而是不断更新的事物。新媒体的未来不可小觑。新媒体对旧媒体产生了革命性冲击,不仅是在旧媒体的基础上衍生出新型媒体,还影响着全社会信息生产、传播、加工、获取方式和过程,新媒体创造了无可比拟的价值和体验,极大地影响着人们的生活方式甚至是思维方式。

第二节　新媒体的特征

新媒体的兴起改变了人类社会的传播生态。新媒体的受众不再只是传统媒体时代定位明确的接收者,而是由被动的信息消费者逐渐转换为自由的信息用户,既能根据自身喜好接受信息、发表观点,还能成为信息的发布者。研究新媒体,必须了解新媒体的特征。新媒体的特征可以概括为以下四点。

一、即时性与交互性

(一) 即时性

随着计算机网络技术的发展,信息得以即时传播。大众可以随时把自己的所见所闻、所思所想传播到网络中去。同时,大众可以决定接受信息的时间、内容、主题,还可以随时反馈信息,不受时间地点的限制。

传统媒体点对点或点对面的单向传播受时空限制,而新媒体通过多点对一点即时报道,使人们可以通过互联网平台随时了解到世界上最新发生的事情。甚至有一家美国报纸的头条写道:"如果某件事没有被发布推特(Tweet),那么它发生了么?"对于新闻来讲,这种原生态、即时、海量的信息,是挖掘新闻素材的巨大宝库。

(二) 交互性

交互性是新媒体区别于传统媒体的最突出的特点。它包括两层含义:信息发送者和接受者之间的信息交流是双向的;参与个体在信息交流的过程中都拥有控制权。面对面的信息交流、对话具有很强的交互性,而作为大众传播媒介的报刊、广播、电视,其信息的传播具有单向性,信息反馈不方便。

网络的普及为人们提供了廉价的传播渠道,这就使任何拥有互联网终端的个人既可以是信息的接受者也可以是发送者,真正实现了信息的双向交流。对于新媒体,受众不再只是接受信息的人,或者说已经没有单一的受众概念,无论什么身份、年龄、职业、地区的人,都可以上网发布信息和言论。新媒体给在传统媒介中无发言权的"沉默的大多数"提供了说话及发布消息的机会与权利。交互性成为新媒体最突出的优势之一。

新媒体传播链条上的每一个个体都可以成为信息的控制者和传播实践的发声者。信息传播者与接受者之间的边界逐渐趋于模糊,信息交流实现了平等的交互传播。这是新媒体技术的优势,更是传播方式的革命。这种交互式革命,既是新媒体对传统媒体内容方式的颠覆,也是新媒体发展的必然之路。

二、个性化与分众化

(一) 个性化

对于新媒体而言,人们对信息不仅有选择权,还有控制权,可以改变信息传播的内容和形式。比如借助搜索引擎,信息的接受者可以选择自己感兴趣的信息。通过网络,人们可以选择自己喜欢的文章、音乐、图片或视频。通过电子邮件、MSN、QQ或者手机短信,人们可以定制新闻,每天都能定时收到自己感兴趣的个性新闻。在微博上,人们可以通过关注不同的人而得到不同的信息。在同样一个域名的网站里,用户面对的界面和内容可以是不同的,可以对新闻、财经、娱乐圈、游戏等不同方面的内容进行个性化定制。人们根据自己的需求，在各自不同的世界里享受着信息。

(二) 分众化

新媒体时代，人们可以根据自己的职业、爱好、兴趣，通过手机、电脑进入不同的短信平台或是媒体论坛、网络博客，与不同的人群讨论共同感兴趣的话题。移动电视、网络电视、楼宇电视、车载电视等的传播对象也有着很强的针对性，它们抓住了特定群体的消费需求，有利于取得较好的传播效果。新媒体能够为广大受众中的不同群体，即分众提供定制化内容，它促使传受双方变成平等主体，并能够支持他们同步开展个性化的交流与互动。

三、数字化、多媒体化与虚拟化

(一) 数字化

社会进步依赖于一次次的科技革新。工业革命带来了人类历史上的重大变革。它极大地提高了生产力，改变了社会结构，促使大规模生产成为可能。2012年4月21日，英国《经济学人》杂志以专题形式论述了当今在世界范围内正在经历的第三次革命：数字化革命。一系列新技术的发明运用，让数字化革命在我们身边发生——软件更加智能，机器人更加灵巧，网络服务更加便捷。所谓的数字化，是指在网络社会中，人们的社会关系都建立在以比特为单位的数字化信息的编译、存储、传递、交换和控制的基础上，并通过这一系列基本的数字化的互动过程反映出来。具体到新媒体，信息的数字化主要表现在：任何新媒体的信息都是已经编码或自动生成的二进制数字信息，可以自由进入信息系统的汪洋大海，为各种基于数字技术的媒体所共享。这种共享性质是新媒体最重要的特征之一，它实现了信息的多样化传播，整合了媒体资源，在一定程度上达成了信息时代人类的传播理想：任何时间或地点，通过任何媒体，任何人的信息都能得以传播和接收。

在数字化时代，人们可以随时随地了解来自不同地区的新消息，而了解信息的基础是有传播功能的共同语言符号。数字化的语言实现了不同计算机间的语言符号转化，使跨文化传播和全球化传播更为便捷高效。

(二) 多媒体化

传统平面媒体通过文字、图像来表达，广播使用声音来传递，电视运用影像、声音等来呈现，而新媒体则融合了文字、声音、图像、动画乃至虚拟环境等多种媒介形式，实现多媒体传播。多媒体的基础是数字技术的应用。数字技术使新媒体在表达形式上突破了传统媒体特性的限制，打破了传统媒体的固定传播模式，以多种方式呈现新闻。新媒体不仅极大地丰富了媒体形式，还使媒体之间的联系更加紧密，文字、视频、声音不再是简单独立的，而是统一在同一背景之下,且彼此之间可以互相转换。

(三) 虚拟化

虚拟性作为新媒体最重要的基本属性,伴随着新媒体成长不断扩展,并衍生出了虚拟商品、虚拟人、虚拟社区等具有虚拟价值的新媒体产物。近年来,人工智能的概念从计算机科学的专业层面延伸至大众视野,如智能写作机器人、AI 虚拟主播正是新媒体虚拟性的一种表现。VR、AR 和 MR(Mixed Reality)技术让人能够完全沉浸到虚拟环境或虚拟和现实复合的环境当中,将新媒体的虚拟化特点直观地呈现在人们面前。

新媒体的虚拟信息传播不仅指信息本身的虚拟性,还指传播关系的虚拟性。人类之间信息传播的目的是在人与人之间建立关系,进行信息的沟通和交流。在传统媒体的环境下,传播者和受众的角色是既定的,至少传播者的角色是既定的——人们知道信息的来源。然而在新媒体环境下,传播者和受众的角色大部分是虚拟的,交流双方的信息对彼此都是未知的,这种建立在虚拟信息交流基础上的人际关系也具有一定的虚拟性,将极大地改变传统社会的人际关系模型。

在豆瓣、知乎、贴吧等网络虚拟社区里,互不相识的人们基于一定的目的,通过社区间的联系枢纽连接为一个整体,积极投入同一个目标的实现、同一个话题的讨论。但虚拟社区也存在一定的弊端,即不真实、不现实以及不良信息等不时出现,屡禁不止。由于身份隐匿,这些不良信息在虚拟化社区中有很高的传播速度和广泛的负面影响。

四、全球化与融合化

(一) 全球化

新媒体的一大特点就是全球信息共享。信息技术的发展使得信息传播更为迅捷宽泛,大众在一个信息平台下真正实现信息共享。

维基百科很好地体现了新媒体的全球化特点。它于 2001 年 1 月 15 日正式成立,由维基媒体基金会负责维持,任何人都可使用浏览器阅览和修改其大部分页面。因为维基用户广泛参与共建、共享,维基百科也被誉为"创新 2.0 时代的百科全书""人民的百科全书"。截至 2021 年年初,所有语种的维基百科条目数量已经高达 5500 万。

(二) 融合化

新媒体加速了媒介融合的进程。媒介融合是当今社会信息传播的发展趋势,它不是简单的加减法,不是媒介之间简单的物理结合,而是两种或两种以上的媒介多层次、多领域、多维度地相互渗透与融合。新媒体集合了文字、声音、图像、动画、游戏等各种形式的信息,这说明新媒体本身就是一种融合媒体,它体现了媒体的"跨域传播"和"跨界融合"的特点。

与此同时,新媒体与传统媒体之间能实现有效融合。这是因为新媒体从诞生的那一天,就与传统媒体紧密联系在一起。新媒体即使在发展的高峰期,也没有摆脱与传统媒体之间的关联。

从传播内容看,新媒体与传统媒体的融合实现了跨界传播。权威性新闻信息来源于传统的纸质媒体或广播电视媒体,而传统媒体在追求时效性与增强用户交互体验方面则倾向于依赖新媒体平台。这种交互的优势在于降低了信息采集过程中的成本,新旧媒体各自发挥自身的优势,更好地为现代传播业服务。

从传播形态看,新媒体与传统媒体的结合正在推进传媒产业的融合与发展。例如,手机媒体和报纸媒体的融合催生了手机报。手机报既具有手机媒体的快捷性与即时性,又具有报纸媒体的深度性。此外,手机电视、网络电视等,也都是新媒体与传统媒体跨媒体融合的结果。新媒体与新媒体之间的融合同样也是当今媒体的聚焦点。技术的不断进步加速了新媒体之间的融合进程。

新媒体除了具有以上的特征外,还具有传播渠道的多样性、传播内容的海量性、传播方式的灵活性等。

第三节 新媒体的演变与发展历程

从社会发展的历史长河来看,人类传播史就是一个人类在生产和交往过程中不断创造和使用新传播媒介的历史,是社会信息系统不断走向发达和完善的历史。根据媒介产生和发展的历史脉络,迄今为止的人类传播活动可以分为以下四个发展阶段:①口语传播阶段,②纸质传播阶段,③电子传播阶段,④数字传播阶段。不过,这个历史进程并不是媒介相互取代的过程,而是各种媒介依次叠加的过程。

一、新媒体的发展动因

新媒体只用了不到十年的时间,其受众群体就已覆盖传统三大媒体历经百年时间所吸引的受众,其发展速度可见一斑。作为新技术革命的产物,新媒体是和信息产业一起发展壮大起来的。尤其是互联网浪潮、数字化浪潮席卷全球之后,新媒体的受众数量呈几何级数增长。新媒体的产生和发展有一定的社会历史必然性,从根本上来说,它是媒介市场发育和发展的结果,是技术推动和市场需求良性互动的结果。

新媒体产生与发展的动因

（一）信息技术的迅速发展为新媒体提供了必要的技术保障

美国传播学家丹尼斯·麦奎尔（Denis McQuail）认为：真正的"传播革命"所要求的，不只是信息传播方式的改变或者受众注意力在不同媒介间分布上的变迁，其最直接的驱动力，是技术。① 回顾人类传播史不难发现，信息技术的发展对传播和媒体的变革起着决定性的推动作用。信息技术的每一次革命都给人类的政治、经济、文化和社会生活带来巨大的影响，人类的文明正是在信息技术的推动下不断前进的。信息技术的发展为人类的信息传播提供了更有效的工具和手段。新媒体在弥补传统媒体某些不足的同时，为人类打开了通向全新的感知方式和活动领域的大门。人与技术的关系也是交互性的，人在正常使用技术的情况下，不断受到技术的修正，反之，人又不断地寻找新的方法来完善自己的技术，以此增强获取、传递、使用信息的能力。数字技术、计算机网络技术、移动通信技术和智能技术融合在一起，构成新媒体发展的技术平台，并为新媒体兼容各种新信息技术提供了基础。

1. 数字技术

数字技术指的是运用0和1两位数字编码，通过电子计算机、光缆、通信卫星等设备，表达、传输和处理所有信息的技术。数字技术一般包括数字编码、数字压缩、数字传输、数字调制与解调等相关技术，数字技术是信息社会的基础，也是新媒体的核心技术。现阶段的新媒体无不以数字技术为基础，因此，新媒体也被称为数字新媒体。②

首先，数字技术为媒体之间的转化提供了桥梁。数字技术中信息的表现形式是多种多样的，但其最小单元均为比特（bit）。比特可以用来表现文字、图像、动画、影视、语音及音乐等信息，使不同媒体之间可以相互融合，这种融合被称为多媒体。同时，多种媒体之间也可以相互转换，使信息便于储存。

其次，数字技术使信息的交换成为可能。以往的信息载体往往比较单一，比如报纸的载体是纸张，而电视的载体是电视机等。而新媒体却是以比特的形式通过计算机进行存储、处理和传播的，可以在各种不同类型的设备上共享信息。在传统媒体时代，受众处于被动接受信息的地位，无法与信息传播者实时互动，然而依托数字技术的新媒体，如微博、微信，让受众可以实时与传播者互动并发表个人看法。同时，受众还承担着双重角色，每个人既是信息的传播者也是接收者。数字技术改变了受传者的地位。

最后，数字技术是软件技术、智能技术的基础。目前，新媒体是以软件为

---

① [美]丹尼斯·麦奎尔.受众分析[M].刘燕南,李颖,杨振荣,译.北京:中国人民大学出版社,2006:27.

② 蒋宏,徐剑.新媒体导论[M].上海:上海交通大学出版社,2006:36.

基础进行应用的,电子邮件、即时通信、博客、微博、微信等所有的网络新媒体形态都是以软件为存在基础。没有各类软件的开发,新媒体根本不可能出现,而各类软件的开发是在数字技术的基础上完成的。

2. 计算机网络技术

计算机网络技术为多媒体信息传播提供了渠道。计算机网络技术是通信技术与计算机技术相结合的产物。计算机网络是按照网络协议,通过电缆、双绞线、光纤、微波、载波或通信卫星,将地球上分散的、独立的计算机相互连接而成的集合。互联网就是全球最大的、开放的、由众多网络相互连接而成的计算机网络。计算机网络具有共享硬件、软件和数据资源的功能,具有对共享数据资源集中处理及管理和维护的能力。人们能够在办公室、家里或其他任意场所便捷地访问、查询网上的资源,这极大地提高了工作效率。计算机网络也可以上传信息,为信息交互传播奠定强大的物质基础。

计算机网络的发展可谓一日千里,从 Web 1.0 到 Web 3.0,都离不开网络技术的更新与推动。随着技术不断进步,新媒体发展的用户导向会越发显著。在此趋势下,新媒体会不断推动自身提供具有超越性的全新服务,从后台架构搭建到向用户端的渗透与转移,如此发展将会催生 Web 4.0 时代。喻国明教授称其为真正意义上的全民出版时代。换言之,当技术发展到 Web 4.0 时代时,个人利用智能化的新媒体来组织和聚合内容、渠道等资源,就足以形成自己的传播网络,可与大型的网站相抗衡。去中心化、泛平台化、圈子传播等都是这一时代的关键词。可以说,在重视用户、重视社交网络、重视"互联网+"的发展理念下,计算机网络已经迈开了 Web 4.0 时代的脚步。

3. 移动通信技术

所谓移动通信就是移动体之间的通信,或移动体与固定体之间的通信。移动通信技术使数字信息的传播摆脱了电线、光缆等实体网络的限制,通过无线网络实现随时随地的传播。从移动通信技术的发展历程来看,2G 实现从 1G 的模拟时代向数字时代的跨越,3G 实现从 2G 语音时代向数据时代的转变,4G 实现 IP 化,大幅提升数据速率。而 5G 的诞生推动的是一场全新的信息革命。具有高速率、低延时和大连接特性的 5G 技术会以数字世界的方式,将现实世界带入每个人、每个家庭、每个组织,构建起万物互联的智能世界。

4. 智能技术

媒体智能技术虽然以人工智能技术为核心,但并不等同于人工智能技术,它是一个技术群落,包括机器学习、算法推荐、识别交互等相关技术,同时还需要数字技术(如云计算和区块链)、网络技术(如物联网)、移动通信技术(如5G)等技术的配合。

智能技术在媒体领域带来的理念和实践变革,为新媒体的发展开拓了空间,媒体智能化已经成为主导性的发展趋势。这一趋势不仅重塑着媒体组织的生产和运营方式,也深刻改变着整个社会的信息传播方式和传播关系。

(二)受众的个性化信息需求是新媒体产生的社会基础

人类传播史主要可以划分为四个时代:第一个时代是依据人类自身本能的口语传播时代,第二个时代是纸质传播时代(媒介载体为报纸、书籍、杂志等形式),第三个时代是电子传播时代(媒介载体为广播、电影、电话、电视等形式),第四个时代是数字传播时代(媒介载体为高清晰电视、电脑、手机、互联网等)。从技术层面上来说,这四个时代的划分对应着科学技术发展的三次飞跃。而从受众需求的层面上讲,四个时代反映了人们的生存态势对媒介与信息需求的不同程度。根据传播致效原则,人们对信息是选择性地理解和记忆,不同年龄、性格、阶层、地域、文化的人对信息的需求也是不同的。新媒体的互动性满足了受众对互动性与个性化的需求,受众的广泛兴趣也促进了新媒体的发展。

由于版面、时段、频道的限制,传统媒体不可能满足所有受众的需要,但由于新媒体具有海量性、非线性的特性,可以让受众根据自身的兴趣或独到的创意通过数据库编排出属于自己的信息,从而使个性化的内容消费成为可能。新媒体的出现,使个性化需求(定制产品和服务)的时代已经到来,且正逐步取代大众化消费时代。在后信息时代,大众传播的受众往往只是单独一人,所有商品都可以订购,信息变得极端个人化。① 受众的社会需求正是新媒体产生与发展的原动力。

(三)国家发展战略和相关政策提供了新媒体产生和发展的强大动能

面对快速发展的媒介技术,传统媒体必须求变创新,实现媒体转型,实现传统媒体和新媒体的融合发展。相对于传统媒体,新媒体能更有效地达成双向互动传播,更有利于占领舆论主阵地,甫一开始便受到国家的高度重视。

一方面,国家基于新媒体的发展现状及时颁布了新媒体政策予以规范和引导。2020年9月,中共中央办公厅、国务院办公厅印发了《关于加快推进媒体深度融合发展的意见》,从重要意义、目标任务、工作原则三个方面明确了媒体深度融合发展的总体要求,要求深刻认识全媒体时代推进这项工作的重要性和紧迫性,坚持正能量是总要求、管得住是硬道理、用得好是真本事,坚持正确方向,坚持一体发展,坚持移动优先,坚持科学布局,坚持改革创新,推动传统媒体和新兴媒体在体制机制、政策措施、流程管理、人才技术等方面加快融合步伐,尽快建成一批具有强大影响力和竞争力的新型主流媒体,逐步构建网上网下一体、内宣外宣联动的主流舆论格局,建立以内容建设为根本、先进技

---

① [美]尼古拉·尼葛洛庞帝.数字化生存[M].胡泳,范海燕,译.海口:海南出版社,1996:184-185.

术为支撑、创新管理为保障的全媒体传播体系。

另一方面,新媒体发展被纳入国家层面的发展规划之中。《"十四五"文化发展规划》中明确指出,巩固壮大主流舆论必须加快推进媒体深度融合发展,有效整合各种媒介资源、生产要素,推动在信息内容、技术应用、平台终端、管理手段等方面共融互通,打造一批具有强大影响力、竞争力的新型主流媒体,为建设全媒体传播体系指明了发展方向。

二、新媒体的发展历程

媒体作为技术革新的产物,其外在形态与传播方式,天然地与技术不可分割。新媒体更是如此,其每一次升级与变革,都离不开新媒体技术的迭代演进。无论是一直在推动着新媒体发展的数字技术、计算机网络技术和移动通信技术,还是在媒体领域正在得到广泛应用的人工智能技术,都显示出新媒体背后技术逻辑对传媒生态的主导性作用。

信息技术的发展与进步是改变世界、改变生活的重要变革性力量。我们正经历着新媒体技术迅猛发展的时期。这些新技术对媒体引发的巨大变革,已引发了媒介生态的全方位重塑。纵观新媒体形态的演变发展史,网络媒体、移动媒体和智能媒体这三种媒体形态对人类的信息传播模式造成了持续而深远的影响。为深入了解新媒体的发展历程,必须对网络媒体、移动媒体和智能媒体的发展演变做更为细致的梳理。

(一)网络媒体发展历程

1. 网络媒体的萌芽阶段

网络媒体主要依赖互联网技术而萌芽和发展。1987年9月14日,钱天白教授向世界发出了中国第一封电子邮件,邮件的内容是"越过长城,走向世界",揭开了中国人使用互联网的序幕。1994年4月20日,中国与国际互联网相连的网络信道开通,首次加入国际互联网络的大家庭。1995年5月,张树新创立了第一家互联网服务提供公司(瀛海威公司),与国际互联网接轨。瀛海威公司第一次向国内系统引入国际互联网的理念,中国第一代网民由此诞生。

随着互联网的发展,门户网站的出现推动了独立网络媒体的产生。1995年4月,三位华裔学生在美国硅谷创立了华渊资讯公司,并推出"华渊生活资讯网",面向海外华人提供以生活资讯为主的中文信息服务。1996年4月,由王志东(曾任新浪总裁兼首席执行官)和严援朝(曾任新浪副总裁)在北京中关村共同创办的四通利方信息技术有限公司开通了"利方在线"(SRSNet)中文网站,相继开始提供论坛、新闻等信息服务,人气高涨。1997年6月,丁磊创办了网易公司,它成为当时国内领先的互联网技术公司。1998年12月,四通利方与华渊资讯合并,成立了新浪网。1998年2月,张朝阳创办的搜狐成为国内第一家中文搜索引擎,短时间内积聚大量人气。新浪、网易、搜狐这三大门户网站在互联网的萌芽阶段相继创建,并日趋活跃,成为门户网站的领头羊。

总之,1994—1998年是网络媒体的萌芽阶段,互联网在信息传播领域的影响不断增强,中国的网络媒体逐渐成形。以新浪为代表的商业网站新媒体开始探寻适合自身的定位,而以报刊为代表的传统媒体踏上与网络合作的征程。在这一阶段,网络媒体和传统媒体是两条平行的直线,互不干扰,交叉发展较少。同时,不可忽略的现象是互联网进入百姓生活,网民群体出现,但因技术阻碍,当时网民需求简单,只是单纯获得信息。

2. 网络媒体的成长阶段

(1) 商业网站大发展

在这一阶段,国内门户网站获得飞速发展,新浪、搜狐和网易这三大网站逐渐发展成为国内门户网站的中坚力量。网易首先全面改版,朝着中文网络门户的发展目标前进。1999年3月,搜狐从中国首家大型分类查询搜索引擎,发展成为综合性门户网站。1999年4月,新浪网改版完成,核心主打新闻,向传统媒体发起挑战。

如果说1988年是门户网站的元年,那么2000年则是门户网站的上市年。2000年4月13日,新浪网宣布在纳斯达克正式挂牌交易,成为登上纳斯达克的第一只真正来自中国的网络股。随后,三大门户网站相继上市,这成为中国商业网站发展史上的里程碑。然而必须承认的是,此时中国门户网站的发展处于模仿阶段,主要借鉴美国雅虎(Yahoo!)网站"风险投资+网络广告"的发展模式,通过大量的广告宣传以及提供免费产品和服务来追求流量、争夺眼球。

(2) 传统媒体网络化发展

传统媒体网络化的起步可追溯到20世纪90年代。中国首个涉足网络化的传统媒体是一家地方性报纸《杭州日报》。1993年12月,《杭州日报·下午版》通过该市的社会化联机服务网络——展望咨询网进行传输,从而拉开了中国报纸电子化的序幕。由于当时中国尚未与国际互联网接轨,故该电子报纸影响范围较小。新闻媒体网络化风气是由教育部(当时的国家教委)主办的《神州学人》杂志开启的。1995年1月12日,该杂志通过互联网发行了《神州学人周刊》电子版,成为传统媒体网络化的先驱者。1995年12月,《中国日报》网站开通,开启了国内全国性报纸办网站的先例。另外,中国传统的广电媒体也积极进行探索和尝试。1996年10月,广东人民广播电台建立网站。1996年12月,中央电视台建立网站,开中国广电媒体向网络传播领域发展之先河。1999年,传统媒体的网站出现了更名浪潮,如《中国计算机》网站更名为"赛迪网";《广州日报》网站改名为"广州日报大洋网";《深圳商报》网站更名为"深圳新闻网"。2000年4月,《人民日报》网络版改版并改名为"人民网"。实际上,新媒体网站的自我更名意味着其定位的变化,即从最初的传统媒体电子版向独立的新闻网站或以新闻为主的综合性网站的转型。

1999年1月,四川新闻网成立,它集全省106家报纸、期刊、广播、电视等媒体的资讯于一身,成为四川省五大媒体之一。2000年,由天津日报社、今晚报社、天津人民广播电台、天津电视台等多家新闻单位共同组建的北方网在天津开通,成为以新闻为主的大型综合性门户网站,反映了传统媒体对网络新闻业务以及网络媒体的重视。

在地方媒体转向以新闻为主的网络媒体的过程中,千龙模式和东方模式是成功的两种发展模式。千龙模式是指由千龙新闻网建立的网站联合模式。2000年5月8日,千龙网正式开通成立。它是由北京市委宣传部牵头,《北京日报》《北京晚报》、北京人民广播电台、北京电视台等九家北京市属新闻媒体参与成立的地方性新闻网站。而网站的运行资金由一家民营企业提供。因此,千龙模式的最大特点就在于其兼具政府背景和现代企业制度。在新闻业务方面,千龙新闻网把九家强势媒体的新闻资源进行整合发布,使得新闻信息极大丰富,表现手段多样。上海东方网紧随千龙新闻网,在2000年5月28日正式开通。它是由上海14家主流媒体,包括《解放日报》《文汇报》、东方电视台、上海电台等,集中资源优势共同投资组建的大型综合性网站。东方网与这14家新闻媒体达成了信息资源共享的协议:14家新闻单位将在清样付印、即时新闻传播发布之前,第一时间向东方网传送信息,经编辑后在东方网上及时刊发。在运营上,东方网采取商业化的运作模式。相较于没有政府与传统媒体背景的商业网站,东方网拥有得天独厚的政策优势和发展空间。

3. 网络媒体的探索调整阶段

从2000年下半年至2002年上半年,受国际互联网经济泡沫的影响,中国国内网络媒体飞速发展态势遭遇冰点。部分网络媒体因经济困境倒闭,幸免于难的网络媒体在艰难的路途中探索生存和发展的模式。网络媒体进入探索调整时期,不断提升核心竞争力。

(1) 商业网站探索新商业模式

2000年,国内几大门户网站刚上市时,全球互联网经济的泡沫和纳斯达克市场惊心动魄的动荡对整个互联网产业的影响无疑是灾难性的。中国的商业网站作为一个初生儿,也连带着接受了经济动荡的洗礼。搜狐的股票在2001年4月曾跌至60美分,新浪的股票在2001年10月曾达到1.06美元的低值,网易在2001年9月曾一度被摘牌。国内许多商业网站也没有熬过这个坎,相继倒闭。火爆一时的263首都在线、FM365等商业网站开始另谋它途,仅新浪、搜狐、网易依托自我强大的资金支持在抵抗网络泡沫的考验,国内商业网站由此进入一个重新探索与调整的时期。

在巨大的生存压力下,汹涌发展的国内网站开始审视自我发展模式和经营方式,放慢发展速度,改变单一的网络广告发展模式,探索新的盈利途径,比如开始尝试收费邮箱、电子商务、手机短信等收费服务,进行以盈利为目标的艰难转型。截至2002年第二季度,新浪网等商业网站逐渐寻找到了适合自己的发展模式。2002年4月,新浪开始同时面向个人用户、企业用户服务,并发展出新浪网(sina.com)、新浪企业服务(sina.net)、新浪热线(SINAOnline)三个独立事业体,搜狐的业务从传统的网络门户扩展到面向个人和企业的收费服务,网易则向提供个人收费服务的方向转型。

(2)传统主流媒体网站调适改版

在这一阶段,传统主流媒体网站开始进行以自我调适为目标的改版,以寻求新的发展空间。人民网、新华网、央视国际等重点新闻网站相继调整定位,升级改版。2001年1月,人民网推出新版,改版后的人民网包括时政、国际、观点、经济、科教等13个新闻频道。同年,央视国际也进行了重新定位与调整。利用中央电视台这一特色平台,央视国际加大了服务与整合力度,开创了一批围绕央视的特色栏目,获得了飞速发展。

除此之外,地方媒体网站的出现与整合仍然是这一阶段的主题之一。红网、东北网、中国西部网、南方网等相继开通,扩大了主流媒体网站的阵容。电子政务的迅猛发展也成为这一时期的显著特征,推进了政府职能的转变。

4. 网络媒体的全面发展阶段

(1)新闻网站成为网络新闻影响力的主导者

2005年以后,中国网络媒体日趋成熟,进入全面发展的新阶段。自2001年起,新华网、人民网等几家中央重点新闻网站的访问量以平均每月12%的速率递增,多家重点网站跻身全球网站百强之列,日访问量达数千万人次。此外,因具有其他商业网站所不具备的采访权和发布权,这些中央重点新闻网站还成为新浪、搜狐、网易等网站新闻的主要来源。尤其是在重大事件的报道上,重点新闻网站仍然占据着主导地位,权威性较高,公信力也较强。它们经授权对重大事件进行报道,并通过商业网站过亿的点击率进行二次传播,从而引导着网络舆论的发展。除中央重点新闻网站外,地方网站也有着不俗的表现。截至2005年,千龙网、东方网、红网等网站在此前三年间访问量平均增长了9倍,并形成了各具特色的品牌栏目。总之,经过十多年的发展,新闻网站的影响力和公信力日益壮大,以新华网和人民网为代表的中央重点新闻网站已经成为中国网络新闻影响力的重要主导者。

(2) 商业网站积聚大量人气

如果说重点新闻网站是网络公信力的主导者,那么商业网站便是网络点击率的引领者。随着商业网站市场化程度不断提升,广告商成为商业网站的"衣食父母"。而商业网站吸引广告商的主要指标是点击率和影响力。因此商业网站致力于满足受众的需求,吸引受众注意力,将提高网站的浏览量和影响力作为商业网站的主要发展目标。2005 年以后,多种类型的商业网站如雨后春笋般涌现,类型多样,受众定位明确,服务也更加专业。例如 51job 类的垂直网站,以其服务的专业化和深度化吸引具有定向需求的受众;以百度为代表的搜索引擎网站以其搜索信息的方便性和实用性留住大量受众;以天涯论坛为代表的具有互动性和话题性的网站吸引了有着相同兴趣爱好的受众群。同时三大综合性门户网站在新媒体时代开启微博、博客等服务,以增加互动性,吸收其他网站的优势,加深自我的发展。

(3) 网站代表性栏目(频道)出现

2005 年起,由国务院新闻办公室互联网研究中心和互联网新闻信息服务工作委员会共同发起的"中国互联网品牌栏目(频道)推荐活动",是加强网络媒体品牌建设的重要举措,中国网络媒体中一些知名的品牌栏目和频道逐渐形成。入选的品牌栏目和频道涵盖了中央重点新闻网站、地方新闻网站和商业网站等各种类型的网站,涉及新闻、评论、财经、体育、娱乐、社区、新媒体等多种类别的栏目(频道),人气颇高。如国际在线的"网络电台"、中华网的"汽车"频道、千龙网"奥运"频道、红网的"红辣椒评论"等四个栏目(频道)连续三年都榜上有名,人民网的"强国论坛"、新华网的"新闻中心"、光明网的"理论"频道、四川新闻网的"麻辣社区"也两度出现在推荐的名单里。由此可见,网络媒体凭借自身实力,积聚了大量的人气,使得网民数量大幅度增加,其网站的权威性和公信力也得到了一定的认可和提升。

(二) 移动媒体的发展历程

移动媒体是所有具有移动便携特性的新兴媒体的总称,包括手机媒体、平板电脑、掌上电脑、PSP、移动视听设备(如 MP3、MP4、MP5)等。由于手机媒体发展程度高,普及率高,具有较大的代表性。本书主要对手机媒体做简要的概述。

1. 手机的问世——第一代通信网络的形成

手机也称移动电话,是现在人们日常生活中必不可少的存在,它是在无线通信技术和通信网络的基础上诞生的。20 世纪 60 年代,随着晶体管的问世,一种专用的无线通话设备出现了,并被运用于消防、警察等行业,但这种设备仅能在少数特殊行业中使用,并且便携性差,不利于在大众商业市场推广。

20 世纪 70 年代,手机通信网络逐渐形成。1973 年 4 月 3 日,一名男子站在纽约街头,拿出一个约有两块砖头大的无线电话开始通话。这个人是手机的发明者——美国摩托罗拉公司的马丁·库帕。他的第一个移动电话是打给他在贝尔实验室工作的一位对手,告知对方自己率先发明了手机,世界上第一个手机自此诞生。它的重量超过了1000克,长度、宽度和厚度分别为10英寸(1英寸≈2.54厘米)、1.5英寸和3英寸。由于它是在蜂窝移动网络的基础上运行的,因此在当时又被称作蜂窝式移动电话。模拟蜂窝网络是第一个出现的通信网络,其规划灵感来自蜂窝的奇妙设计:构建一个蜂窝结构的网络,在相邻的区域使用不同的频率,在相距较远的小区就采用相同的频率,这样就可以巧妙地避免冲突,又可以节约频率资源,解决了公用移动通信系统要求容量大于频率资源的矛盾。模拟蜂窝网络为手机的出现奠定了技术基础。

1979年,美国贝尔实验室成功研制了移动电话系统——AMPS,并开始在芝加哥运行,这是世界上第一个蜂窝模拟移动通信系统。同年,日本开放了世界上第一个蜂窝移动电话网。

进入20世纪80年代后,模拟蜂窝移动通信技术走向成熟并在全世界广泛应用。20世纪90年代初,模拟蜂窝网络在全世界移动通信网络中占据主导地位,并使移动电话业务得到快速普及。1991年,欧洲模拟蜂窝移动电话用户已经达到500万人。模拟蜂窝移动通信的发明和应用,拉开了手机发展的序幕,也将人类通信带入了崭新的移动时代,因而被称为第一代通信网络。

早期的手机只具备语音通话功能。直到20世纪90年代末,欧洲老牌移动运营商Vodafone又开发了SMS短消息业务。随后,短信业务在全球范围内飞速发展并形成规模庞大的产业。短信也作为移动增值业务的先驱,带动了彩信、彩铃、手机游戏、手机广播、手机电视等后续增值业务的发展。随着手机的普及和手机业务的日益丰富,手机已经不仅仅是单纯的个人通信工具,还演变成了一种新兴的大众媒体,并跻身当今媒体的领跑者之列。

2. 手机的发展——由通信工具向大众媒体的转化

手机媒体是以手机为视听终端、手机上网为平台的个性化信息传播载体,它是以分众为传播目标,定向传播,具有互动性的大众传播媒介,被公认为继报刊、广播、电视、互联网之后的"第五媒体"。手机媒体不仅将手机作为信息传播的工具,还将其作为网络媒体的延伸。人们不仅可以通过手机通话,还可以上网阅读新闻、接收邮件、游戏娱乐、订购商品与服务等。可以说,手机已经成为迷你型电脑。手机媒体除了具有网络传播的各种优势外,还因其载体携带方便而能随时随地为受众提供服务。

(三) 智能媒体的发展历程

通常,人们将人工智能应用于媒体带来的改变,统称为"媒体智能化",用"媒体智能化"描述一个智能化程度不断提升的过程。在这个过程中,出现了"智能媒体"这一概念。就其内涵而言,智能媒体是指依托高速移动互联网、大数据、云计算、传感器等人工智能技术的支持,能够自主感知用户需求,针对特定的时空和场景,向用户动态推送所需信息,从而实现技术驱动、人机协同、智能传播、精准高效的媒体形态,本质上是算法驱动的媒体形态。

智能媒体的出现使信息的采集、编辑、分发等流程的效率与质量产生质的飞跃,技术的发展催生新的媒体形态,产生了区别于传统媒介形态的边界和特点。基于人工智能出现前后的媒体形态比较分析,结合麦克卢汉提出的"提升、过时、再现、逆转"媒介四元律,笔者归纳出智能媒体的以下三大特征。

一是算法驱动,运营高效。算法作为解决特定问题的程序,是人工智能的核心技术。正是在新闻传播中运用了算法技术,媒体"大脑"才能够根据事先设定的程序进行自主运行,从而实现信息数据的自动采集、新闻文本的机器制作、媒介产品的定向分发、平台机器人与用户之间的交流等功能。在智能媒体时代,特别是大数据技术出现之后,通过大数据的过滤、分析与预测,新闻内容的采集和管理都因此变得高质高效。

二是人机协同,深度互联。正如麦克卢汉所说:"媒介是人的延伸。"智能媒体时代,人不再是"势单力薄"的主要内容生产者,而是与计算机、智能机器一同参与信息传播的全过程。机器借助技术与人共同成为传播端的中心角色,二者共同构建社会现实。智能媒体时代,依托物联网,每一个物品都能成为信息传播的媒介,不同媒体也可以通过深度互联,基于可视化互联、语音互联、手势互联等技术共同完成新闻信息的采编发过程。

三是精准传播,自主进化。在智能媒体时代,"人工智能+媒体"在新闻传播领域的各项实践已经显示出高度的拟人化、类人化特征,特别是基于大数据的定向分发技术,极大地提升了传播的精准性。在人工智能技术的帮助下,智能媒体不仅具有自主感知外部环境、自主选择关键信息、自主判断传播对象的能力,还能基于大数据自主学习、自我成长,一定程度上能够实现自我进化,其传播能力"直逼"人类,有思想、会感知,不局限于被动接受访问。

关于人工智能的划分,学界标准不一。有三层次说,即弱人工智能(擅长单个方面的人工智能)、强人工智能(在各方面都能和人类比肩的人工智能,人类能干的脑力活动它都能干)、超人工智能(在几乎所有领域都比最聪明的人类大脑都聪明很多,包括科学创新、通识和社交技能)。也有三阶段说,即以运算和存储能力为依托的运算智能、以延伸人类感官的感知技术为依托的感知智能、以让机器能够进行类人化的理解与思考为目标的认知智能。如果对照人工智能的划分标准,那么当下智能媒体的发展处于弱人工智能向强人工智能的过渡阶段,在运算智能的基础上逐步向感知智能过渡。

具体来看,以大数据和算法为核心的人工智能技术在新闻生产传播流程中的应用,迄今已经走过了如下四个阶段,犹如人类个体成长的孩童时期。需要说明的是,人工智能技术在四个阶段的应用并非严格按照时间递进出现和先后排序,四者一定程度上在交叉重叠中发展、演进,不同类别的内容生产与不同的智能技术产生不同程度的关联。

1. 依托物联技术、助力信息收集的"婴儿期"

智能媒体的第一阶段就好像人类的婴儿期一样,在学会表达之前总是需要大量的信息输入和经验积累,而大数据的基础是物联网。物联网技术与传感器技术的结合打通了平台与平台之间的数据壁垒,实现了数据收集的跨场景化。物联网的搭建使得万物皆媒真正成为可能。

在物联网的基础上,新闻机构开始了一系列变革,加快了媒体融合的进程。随着各种新闻线索源源不断地流入,各种生产资料汇聚,新闻机构逐渐构建了全媒体信息库,拓展了信息采集的广度和深度,加上大数据分析技术和云计算技术的发展成熟,物联网搜集来的数据就能帮助媒体从业者对新闻选题进行调整和评估。

物联网技术的发展带来了大数据,如果说算法是人工智能的"引擎",那么大数据就是智能媒体的"燃料"。但是,无所不在的物联网可能引发不良后果,也引起了人们的广泛关注和讨论。对于物联网对智能媒体的影响,有学者认为物联网除了可以增加信息资源的来源,也会带来人的主体性的淡化、加重技术焦虑和时空紧张、造成隐私泄露等隐患。

因此,在智能媒体发展的婴儿时期,建规立制显得非常重要。如何处理隐私权和信息公开、国家安全等重要权利之间可能会产生的冲突,如何因地制宜地发展"被遗忘权"等,是当前发展中需要我们思考的问题。总之,这个阶段的智能媒体核心只是获取更多数据、更多信息、更多资源,本身不能进行"类人"化思考、判断和处理,无法依据数据与用户进行反馈和互动。

2. 自主执行程序、内容自动生成的"幼儿期"

智能媒体发展的第二阶段就好像人类只会"牙牙学语"的幼儿时期。这一阶段的智能媒体以第一阶段的成果为基础,加上预先人工设计深度神经网络模型、人工设定应用场景、人工采集和标注大量训练数据、根据用户需要人工适配智能系统,已经可以自动化执行程序,进行信息的自动化生产。

2010年智能写作机器人的出现是这一阶段智能媒体的最早形态。早在2010年,华尔街就聘请了一位"机器人"来撰写财经新闻。智能机器人改写了新闻稿件只能由人撰写的历史,机器写作创新了新闻编写方式。它们一般按照预先编好的程序运作,借助软件梳理数据事实,遵循常用的报道模板,批量生产出有限类别的短新闻。2015年9月10日,腾讯财经网的写作机器人Dreamwriter发布了我国第一条机器新闻《8月CPI同比上涨2.0%创12个月新高》。

在这一阶段,写作机器人强大的数据关联和处理系统以及高效的新闻生成模式可以将人从简单的、烦琐的、机械的工作中解放出来,提高了新闻的生产效率。但这一阶段的智能媒体依然是十分有限的智能——停留在执行人为设定的任务上,不具备人类自主性意识,无法进行自主判断。

关于这一阶段智能媒体的讨论有很多。有学者认为,对单一数据流的依赖、新闻角度的提前预测以及新闻模板的预先设置等因素,使得算法生成的新闻缺乏传统报道的复杂性、创造性和人性化元素。也有学者担忧这一阶段的智能媒体的发展在某种程度上将导致记者行业的人员削减、新闻写作中对个性化和商业化的过度追求等。还有学者认为,新闻的自动化生产可能对真实性等伦理原则造成挑战,因为新闻"把关人"角色被由新闻编辑室的资深采编人员转交给了算法与人工智能。总的来看,在智能媒体发展的幼儿期,人类赋权下的有限智能可以完成一些初步的新闻采编工作,其间的讨论集中在媒介发展可能带来伦理问题。

3. 内容精准推送、自动审核过滤的"学龄前期"

处于第三阶段的智能媒体,类似于人类的学龄前期,不仅会说话,还知道面对不同的人说不同的话,已经初步具备了信息判断能力和简单的学习能力。算法推荐机制是这一阶段的核心技术,主要有三种类型,即基于内容的推荐机制、基于协同过滤的推荐机制和基于时序流行度的推荐机制。

2012年3月,张一鸣创建的今日头条是这一阶段智能媒体的最早形态,标志着互联性以及人工智能技术高度融合的到来,新闻实现了彻底的智能平台化运营。今日头条的算法系统具有感知、理解、判断三大特征,并结合用户的动作特征、环境特征以及社交特征,做到对信息的个性化、精准化推送。

这一阶段的智能媒体以物联网、大数据、云计算技术为基础,加上算法推荐技术,大大提高了新闻推送效率。智能媒体不仅在新闻生产领域将记者从分析用户的兴趣爱好这一烦琐的工作中解放出来,还在新闻推送过程中帮助用户从海量信息的挑选工作中解脱,避免了用户自主挑选信息的麻烦和苦恼。

与此同时,算法推荐技术可能引发的一系列后果也在世界范围内广受讨论。有研究发现,基于内容的推荐容易导致"信息茧房"现象。因为用户会不断固化自身兴趣偏好,导致用户最终局限在单一的信息自我中,认为自身获取的信息正确且全面。还有研究认为,基于算法机制的新闻内容定制及聚合,限制了大多数用户获取新闻内容的范围及领域,造成用户在新闻内容选择上的消费主义倾向。因此,算法偏见背离了公平公正的新闻职业规范,挑战了用户的知情权和信息选择权,在某种程度上可能解构社会共识,并引发舆论风险,如果完全依靠机械的数据和机器的计算进行新闻推送,势必会导致人的扭曲和异化。

4. 智媒再造场景，人体虚拟体验的"学龄期"

第四阶段的智能媒体像学龄期人类，体格生长稳步提升，大部分器官发育接近成人，智能发育更加成熟。智能媒体发展到这一阶段，人们的"媒介生活"更加个性化、分众化、场景化、体验化。虚拟技术和人工智能技术是这一阶段的技术基础。虚拟现实技术可以模拟视觉、听觉等感官，进而为人们营造一种虚拟现实的场景，将本不是亲眼所见的场景，重新塑造再现。虚拟现实（VR）、增强现实（AR）、混合现实（MR）这一系列递进性概念围绕同一个核心，即以虚拟的方式再现事实，使人们以游戏的方式参与其中，最终实现虚拟交互叙事，其本质是对融合状态的把握，对场景和认知的再造。换言之，该阶段的智能媒体促进了新闻产品从"观看"到"体验"的转型。

"NYTVR"是这一阶段智能媒体的最早实践。2015年10月，《纽约时报》宣布推出新闻VR应用"NYTVR"，并向100多位订户赠送了Google Cardboard VR设备，为读者提供沉浸式新闻体验。在我国，2016年，新华社采用VR视角对全国两会进行360度全景报道，利用全景视频、全景图片的形式给用户带来现场体验。2018年3月，新华社首次采用端内原生AR技术对两会进行报道。2018年11月7日，新华社联合搜狗在第五届世界互联网大会上发布全球首个新闻合成主播——"AI合成主播"，运用最新人工智能技术，"克隆"出与真人主播拥有同样播报能力的"分身"，这也是目前新闻传播领域智能媒体最先进的形态之一。VR、AR、MR技术给用户带来"现场"，意义不仅在于拓展叙事，更在于再造场景延展故事，在一定程度上帮助人们获得了突破现实边界的、用户个体的沉浸式体验。

智能媒体发展到这一阶段，人工已经成为人工智能技术的辅助。这一阶段的智能媒体带给人们全新的感官体验，一定程度上将人从现实世界带入了虚拟世界。对于这一现象，有些学者的态度并不乐观，认为这也可能导致人类的理性在现实与虚拟的重叠中逐渐迷失，价值也逐渐失去意义。

不可否认，这是一个极具颠覆性和创新性的时代。以数字化、网络化、移动化和智能化为核心的新一代信息技术，其创新代际周期大幅缩短，应用潜能裂变式释放，正以更快速度，在更大范围内、更深程度上引发科技革命和产业变革。当前，社会聚焦的ChatGPT便是多种先进技术的创新性融合。它的出现犹如一颗重磅炸弹，带来了颠覆性的影响。当然，目前的ChatGPT距离实现完全理解人类复杂情感、具备高度创造性和自主意识的终极智能形态仍有很大差距。虽然目前我们与终极形态的元宇宙还相距甚远，但要知道，智能手机、脸书（Facebook）等新科技实现大规模市场化的速度比电话等科技快了30～50倍，科技加速进步态势表现为"J型曲线"，呈现指数增长的特征。也许一切发展都比想象要快。

不过，无论智能媒体发展到何种程度，都必须坚持人是媒介的尺度，是媒介演进中不变的中心点。媒介进化的意义是使人们能够探索更多的实践空间，能拥有更多的资源和更多的领地，去展示和实现人们的价值、个性以及生活的样态。以人为本，既是未来传播的核心逻辑，也是判别传播领域未来发展是否有价值、能否健康可持续的价值准则。因此，面向元宇宙与未来媒介传播，要始终以人为基础，让技术能更好服务于人的需要，以人本思维引导未来传播。

第四节 新媒体的发展趋势

随着传播技术不断发展，传媒形态与应用层出不穷，我们似乎总是跟不上新媒体发展的步伐。但是，如果以发展的眼光观察传媒领域的诸多变化，以系统性的眼光考量技术更迭规律、传媒演变轨迹、生活方式变化等，可以得出一个基本结论：移动化、融合化、智能化是新媒体发展三大显著趋势。

新媒体的发展趋势

一、媒体移动化趋势

移动互联网自兴起以来，便以其便捷性、即时性、精确性、感触性、定向性、私密性、业务与终端和网络的强关联性等优势，将人们从桌面互联网时代推向一个创新无限的崭新世界。媒体的移动化便是由巨大的移动互联网浪潮裹挟而来的趋势之一。但移动化发展的最本质原因，在于它顺应了人们自由、个性和私密的信息获取需求。

2019年1月25日，第十九届中央政治局在人民日报社举行集体学习。习近平总书记针对推进媒体发展发表了专门性的重要讲话，提出"要坚持移动优先策略，建设好自己的移动传播平台"。"移动优先"，即将资源、技术、力量向移动端倾斜。它与"内容为本"共同构成了媒体融合发展的两大关键点，也揭示了未来媒体的生存法则。在这一法则的指引下，当前从中央媒体到地方媒体、从传统媒体到新媒体，都走上了各自的移动化之路。

二、媒体融合化趋势

新媒体给整个媒介生态带来了颠覆性的变革，传统媒体与新媒体从最初的各自为政、相互独立逐渐走向互联互通、相互融合，媒体融合成为整个媒体系统的发展趋势。

在我国，媒体融合从概念走向现实、从自发走向自觉，其中政策因素的推动功不可没。2014年8月18日出台的《关于推动传统媒体和新兴媒体融合发展的指导意见》提出"传统媒体和新兴媒体融合发展"。而2020年9月出台的《关于加快推进媒体深度融合发展的意见》(以下简称《意见》)提出"媒体深度融合发展"。从"推动"到"推进",显而易见,媒体融合已经出现本质性变化,进入了以融媒体为主体的新阶段。新阶段有新任务,《意见》指出,要推动主力军全面挺进主战场,以互联网思维优化资源配置,把更多优质内容、先进技术、专业人才、项目资金向互联网主阵地汇集、向移动端倾斜,让分散在网下的力量尽快进军网上、深入网上,做大做强网络平台,占领新兴传播阵地。

三、媒体智能化趋势

通俗地讲,所谓媒体智能化,指的是媒体在智能技术的支持下,对传统的媒体形态进行升级和革新,以达到提升信息传播效率目的的媒体技术发展趋势。

长期以来,大众传播媒介一直主导着新闻生产与社会信息传递,而技术的升级为媒体带来了新模式、新景观。在智能技术的影响下,现代传媒业在生产环节、分发环节和监管环节都发生了深刻变化。在媒体内容的生产端,利用人工智能撰写新闻稿,极大地缩短了新闻生产的时间,提高了新闻生产效率。在信息的分发端,智能推荐技术能够最大限度地满足用户的个性化需求,很好地提升了媒体服务质量和传播效果。同时,智能技术也为互联网内容审查和监管提供了新思路。"人工＋机器"的审查、监管模式,大大提高了内容审查和监管的效率,最大程度地维护了互联网空间的清新空气。

在媒体智能化趋势下,一个以人为中心,内容、终端、服务智能化深度融合的媒体生态圈正在形成,场景重塑、万物皆媒的智媒时代即将到来。

🌀 第五节 新媒体产生的影响

20世纪70年代末美国学者约书亚·梅罗维茨(Joshua Meyrowitz)曾结合社会学家埃尔温·戈夫曼(Erving Goffman)的场景理论,用场景把媒介和社会行为结合在一起,并着力用传播情境解释传播行为与传播方式对社会的影响。他指出,媒体对人类个体和社会所产生的效果和影响都是通过媒体培育的传播情境间接引发的。梅罗维茨认为,新的媒体的出现会促成情境形式的变化。一方面,新媒体的广泛运用促成一系列旧有情境界限的打破,致使一些旧有的不同情境合并,进而形成新的传播情境。另一方面,新媒体使不同情境之间的一些旧有的连接机会消失,导致新的分离。梅罗维茨当时所指的新媒体是电子媒介,而在今天,以数字媒体为代表的新媒体同样改变了原有的传播情境,并给社会各层

理论拓展:
人机协同理论

次带来了深远的影响。然而,任何一种事物的出现对社会的影响都存在双重性,新媒体也不例外。

一、生活方式的改变

大众传媒与人们的生活息息相关,人们的生活内容是媒体关注的对象。生活中的各类突发事件、奇闻逸事等,这些内容往往都是媒体关注的对象。尤其是对新媒体而言,在传播时效性和趣味性的驱动下,它更注重生活层面的表达。而在传播日常生活中的各类信息时,新媒体也在改变人们的生活习惯,加快社会调适和变革的步伐。

(一) 新媒体与教育

媒体技术在教育领域的应用由来已久,从早期的教育广播,到教育电视,再到在线教育。作为基于应用信息技术和互联网技术发展而来的新兴教育模式,在线教育最突出的优势就在于其丰富且开放共享的线上资源。在线教育借助现代技术手段促使知识表征方式越来越丰富多元,教育教学资源也更加凸显出无限的可复制性和广泛的通达性,实现了对传统学习时空界限的突破,显著增加了人们的学习机会。

中国在线教育行业从 2013 年起开始蓬勃发展,并于 2017 年借助直播形式实现规模化,并逐步走向成熟。目前在线教育行业已形成多样的细分领域,行业呈现精细化发展趋势。在新型冠状病毒疫情的影响下,国家推出"停课不停学"的政策,加速了在线教育行业的渗透率。随着国民可支配收入的提升,互联网普及带动了在线教育行业新一轮的增长。

然而,我们不仅要认识到新媒体对教育发展的促进作用,还应注意数字化教育带给现代化教育的挑战。早在 20 世纪 70 年代,美国学者蒂奇诺(Tichenor)等人在一系列实证的基础上,就提出了"知沟"假说。由于社会地位高者通常能比社会地位低者更容易、更快地获取信息,因此,大众媒介传送的信息越多,这两者之间的知识鸿沟就愈呈现出扩大之势。传播技能、知识存储量、社交范围、信息选择等差异带来的信息不对等、信息资源占有不均衡问题,进一步拉大了不同阶层之间信息流通的不对称性。

我们在享受新媒体教育带来的现代化体验的同时,不可忽视其中存在的问题。

首先,海量的知识信息难以甄别。新媒体技术在为受教育者提供丰富知识信息资源和生动的知识信息展现方式的同时,也会带来过量的、重复的、无用的信息。这些信息在不知不觉中浪费受教育者的时间和经历,带来信息负担。

其次,每个时代都出现了具有时代特色的教育媒体,但每一种新的教育媒体的出现都伴随着新的传播障碍的出现。并不是每一个传播主体都可以很好地驾驭新型传播媒体。换言之,并不是每一个受教育者或是教育者都可以从使用新媒体技术中获益。在互联网基础设施不完善、教育资源不均衡的背景下,城乡学生之间的差距很可能进一步扩大而非缩小。

最后,对于新媒体教育传播来讲,想要提高受众的认可度、使用率,教育质量是生命线。但由于硬件设施和媒介素养参差不齐,网络在线教育资源良莠不齐,当下的新媒体教育传播的教学质量和影响力还有很大的提升空间。

(二) 新媒体与伦理

在新媒体时代下,技术的发展使社会加速迈进了信息化时代。人工智能以其独有的驱动力给传媒业带来技术的狂欢,但在提高生产力的同时带来了一系列伦理失范问题,如"人肉搜索"、信息失真和版权侵权等问题。

1. "人肉搜索"

所谓"人肉搜索",最初是区别于机器搜索提出的一种信息搜索方式。它主要是指通过集中许多网民的力量去搜集信息和资源。早在"华南虎事件""天价烟事件""名牌表事件"中,人肉搜索就使得众多贪官与不法分子下马,在舆论监督方面发挥了重要的作用。人肉搜索的力量是强大的,同时也是危险的,在社交媒体蓬勃发展的今天更是如此。用户的"一言一行""一举一动"都会在互联网上留下痕迹。这些痕迹一旦被别有用心者掌握,用户的合法权益就会受到严重的侵害。伴随着人肉搜索而来的网络暴力、名誉权受损、人身安全等负面影响接踵而至。

我们要正确使用新媒体技术衍生的一切媒介功能。媒介的发展为社会的优化提供信息支持,但拥有媒介权力的社会成员应该正确使用个人权力,珍惜个人的媒介舆论力量,切勿让个人的权力成为社会伦理混乱的助推剂。

2. 网络匿名性与信息失真

新媒体具有所有 Web 2.0 网络的一个通病,即用户的匿名性、草根化与发布信息的"零成本"带来了大量虚假信息与垃圾信息。这对新媒体的传播价值造成了负面影响,损害了社会的伦理首道德,也不利于新媒体自身的发展。

伴随着新媒体发展,大量的网络垃圾不断产生。垃圾邮件、虚假信息、失实信息、诈骗信息等成为新媒体用户的困扰。统计显示,中国网民每年接收的电子邮件约 500 亿封,其中垃圾邮件 300 亿封,占 60%。垃圾邮件不仅损害了用户的利益,造成了一定的经济损失,还严重影响了社会风化与伦理道德。

马克思认为,人是社会关系的总和,在现实社会里这种关系的建立不仅需要很长的时间,还要受到各种各样社会条件的制约与影响,但是一旦建立起来,就具有相当的稳定性和延续性。而网络交流的匿名性与网络社会的虚拟性,使得人们戴着各种面具生活。比起现实生活,人们更容易在网上建立起各种速成关系。急于组建这种速成关系的群体,往往是在现实生活中难以找到归属感、安全感的群体。一些人在现实社会中存在"被孤立恐惧症",而将希望寄托于网络,在一个相对自由的环境中他们宣泄对现实的不满,忘记自己在现实生活中的基本责任与道德感,导致一些不利于社会发展的语言暴力、谣言出现在网络上,同时也致使大量的失真信息泛滥,形成各种信息噪声,让人真伪难辨。

3. 网络知识产权

目前,新媒体技术快速发展,微信、抖音、快手等新媒体平台打破了传统的信息传播方式。但是,网络在给人们带来便利的同时,也带来了版权侵权问题。在新媒体环境下,对新媒体作品随意复制、传播的问题较传统媒体更加严重。

与此同时,用户普遍缺乏版权意识,助推侵权问题愈演愈烈。一是侵权人数众多,在法不责众观念的影响下,很难对众多的侵权事件进行进一步处理。很多人对版权问题不关注,觉得侵权行为很常见,甚至产生"能抄袭你,是看得上你"的错误想法,造成侵权问题越来越严重。二是侵权内容上传到不同的网站,借助不同的传播技术进行传播,民众很容易从网络获取各种信息,从而导致版权保护意识淡化。

近年来,随着博客、微博的发展,网络知识产权的侵权方式也"与时俱进",很多博主的文章、图片在未经授权且未获任何报酬的情况下被转载使用。针对这种现象,网络知识产权的相关法律法规应当得到逐步完善,还需要根据"避风港原则""红旗原则"等对网络知识产权进行一定程度的限制。而在法律尚未触及的死角,需要的是道德的作用,新媒体语境下,我们要重视道德底线问题,建立一个科技与道德伦理并行不悖的现代化社会。

国家知识产权局调查数据显示,中国知识产权保护社会满意度已由2012年的63.69分提高到2020年的80.05分,知识产权保护进一步激发了互联网创新活力。2021年10月28日,国务院印发《"十四五"国家知识产权保护和运用规划》,对接下来的知识产权工作进行全面部署,其中包括互联网、大数据、人工智能等新领域新业态的知识产权保护措施。

(三) 新媒体与文化

文化传播是人类社会发展进程中的重要一环。新媒体传播是当代文化传播的主要形态,其传播方式具有极强的渗透力与影响力,新媒体深刻地影响着人们的生活方式、消费方式、行为方式和情感方式。新媒体对消费文化与大众文化产生了重大影响。

1. 新媒体对消费文化的塑造及影响

人类已经进入消费社会,消费成了一个无处不在的神话。生产逻辑与消费意识形态已经渗透到大众生活的每一个角落,表现为享乐、欲望、快感、丰盛等元素。新媒体与消费文化合作与共盟,提供了前所未有的令人眼花缭乱的商品与服务世界,似乎大众只有通过对物和商品的征服才能获得满足。新媒体技术在满足受众消费需求的同时反过来刺激消费领域。新媒体便捷的多媒体终端或移动终端使消费文化符号刺激现实世界。人们往往在物质生活得到进一步满足后开始追求精神享受,而新媒体塑造的虚拟世界恰好满足了这种精神享受。

事实上,人类很多需求是被新媒体不断刺激和诱导所致。消费文化改变了过去人对物的使用关系。人们越来越看重商品的象征意义和价值,而不是它的实际使用价值,消费者日益通过广告和购买来获得自我认同。与此同时,网络虚拟消费风靡一时。新媒体通过无处不在的广告竭尽所能地诱导购物者在网站中冲动消费,诱导人们进行最大限度的投资。越来越多的人选择网络购物,如淘宝、京东、拼多多、阿里巴巴等。人们可以拿起智能手机或平板电脑,随时查看流行服装、食品和高档奢侈品等。但是,正如鲍德里亚(Baudrillard)所言:"消费社会的主要代价就是它所引起的普遍的不安感。"消费社会带给消费者的诸多焦虑,如通货膨胀、信用卡透支、购买的商品贬值、惊人的消费、消费的虚拟性等。对于媒体广告,鲍德里亚也有自己独到的见解:"广告耗费巨资实现了这一奇迹,其唯一的目的不是增加而是去除商品的实用价值,去除它的时间价值,使它屈从于时尚价值并加速更新。"

2. 新媒体对大众文化的内容与形式的建构作用

新媒体使大众文化从广度、宽度和深度上都得到延伸。它不仅扩展了人类生命存在的时空形态,还为大众开辟出一个极具诱惑力的虚拟世界,营造出拟像文化。它创造出大众获取信息、享受娱乐和开展交往的新形式,催生出更为多元丰富的大众文化形态,推动了新媒体文化的生成、互动、交流、整合与增殖进程。

新媒体对大众文化的内容和形式具有建构作用。

(1)新媒体促使大众文化发生消解性和颠覆性增长。大众文化的形成是对传统垄断和主宰力量的抵抗。大众文化文本是在封闭与开放、同质性与异质性、压迫与反抗、自上而下与自下而上之间的冲突中产生的。后现代文化背景下的新媒体具有消解意义、解构权威、去中心化等突出特征。如一些网络恶搞、FLASH动画等,就是一种典型的消解主流价值、颠覆话语霸权的大众文化文本。

(2)新媒体将大众真正引入大众文化文本的生产和创造。在新媒体语境中,文化传播不再是单向的线性传播。新媒体从过去传统媒体"传播者"的角色转向了"对话发起者"的角色。大众既是传者也是受者,既是生产者也是消费者。"大众"的概念内涵包括平民性、群体性、社会性等。在此基础上,新媒体受众是主动的、积极的、充满创造力的。大众的参与和互动构成了新媒体文化,这是一种活生生的、积极创造的过程。此时的大众文化只能从内部发展出来,不能无中生有,或自上而下强加。大众对新媒体传播的参与是直接的、明显的、持续性的,影响深远。例如,网络论坛、博客、微博和微信等新媒体平台,正是在广大受众积极参与并与其深度交互的过程中,才使得数字化时代的大众变成一个个有意义的、鲜活的价值创造主体。

(3)新媒体促使大众文化走向娱乐化。在"娱乐至死"的年代,大众文化呈现的"泛娱乐化"和过度娱乐现象显而易见。为实现娱乐传播目的,更多地吸引大众"眼球",新媒体传播内容五花八门,不断翻新,表现手段及方式也别出心裁、富有个性。[①] 受众沉浸在偶像崇拜与对视觉、快感、欲望的迷狂中,构成了不同寻常的娱乐文化奇观。尼尔·波兹曼(Nei Postman)在《娱乐至死》中指出,大众社会的泛娱乐化使人们心甘情愿成为娱乐的附庸。新媒体文化的娱乐性主要表现为其承载的教育、批判、意识形态等功能日益弱化,大众更加远离神圣、伟大、严肃和深刻,而个人主义、自恋、娱乐、快感、身体、欲望等取而代之成为关键词。[②] 简言之,在新媒体的狂欢中,过度、浅白和娱乐成为大众文化的主要特征。大众文本是短暂的、碎片化的和偶然性的,可以迅速消费而且需要不断重复。过度娱乐化的文化或图片都在表达着浅显、毫无深度的内容,其形式指向一个要点,那就是快感娱乐。

二、核心价值观的传播

任何一个社会在正常运行和稳步发展过程中不仅需要建构起一种主流思想舆论,还需要作为主导力量的主流思想舆论引领社会的健康发展与不断进步。习近平总书记在党的二十大报告中强调指出:"我们要建设具有强大凝聚力和引领力的社会主义意识形态,牢牢掌握党对意识形态工作领导权,全面落实意识形态工作责任制,巩固壮大奋进新时代的主流思想舆论,加强全媒体传播体系建设,推动形成良好网络生态。"[③] 由此可见,主流思想舆论建构的社会价值和时代使命已经成为新时代党和国家治国理政的重要议事日程。

新媒体作为信息技术发展的产物,极大地推动了世界交往的普遍化、便捷化,也有效地促进了社会主义核心价值观传播机制的构建和完善。雷蒙·威廉斯(Raymond Williams)曾指出:传播系统的一个独特特征是,人们在发现或

---

① 彭兰.从新一代电子报刊看媒介融合走向[J].国际新闻界,2006(7):12—17.
② [美]尼尔·波兹曼.娱乐至死[M].章艳,译.桂林:广西师范大学出版社,2004:29.
③ 习近平.高举中国特色社会主义伟大旗帜 为全面建设社会主义现代化国家而团结奋斗——在中国共产党第二十次全国代表大会上的报告[N].人民日报,2022—10—26(1).

提炼出被发展系统的关键部分之前,所有的一切都在技术上有所体现,而不是以乌托邦的方式想象出来的。① 传播系统是社会生产系统的反映。新媒体作为信息技术的先进成果,符合现实社会的精神交往需要,能有效助力先进价值观传播系统的建构。

首先,新媒体改变了传统媒体单向的、被动的信息接收模式,使得个体得以突破信息接收者的角色限制,成为信息的生产者和传播者,从而提升自身在信息传播系统中的地位。换言之,新媒体使每一个个体以极低的成本拥有直接发声的机会,能够成为正能量的传播者。当今时代,媒体所呈现的信息与个体亲身经历的事件共同形塑着人们的价值观,甚至有时经过媒体加工的信息比现实中未经加工的信息对人们自身的价值评判影响更为显著。

其次,较传统媒体而言,人们借助新媒体进行价值交流的内容更加丰富、多样,且交流时间更为自由。具体表现为价值传播的方式更加便捷,价值表达的形式日趋口语化、生活化,价值引导的方法更具针对性、灵活性。新媒体集文本、图片、音频、视频等内容为一体,可以形成强大的社会主义核心价值观传播资源,寓社会主义核心价值观的抽象理论于生动多样的传播形式之中,在模拟现实社会的场景之中强化社会主义核心价值观传播活动的体验感,增强社会主义核心价值观的吸引力。

最后,社会主义核心价值观的传播活动可以通过新媒体实现实时性、交互性传播,在社会中营造浓厚的主流价值观传播氛围。社会主义核心价值观在新媒体上的传播关键在于做好与传播受众之间的互动。新媒体时代社会主义核心价值观传播的互动机制是通过传播主体与传播受众、传播主体与传播主体、传播受众与传播受众的交流互动来关注人民群众的情感诉求和情绪疏导,通过"情"和"理"的有机结合来实现社会主义核心价值观的传播目的。

总体而言,新媒体的应用与发展深刻改变了传播格局和传播生态,新的传播渠道、方法和技术使社会主义核心价值观的传播更有广度、深度、效度。作为当前最重要的传播载体,新媒体集多种传播形式于一身,已经成为主流价值观传播的重要工具、意识形态领域斗争的主要阵地。我们要善于运用大众媒体传播核心价值观,加强核心价值观的网上传播,唱响正气歌,使核心价值观真正成为人们心灵的罗盘、情感的寄托。

三、经济增长方式的转换

"科学技术是第一生产力",这句话曾被无数次验证。在 21 世纪的今天,

---

① Raymond Williams. Television: Technology and Cultural Form[J]. American Journal of Saliology, 1975,50(4):609—615.

科技仍然对社会的发展有着重大的影响。新媒体依赖于现代科学技术的发展壮大，并把这种先进的科学技术转换为社会的经济效益，进一步促进社会经济的发展。新媒体对经济的影响力主要体现在它对现代企业的影响和新媒体产业的发展上。企业作为社会经济的基本组织细胞，其经营活动从前期策划、产品营销到产品销售以及后期产品反馈等一系列过程，都与新媒体广告和宣传息息相关，新媒体传播极大地提高了企业的宣传力度和营销方式。

新媒体作为一种传播介质与传播手段，给新媒体产业本身及相关信息产业带来了巨大的经济效益。对此，传播学者施拉姆明确提出了传播的经济功能，指出大众传播通过经济信息的收集、提供与解释，开创经济行为。他认为：采用机械的媒介，尤其是电子媒介所成就的一件事，就是在世界上参与建立了史无前例的宏大的知识产业。这就是说，大众传播的经济功能并不仅限于为其他产业提供信息服务，它本身就是知识产业的重要组成部分，在整个社会经济中占重要地位。施拉姆的这个观点已被当代信息社会、知识经济和文化产业的发展所证实。微博等社交平台的互动营销是新媒体对经济影响的一种重要方式。比如微博2019"人人公益节"期间，一个地球自然基金会携手微公益上线"共同守护野生大熊猫"公益项目，在微博平台的传播赋能下，上线一天内，#守护野生大熊猫#、#胖达的秘密#总话题阅读量达2.45亿，善款捐助人次达11万余次，筹集善款达20.9万元。

总而言之，新媒体传播对社会的影响超乎我们的想象，我们应当积极借助新媒体增强中国对外传播力及影响力。21世纪是竞争的世纪，新媒体作为高新科技的代表，也是世界各国的核心竞争力之一。多元化的全球社会相互交融、相互影响，新媒体深刻改变了人们的社会生活，影响和重塑着人们的阅读习惯、思维模式与行为方式，给人们的生活方式、经济活动、政治活动都带来了前所未有的影响。

本章小结

本章主要介绍了新媒体的概况。第一节通过对从"新"媒体与"旧"媒体的比较，总结各学者对新媒体的定义，并给出了本书对新媒体的定义；第二节从互动性、全球化、虚拟化等方面，对新媒体特征进行概述；第三节主要介绍新媒体产生的三大原因和新媒体发展的三个阶段，梳理网络媒体、移动媒体与智能媒体的发展历程；第四节主要是对新媒体未来的三大趋势进行概述；第五节主要是从文化、政治、经济三个方面介绍新媒体所产生的影响。

思考与练习

1. 什么是新媒体？如何认识新媒体的本质？
2. 新媒体有哪些主要特征？
3. 新媒体产生与发展的动因有哪些？
4. Web 1.0、Web 2.0 与 Web 3.0 有哪些差异？
5. 简述智能媒体的发展历程。
6. 概述新媒体的发展趋势。
7. 新媒体对社会有哪些影响？

参考文献

[1] 匡文波."新媒体"概念辨析[J].国际新闻界,2008(06):66-69.

[2] 王宜玄.反输与干预:自媒体用户评论对内容生产的影响[J].新媒体研究,2018,4(08):40-41.

[3] 彭兰.网络传播概论[M].北京:中国人民大学出版社,2017.

[4] 汪俊杰.新媒体时代"人肉搜索"和隐私权保护研究[J].新闻文化建设,2022(02):50-52.

[5] 代文竹.新媒体环境中公民隐私权的保护[J].新闻研究导刊,2020,11(23):69-70.

[6] 侯凤芝.政务新媒体服务功能的提升方略[J].青年记者,2021(02):47-48.

[7] 吴振荣.政务服务视角下的地方媒体角色转换[J].新闻战线,2021(18):88-90.

[8] 罗自文,熊庚彤,马娅萌.智能媒体的概念、特征、发展阶段与未来走向:一种媒介分析的视角[J].新闻与传播研究,2021,28(S1):59-75+127.

[9] 喻国明,耿晓梦.元宇宙:媒介化社会的未来生态图景[J].新疆师范大学学报(哲学社会科学版),2022,43(03):110-118+2.

[10] 陈界亭.新媒体时代社会主义核心价值观传播机制的建构逻辑[J].当代中国价值观研究,2022,7(6):12-19.

[11] 沈正赋.新媒体语境中新时代主流思想舆论的多维建构[J].现代出版,2023(01):43-53.

第二章 网络媒体

学习目的

1. 了解门户网站的定义、特征、分类和发展方向。
2. 了解搜索引擎的定义、特征、分类和发展方向。
3. 了解数字出版的新特点与新形态。
4. 了解网络游戏的定义、特征、分类和发展方向。

第一节 门户网站

一、门户网站的定义

门户网站由英文"Portal Site"翻译而来,"Portal"表意为门户,指入口和正门,一般指提供信息服务的综合互联网资源系统。门户网站将不同来源的信息放在网页中组合进行呈现,并为不同用户提供定制化网页内容。目前,门户网站已经演变成提供广泛服务的网站,例如搜索引擎、在线购物平台和网络论坛等。

随着互联网的发展,门户网站的性质和内容也随之发展,从仅提供索引服务延伸至涵盖所有新闻媒体服务。门户网站被视为一种新媒体形式,在写作、编辑、出版、评论方面对传统媒体产生了影响。

新媒体环境下,市场竞争日益激烈,门户网站的新闻媒体服务已经较难适应当下的新媒体环境。在专业化垂直内容平台与移动端的新闻整合应用的冲击下,门户网站的营收占比逐渐缩小,其中一部分为了生存不得不转型发展。

二、门户网站的特征

(一) 全面综合的服务

相比传统媒体,门户网站在提供新闻的同时提供了更为全面综合的服务,特别是综合类的门户网站,通过提供搜索引擎、内容链接、电子邮件等服务,尽可能满足各种不同用户的需求。在移动媒体兴起之前,门户网站是对传统媒体的有效补充。

(二) 开放多元的内容

由于相关政策规定,我国商业门户网站在时事新闻上没有采访权,所以门户网站的相关内容主要依靠整合多家新闻媒体的新闻稿件。与此同时,门户网站不断丰富内容,凭借非时事领域的报道以及大量优质用户的内容生产,聚集了大量的人气。总的来说,在内容生产层面,商业门户网站仍难以摆脱对传统媒体的依赖。

(三) 显著的首页传播力

从门户网站的结构来看,网站首页的传播效果最好。一条新闻如果不能出现在首页上,其传播效果会大打折扣,对多数读者来说,他们只会到首页这样的醒目位置去浏览新闻。可以说,一条新闻如果仅仅进入了网站的滚动新闻,而没有在页面上得到呈现,那么其传播效果接近于零。

(四) 更强的互动性

相对传统媒体而言,门户网站提供了评论区、留言区来给用户提供互动的机会,这使得门户网站通过用户反馈来生产与传播内容成为可能,也是有益的尝试。但目前大部分门户网站的评论都是已经经过筛选的,不再具有代表性和参照性,在互动反馈技术不断发展的当下,这种互动的作用已经较小了。

三、门户网站的分类

(一) 综合类门户网站

综合类门户网站最关键的特点在于其综合性和广泛性。综合类门户网站的内容"无所不包",以国内三大门户网站之一的搜狐为例,其网站包括新闻、军事、文化、体育、财经、科技、数码、时尚、健康、教育等近四十个板块,另外还有软件下载、电子邮箱等服务。此类网站以提供信息资讯为主,服务于各类不同层次的用户,涵盖人们生活的各种领域,满足了用户日常的信息需求。这一类网站有国外的雅虎,国内的新浪、网易、搜狐等。

(二) 垂直类门户网站

垂直类门户网站是指针对某一特定领域、某一特定人群或某一特定需求,而提供有一定深度的信息和相关服务的网站。随着市场化竞争的不断加剧,越来越多的用户不再满足于综合类门户网站所提供的宽泛的信息服务。因此,垂直类门户网站专注于市场细分领域,将内容垂直精细化,将某一特定信息内容挖深做细,力图成为该领域的权威和领航者。例如携程网,该网站是一个专门向有旅游需求的用户提供集酒店预订、机票预订、旅游度假、商旅管理、美食订餐及旅游资讯在内的全方位旅行服务网站。会员不仅可以了解到和旅游出行有关的一切信息,还可以向其他人分享自己的旅游经历,将之制作成攻略,一方面保留自己难忘的旅行经历,一方面也可以为他人提供参考和借鉴。

所以,垂直类门户网站虽然没有综合类的门户网站所提供的信息那么多元和全面,但是通过在某一特定领域向用户提供具有深度和精度的内容。垂直类门户网站已然成为门户网站的主流。

(三) 商务型门户网站

商务型门户网站是指除为用户提供产品信息外,以促成双方交易为主要目的,以用户交易为主要利润来源的网站。此类网站通过发布商品信息吸引有购买意向的用户前来购买,买方选择产品、提交订单、支付钱款,卖方发送货品,双方评价直到最后完成交易。淘宝网、当当、亚马逊均属于这类网站。

四、门户网站的发展历程

(一) 发展初期的筹资方式

1997年6月,中国领先的互联网技术公司——网易公司成立。1998年2月25日,中国首家大型分类查询搜索引擎——搜狐正式上线。同年10月,四通利方论坛改名为四通在线,随后宣布并购海外最大的华人网站公司"华渊资讯",成立全球最大的华人网站"新浪网"。新浪网作为首批在国内成立的门户网站,在发展初期就完全照搬了雅虎的模式,遵循其"风险投资+网络广告"的发展模式,通过最大化地吸引用户注意力、提高浏览量来获得风险投资者和网络广告主的青睐。

(二) 泡沫经济环境中的经济危机

2000年4月,新浪在美国纳斯达克上市融资,成为国内第一家海外上市的门户网站,首发募集股本总额7820万美元。同年6月和7月,网易和搜狐也相继在美国上市,募集的资金分别为6975万美元和5980万美元。由此,中国互联网概念股票在世界范围内逐渐升温,成为人们竞相追捧的对象。

然而在以上三个股票上市不久后,全球性的泡沫经济危机爆发,股价大幅下跌,2001年三家网站的股票陆续跌到了最低位。公司面临裁员、并购等危机,一度导致企业员工士气低落。此时,国内的门户网站迫切需要调整自己的战略思考,重新规划合理的商业模式。

(三) 对全新商业模式的不断探索

为了改变当时的不利形势,门户网站做出了各种探索和努力。越来越多的人意识到完全照搬雅虎的模式并不能解决问题,在有限的广告份额面前不能一味地坚持门户的概念,而是需要逐步地分化,从而找到属于自己的盈利点。于是,大家纷纷进入其他领域,开创新的商业模式。搜狐选择了多元化,目标是成为"一家新媒体、电子商务、通信和移动增值服务公司",主要盈利模式为"广告+无线增值+搜索+网络游戏";新浪集中兵力布局于提供"在线媒体及增值资讯服务",主要盈利模式为"广告+无线增值服务";网易则选择收费增值服务、网络游戏作为其战略转型突破口,主要盈利模式为"网络游戏+广告+收费邮箱"。

(四)移动时代的边缘化

随着 Web 2.0 时代的到来,网民的生产力得到了解放,海量的用户生产内容(User Generated Content,UGC)不仅改变了传播模式,更是改变了内容的生态。门户网站的传统逻辑是:网民是内容的消费者,网站编辑是生产者。因此在 Web 2.0 时代,门户网站受到了极大的冲击,正式由盛转衰,逐渐在移动媒体和智能媒体时代被边缘化。2016 年,美国电信巨头 Verizon(威瑞森)以 48 亿美元收购雅虎核心资产。2021 年 11 月 1 日起,雅虎退出中国市场,雅虎中国正式关闭。在这段时期,新浪的重心转移至微博并进入新的阶段,搜狐的门户业务面临着严重亏损,网易转移到了游戏与电商行业,而即时通信的崛起,让腾讯成为行业的领军者。

五、门户网站的发展方向

(一)从门户网站到门户平台

目前,门户网站正面临着来自各方面的冲击,绝大多数功能都已不再独一无二。用户可以直接利用搜索引擎获得信息,且搜索引擎凭借算法调度可以更为准确地提供结果,而信息共享则可以直接在移动端的社交媒体上完成,这些都意味着按照固定板块排列的信息不再是用户获取信息的唯一途径。但门户网站仍有两个较为明显的优势——综合性和个性化。门户网站自身的综合性意味着可以提供多样化的信息与服务,个性化意味着可以按照用户需求进行量身定制。

门户网站的
发展趋势

随着门户市场的发展成熟,领先的商业门户依靠自身的综合性添加了广泛的以用户为中心的功能集。除此之外,一些移动端的门户正在形成,国内外很多具有良好品牌的机构媒体都在打造移动端的信息门户平台。这些门户平台充分发挥自身个性化的优势,注重用户体验,也赢得了一定的市场份额与用户认可。

(二)从固定的网络接入服务到无处不在的数字化服务平台

如果说 Web 1.0 时代的门户网站是大众门户,Web 2.0 是个人门户,那么 Web 3.0 时代的门户网站不仅是无处不在的服务平台,更是万物互联的入口。

Web 1.0 时代,门户网站的内容是只读的,网站提供什么内容,用户就只能获取什么内容,可以说新浪、搜狐、雅虎这类门户网站就是 Web 1.0 的代言人。到了 Web 2.0 时代,用户得以自己创造内容并发表,门户网站逐渐变成了个人门户,用户通过个人门户创造并生产了大量内容,从只读过渡到了读写。而 Web 3.0 时代,在语义网络和人工智能的加持下,不仅可以做到由用户创造、用户所有、用户控制、协议分配数字内容,也能通过智能硬件和物联网让更多的物品接入互联网,推动互联网与公民生活的融合。

门户网站作为 Web 1.0 时代传统的网络接入服务商,在 Web 2.0 时代受博客、社交媒体的影响逐渐式微,如果能在即将到来的 Web 3.0 时代中依靠背后的强大资本并把握机会,转型成物联网的接入门户等,依然有弯道超车的可能性存在。

第二节 搜索引擎

一、搜索引擎的定义

搜索引擎(Search Engine)就是指根据一定的策略,运用特定的计算机程序搜集互联网上的信息,对信息进行组织和处理,然后通过网络将处理后的信息显示给用户,为用户提供检索服务的系统,由数据库、网络爬虫和搜索界面组成。站在用户的角度,搜索引擎是一个包含搜索框的页面,用户在搜索框输入字词后,通过浏览器向搜索引擎发出搜索请求,搜索引擎会返回与用户输入内容相关的信息列表。

随着互联网上的信息越来越丰富,人们逐渐"淹没"在网上信息的海洋中,无法检索到自己真正想要的内容。在浩如烟海的网络世界中,用户想找到真正有价值的信息非常困难,常常会耗费掉大量的人力、物力、财力。搜索引擎的发展源于人们对信息资源的渴望,它为适应信息服务系统新需求而生,并成为用户与所需特定信息之间沟通的桥梁。

二、搜索引擎的特征

(一)信息抓取的广泛性

网络爬虫是搜索引擎的一部分,它使得搜索引擎的信息抓取具有广泛性。凭借网络爬虫,搜索引擎将大量的信息通过关键词的筛选提供给用户。据谷歌 2019 年的搜索报告,2019 年,谷歌每天平均处理超过 35 亿次搜索,每秒处理超过 40000 个查询。这意味着谷歌的网络爬虫 Google bot 每天将抓取数以千万计的网页信息。广泛的信息在增加便利的同时也带来了信息超载等问题。

(二)搜索界面的个性化

无论是全文搜索引擎还是垂直类搜索引擎,都在凭借调取用户搜索记录,给用户提供搜索备选词、搜索推荐等个性化服务。搜索引擎系统主要分为基于规则的系统和基于信息过滤的系统。基于规则的系统简单直接,但规则并不会频繁更新,规则越多,管理难度越大。基于信息过滤的系统则是利用用户兴趣进行推荐,优点是较为个性化,缺点则是只能凭借用户兴趣推荐,质量难以保证。这类个性化服务一方面有助于搜索引擎投放广告营利并改善用户体验,但另一方面也带来了侵犯用户隐私等问题。

(三) 推荐算法的隐蔽性

用户在搜索界面输入关键词后,搜索引擎会根据相关性进行排序,但由于算法黑箱的存在,排在前列的结果并不一定是最能满足用户需求的。此外,搜索引擎通过提供"大家都在搜"这类推荐页面来提供一个看似中立客观的推荐界面,将用户吸引到与搜索引擎有利益联系的结果。用户点击量提高了相关页面的相关性排序,反之,相关性排序又能带来用户点击量的增加,这种恶性循环使得算法能不断隐蔽地控制用户。

三、搜索引擎的分类

(一) 全文搜索引擎

全文搜索引擎是目前广泛应用的主流搜索引擎,国外具有代表性的搜索引擎是谷歌,国内则有最大中文搜索引擎百度。它们从互联网提取各个网站的信息(以网页文字为主),建立起数据库,当用户查询时,检索程序会根据事先建立的数据库进行查找,按一定的排列顺序返回结果。全文搜索引擎的全文检索方式分为按字检索和按词检索两种。全文搜索引擎是一种"语形"搜索,在网页内容中只要看到关键词就会全部搜索出来,搜索结果的好坏往往用数量而不是质量来衡量。这样的搜索引擎搜索范围大,搜索出的信息量大,但同时也会出现大量的无用信息,需要用户自己进一步检查、筛选,这延长了实际的搜索时间,提高了决策的成本。

(二) 目录搜索引擎

目录搜索引擎中最具代表性的是雅虎、新浪搜索引擎。目录搜索引擎按照用户的要求,搜集互联网的资源,将互联网上的资源服务器的地址搜集起来,按照信息类型的不同划分成不同的目录,然后在原来的大目录下再进行一层层的分类,成为更详尽的目录。用户可以按照页面所提供的目录寻找自己所想要知道的信息。

(三) 垂直搜索引擎

垂直搜索引擎是一种专业化的搜索引擎,该类搜索引擎是为了满足不同用户的不同性质的需求而形成的一类搜索引擎。它将注意力集中在某一特定的领域和特定的用户需求上,为用户提供专业、有深度的服务。垂直搜索引擎存在的领域很广泛,有专业的图片搜索、音乐搜索、房产搜索、汽车搜索、小说搜索等。

(四) 元搜索引擎

元搜索引擎被称为"搜索引擎的搜索引擎","元"为"总的""超越"之意。元搜索引擎的作用是对多个独立搜索引擎加以整合、调用、控制和优化利用。整合、调用、控制和优化利用源搜索引擎的技术,被称为"元搜索技术"(Meta-Searching Technique),是元搜索引擎的核心。元搜索引擎是用户同时登录到多个搜索引擎进行信息检索的媒介,通过一个统一用户界面帮助用户在多个搜索中选择和利用合适的搜索引擎来实现检索操作。此类搜索引擎没有自己的网页采集机制和独立的索引数据库,而是基于网络中多个搜索引擎之上,将其他搜索引擎所查询到的信息资源进行重新排序,再将重新排序后的结果反馈给用户。

四、搜索引擎的发展历程

搜索引擎作为一种伴随着互联网产生而出现的重要技术,其发展可以根据网页索引技术的迭代划分为三个阶段。

第一阶段,这是搜索引擎的创始阶段。计算机中所谓的"机器人"是指某个能以人类无法达到的极高速度不断重复执行某项任务的自动程序。因为专门用于检索信息的"机器人"程序像蜘蛛(Spider)一样在网络空间爬来爬去,所以搜索引擎的"机器人"程序被称为蜘蛛程序。世界第一个蜘蛛程序是由麻省理工学院的在读大学生马修·格雷(Matthew Gray)研发的,他开发的名为万维网(World Wide Web)的蜘蛛程序目的是追踪当时不断扩张的互联网规模。超文本传输协议(Http)的 Web 技术迅速发展,使得以超链接为基本浏览手段和沟通行为的互联网初具规模,互联网信息搜寻成为用户的迫切需求,蜘蛛程序也发展为搜索引擎的核心。

第二阶段,伴随着互联网的飞速发展,搜索引擎技术也有了很大的进步和发展,这一时期传统搜索引擎的逻辑被打破,带来了更高质量的搜索结果。2012 年,今日头条正式上线,它建立了一套"信息找人"的关系法则,即通过算法让内容与用户兴趣之间的匹配时间成本缩短到几乎可以忽略不计的程度。搜索引擎与算法开始逐渐结合。

第三阶段,随着 Web 3.0 的发展,搜索引擎也迎来了搜索 3.0 时代。搜索 3.0 是基于人工智能、虚拟现实、5G 等新技术与移动互联网高度融合的搜索引擎新模式。"兴趣+内容+交互"全面融入新搜索,给这个赛道注入新的活力。2023 年,百度将 AI 技术应用在搜索中,将多场景、多设备、多入口条件下的搜索需求进行整合,实现了"无处不在"和"万物可搜"。

五、搜索引擎的发展方向

(一)垂直化搜索

近年来,用户对于搜索引擎的依赖程度正在逐步下降,但搜索引擎的使用率下降不代表用户搜索的需求下降。各类垂直化搜索产品的兴起印证着垂直化搜索正是搜索引擎未来的发展方向之一。

相较于传统搜索引擎,垂直化搜索产品根据用户需求提供更具精准化与专业化的服务。目前各大搜索引擎和各公司都已推出自己的垂直化搜索产品,如百度的百度识图,Bing(必应)的 Bing Image(必应图片)、Bing Video(必应视频)等。iTunes Music Store 这类音乐垂直搜索产品,知乎这类知识垂直搜索产品等日益受到用户青睐。

(二)完善搜索生态建设

随着移动设备的普及与技术的发展,搜索引擎的主场也逐渐转移到移动端,不少企业将搜索引擎纳入业务生态之中。支付宝、微信的小程序已经成为搜索引擎的重要流量去向之一。2020 年 5 月,支付宝首次成立搜索事业部,搜索已经成为支付宝获取小程序服务的核心入口。微信的搜一搜也是以直达微信小程序的服务功能为主,并且兼顾搜索聊天记录、朋友圈、音乐、表情等服务功能。围绕搜索引擎提供服务或将搜索引擎作为服务的入口将会是更加广泛的趋势。

(三)算法+搜索引擎

传统桌面搜索引擎通常提供链接并以图文呈现检索结果。引入算法后,除了能实现图片搜索、语音搜索的基础功能,搜索引擎还提供人机交互搜索、定制搜索等更多服务。此外,在算法的加持下,搜索引擎的检索结果将更为精准。算法基于大数据进行模拟演算,通过对趋势与预期结果的分析,将更加个性化的精准结果提供给用户。

算法推荐+搜索引擎的优势与问题

但算法带来的算法黑箱与算法歧视问题仍需重视。在多元搜索与算法调度的机制下,搜索引擎掌握着排序内容的权力,用户无从得知算法推荐的页面是根据内容相关性还是依照算法的内在机制呈现。算法的设计者是否会存在歧视以至于算法内在逻辑存在歧视,进而给不同用户提供不同内容等,这样的算法透明性问题仍有待解决。

第三节　数字出版

一、数字出版的定义

数字出版的定义可以分为广义和狭义两种。

从狭义上讲,凡是将信息、知识、观念等内容,用文字、图像、声音等代码形式储存于光、电、磁介质中,并利用计算机或类似设备来使用和传播信息的出版形式,均可称为数字出版。

案例分享:
三维码融媒书

广义的数字出版见于2016年3月10日施行的《网络出版服务管理规定》中第二条与第三条:网络出版服务,是指通过信息网络向公众提供的,具有编辑、制作、加工等出版特征的数字化作品。

二、数字出版的特征

(一)出版产品及消费的数字化

数字出版在产品形态上表现为网络出版物,即数字化产品。这一属性与纸质出版物具有本质的区别,其出版物载体为计算机网络。出版商通过计算机网络向读者提供出版物,读者直接获取利用网络上发布的各种信息,出版者和读者之间既不需要中间人,也不需要其他媒体。就编辑出版而言,征稿、投稿、选稿、审稿、编辑加工、修改、发行等一整套流程均可在网上进行。由于出版流程的数字化和虚拟化,数字出版大大节约了传统意义上的出版成本。同时,数字出版只有信息内容的加工,出版时差大大缩短,因此其传播时差也大大下降。由于不受时间、地点、频道、国界、气候等的影响,传递迅速,并可时时更新,数字出版极大地扩大了信息传播的范围,提高了时效和数量,有利于世界各国、各民族的科技文化及时、广泛地交流与传播。随着技术进步,5G、云出版、可视化等技术发展,用户不仅可以通过无处不在的显示屏消费,还可以通过AR、VR等终端进行消费,获得身临其境的消费体验。

(二)出版流程立体化

数字出版不同于传统出版,传统出版在出版前需要对出版物进行编辑、校对、排版、印刷等,因此出版的周期一般很长,这导致出版物内容与现实情况有一定差距,具有滞后性。而在数字出版中,出版工序得到极大简化,出版就是选择信息、加工信息、发布信息和传递信息的过程。通过互联网等技术的应用,出版流程实现了实时沟通,合理规划资源利用。同时,跨屏协同、在线编辑审校等技术大大降低了出版成本,提高了出版的效率和信息共享的质量,使出版流程一改扁平、滞后的情形,而显得更为立体化、技术化与专业化。

(三) 出版各相关方的交互化

技术发展带来了各相关方交互的便利，使得编者、读者与作者等出版各相关方都可以通过评论与弹幕等进行有效的实时互动。不仅如此，在万物互联的环境下，作者、编辑、读者之间将不再有隔阂，创作与阅读之间也不再是泾渭分明。生产主体的多元化，内容呈现的多样化，用户接受的能动性等让读者不再只是读者。越来越多的读者成为内容的参与创作者，并与作者、编辑进行有机的互动。交互类型更为多样，交互模式也更为简洁。如二次创作、网络文学、互动百科等内容生产都激发了读者、作者和编辑之间的频繁交互。可以预见的是，数字出版各相关方的深度交互将成为常态。

(四) 出版业态的融合与内容的整合

随着算法、数字技术等在出版领域的广泛应用，出版业也面临着更为广泛的机遇，展现了知识生产更为广阔的前景。无论是从纵向还是横向上来看，科学知识可能因此得到更加有效的整合。除此之外，数字出版流程优化和平台再造也有效推动出版内容产品、硬件平台、软件应用的融合与共进。

三、数字出版的分类

(一) AR 出版

2019年，由全国新闻出版标准化技术委员会归口上报的《出版物 AR 技术应用规范》中提道："AR 出版物指应用三维(3D)模型等数字媒体与印刷图文及图文中的坐标点、空间位置等信息关联，满足用户增强现实体验需求的报纸、期刊、图书、网络出版物等。"[1]相较于传统出版，AR 出版能使用户得到更为丰富的体验，不仅能将图像信息转换为多媒体形式编辑出版，还能通过其较强的交互性，以内容的立体式呈现加强用户体验。

(二) VR 出版

《出版物虚拟现实(VR)技术应用要求》中提道："VR 出版物指能够用虚拟仿真技术以满足用户在数字化模拟环境身临其境感受和体验需求的出版物。"[2] VR 出版中，体验式阅读、想象式阅读、沉浸式阅读等基于沉浸式素材、全方位调动用户感官的阅读方式已逐渐发展起来。此外，VR 出版的应用场景也更为多元，但同时 VR 出版也受硬件设备影响较大，其使用体验会因硬件条件不足而大打折扣。

---

[1] 全国新闻出版标准化技术委员会.出版物 AR 技术应用规范[S].北京:中华人民共和国国家新闻出版署,2019-05-29.

[2] 全国新闻出版标准化技术委员会.出版物虚拟现实(VR)技术应用要求[S].北京:中华人民共和国国家新闻出版署,2023-06-16.

(三) 大数据出版

大数据虽然是其他数字出版服务必不可少的基础,但本身也是一种独立的出版服务,且已经形成了一定的规模。大数据出版主要从以下三点进行定义:第一,大数据出版是指将现有的出版资源转化为数字资源并建立数据库,从而进行数据分析;第二,大数据出版指将数据运用到出版体系中,构建数据驱动的出版流程;第三,大数据出版是指将大数据应用于具体出版业态中,如教育出版、学术出版、大众出版等。大数据不仅能帮助出版商跟踪反馈数据,及时回应用户需求,还能通过出版流程再造来实现基于大数据预测的选题、基于大数据多样性的内容生产、基于大数据活性的关系网络重构。

(四) 人工智能出版

随着第三次人工智能浪潮的到来,人工智能和其他行业的深度融合已经是大势所趋。在《新闻出版—知识服务—知识资源建设与服务工作指南》的国家标准中,明确提到:"以人工智能技术为依托,借助大数据开展知识体系构建、知识计算、知识图谱构建,开展机器撰稿、新闻推荐、智能选题策划、智能审校、智能印刷、智能发行、智能机器人等服务方式。"在供给侧,人工智能具备信息采集、数据处理、组织文字内容等优势,能提升编辑的工作效率。在需求侧,人工智能能基于用户实时需求与互动,实现更精准的供给。

AI 出版的机遇与挑战

四、数字出版的发展现状

(一) 新型出版格局的重构

传统出版时代,出版编辑通过市场调研进行策划,虽然最终的选择权在于读者,但反馈流程缓慢、精准度差。数字出版时代,人们的阅读习惯与传受关系发生了巨大变革,读者变成了用户,出版内容变成了产品,出版流程更为简洁,反馈也更加即时。编辑不但需要进行市场调研,在产品推出后更需要类似售后的延展服务,服务意识重要了起来。对用户而言,选择更为多样化,服务更为个性化,单向传播变成双向传播,自己的"声音"大了。对于创作者而言,双向互动更有利于自己的创作和与读者的互动交流。对编辑而言,在增强服务意识的同时,更需要考虑如何打造更具差异化与多样化的产品以增加竞争力。

(二) 数字版权保护技术不健全

数字版权保护技术是网络图书出版的安全性前提。数字版权保护是作者、出版者、网络公司乃至读者所共同关心的问题。在网络环境下,数字化的出版形式有赖于开放的数字版权管理(Digital Rights Management,DRM)。DRM 运用特定的加密算法和授权机制,对数字内容的访问、复制、传播等操作进行严格管控,从而实现对数字内容版权的有效保护,保障版权所有者的合法权益。DRM技术能杜绝电子书的随意复制传播,对书籍的作者以及出版者的知识财产和智力成果起到一定的保护作用。随着电子书市场的逐渐成熟,以及电子书用户群体的逐渐形成,加强版权保护也成为中国电子书市场健康发展的必然趋势。

(三) 标准问题亟须完善

数字出版物的格式存在诸多问题,缺乏统一的行业总体标准,地域分割性较强,原数据和信息交换格式未形成标准,并且网络出版管理格式、网络出版防伪的保密以及版权保护等技术问题均尚不完善。行业标准的缺乏可能会给各方面都带来混乱与不便,电子图书的格式不统一问题便是一个明证。现阶段,国内外都存在类似的问题。因此,对整个出版流程进行再造,重塑出版行业生态,构建一套专业且智能的出版流程就显得尤为重要。

(四) 人才缺口依然明显

随着5G等技术不断发展,消费场景、产业生态、出版流程等都发生了极大变化,需要从业人员同时具有较高的科技文化素质和较强的编辑出版能力。出版业的发展不但需要有新的出版理念,而且对于能够驾驭数字出版和跨媒介出版人才的需求也日益强烈。《出版业"十四五"时期发展规划》也指出:"加强出版学学科建设和专业人才培养,构建中国特色社会主义出版学学科体系。"[1]目前,数字出版相关人才培养仍存在定位不清晰、课程重复陈旧等问题,难以适应新媒体环境下对复合型人才的需求,人才培养难以跟上行业的发展,无法应对人才缺口。因此,对人才的培养应以复合型人才与综合性素质培养为重点,完善人才培养布局,建设新型数字出版学科,探索新的教育模式等。

五、数字出版的发展方向

《出版业"十四五"时期发展规划》明确提出做到:"出版科技创新与成果转化能力明显增强,数字技术赋能引领作用充分发挥,内容生产传播数字化水平显著提升,数字出版、按需印刷等新业态新模式更加多元,精品供给更加丰富,数字化营收占比持续提高,行业融合发展进一步深化。"[2]

(一) 智慧出版

大数据、算法与万物互联等技术带来了终端的智能化,让智慧出版成为可能。智慧出版将是产品、出版流程、消费场景、消费体验的智能化,衍生出通过

---

[1] 国家新闻出版署.出版业"十四五"时期发展规划[EB/OL].(2022-01-24)[2024-05-14]. https://stm.castscs.org.cn/GJ/38670.jhtml

[2] 同上.

VR、AR、MR等技术带来的拟真场景内容获取与全感官内容消费，实现纸质读物转变为智慧终端的突破。在算法与网络的加持下，出版产品也将能够如同智能设备一样实时更新、优化、学习以适配不同的智能终端。出版流程也将大幅增加算法的参与比重，节约编辑与系统成本，促进整个出版行业的智慧化发展。

(二) 个性化出版

在逐步智能化的出版行业演变大环境下，个性化出版这种有效增强用户体验与提高用户黏性的服务也成为数字出版发展的必然趋势。此外，相较于传统出版行业以印刷产品为终端的特点，数字出版的终端更为多样化与智能化，也给个性化与定制化出版的实现带来了可能。个性化出版主要是以用户需求为导向，基于大数据、算法定制与自我进化等技术，获取人口统计学特征，对用户行为进行预测，根据不同用户的不同需求进行差异化推荐、印刷、出版甚至是创作，构建内容生产、产品形态、消费机制的个性化与多样化。个性化出版不仅有利于提高出版行业的服务质量与竞争能力，还能有效降低出版成本与风险，提高出版产品畅销的概率，极大减少资源的浪费与信息滞后性，增加出版行业整体效益。

(三) 阅读终端的变革

传统出版的阅读终端一般是杂志、书本等纸质载体，随着网络技术的发展，首先是电子书突破了纸张的限制，将书本搬到了屏幕上。5G时代，阅读体验更为丰富，由阅读文字转向视听体验，有声书与AI阅读成为潮流，国外Apple Book Store上架有声书商店，国内也有微信读书等电子书平台与喜马拉雅等FM平台参与。在不久的将来，随着新的需求涌现与技术进步，物联网等技术的应用，将使阅读终端不仅包含可穿戴设备，还包含门窗、书桌、镜子等家居设备与生活用品，甚至包含汽车、高铁等交通设施。随着阅读终端的变革，消费场景的再造也使VR阅读、沉浸式体感阅读等成为可能，两者相辅相成共同推动出版行业进步变革。

(四) 云端出版的实现

在5G时代，高速率与低延迟降低了云端服务的成本，降低了延迟，减小了普及云出版的难度。首先，对于出版行业而言，云端出版提高了资源的利用率，减少了出版社的成本，降低了个性化与智慧出版的难度，提高了整个出版流程的效率。其次，对于用户而言，云端出版解放了阅读终端，使其不再有储存空间的限制，只要联网便可以享受服务。再次，云端出版还解决了不同终端与软件的不兼容问题，使用户可以全时、任意场景地进行阅读。最后，云技术也是物联网等技术的基础，对出版行业阅读终端的变革也起着极大的推动作用。

第四节　网络游戏

一、网络游戏的定义

网络游戏，又称在线游戏(Online Game)，简称"网游"，是电子游戏在互联网上的一种延伸发展。网络游戏已经成为互联网的重要组成部分，推动互联网经济的良性循环和发展。

网络游戏一般指通过 TCP/IP 协议，以互联网为依托，可以使用多种电子游戏终端，保证多人能够同时在线参与的游戏。更为重要的是它的人际交互性，与单机游戏的人机交互相比，网络游戏更突出人和人之间的互动。

二、网络游戏的特征

（一）虚拟性

虚拟性是网络游戏的基本特征，游戏内容是"非真实"的，游戏世界是纯粹的人造空间，依靠媒介进行交互，依靠信息存储而存在。游戏世界虽然与现实世界是分离的，但玩家在网络游戏中的游戏活动本身是真实的，人与人的互动也是真实的。虽然游戏是现实的虚拟缩影，但网络给游戏的虚拟生存提供了无限想象的可能。随着数字技术的进步，网络游戏中技术、产业及文化愈发弥合，并终将促进数字化空间的建构。

（二）规则约束性

游戏必须有规则，这些规则为如何实现游戏目标提供了描述性框架和定义性框架。描述性框架描述了游戏的设置及其设备，而定义性框架则规定了需要和允许的游戏方式。此外，网络游戏中还包括有利于低效率而不是高效率实现目标的规则。描述性框架和定义性框架，连同游戏的限制构成了网络游戏的规则，即那些定义了参与网络游戏时必须满足的所有情况的规则。

（三）交互性

网络游戏的交互性是其最重要的特征。网络游戏的虚拟、娱乐等其他特征虽然有别于其他网络媒体，但网络游戏的交互性却实实在在地将网络游戏与其他网络媒体区分开来。没有交互，网络游戏也将不复存在。网络游戏的交互性不仅存在于游戏内，还联系了游戏世界与现实世界，是虚拟与现实联系的关键点。通过线上线下的交互与联系，网络游戏能得到极高的用户黏性。而网络游戏，尤其是移动游戏，也逐渐成为维持社交关系的重要媒介之一。

三、网络游戏的分类

我们主要从技术层面对网络游戏进行分类。

（一）移动游戏

移动游戏是指使用移动游戏客户端，不使用串流功能展示，仅应用于移动端及移动模拟器类的网络游戏，包含掌机游戏等。在手游时代，网络游戏的社交属性更进一步凸显，基于移动互联网的社交游戏生态逐渐构建起来。手游是随着智能手机、移动互联网等硬件及技术发展而产生的，最初多数是从电脑游戏转化而来，如棋牌、卡牌、消除、跑酷等各类游戏。目前移动游戏已经成为我国网络游戏的核心业态。

（二）网页游戏与 PC 游戏

网页游戏是指通过互联网浏览器使用的，不需要安装除浏览器外任何客户端软件的网络游戏。PC 游戏是指通过运行电脑专用客户端软件进行的非模拟器类网络游戏。网页游戏不需要下载客户端，只在网页上进行游戏，也称为无端游戏，是一种基于浏览器的网络在线游戏。在电脑的数据和图像处理能力较弱的阶段，网页游戏具有一定市场，但当电脑处理器计算能力逐渐强大，能够满足客户端游戏数据和图像处理功能之后，网页游戏逐渐没落。PC 游戏需要电脑具备较强的计算能力和图像处理能力，玩家必须在电脑上下载游戏客户端，部分游戏需要通过电脑连接互联网，以便与其他用户在线玩游戏。相较其他游戏，PC 游戏核心用户玩家的游玩习惯、付费习惯和付费率相对稳定。

（三）主机游戏

主机游戏指使用屏幕为显示器，在专用电子游戏设备上进行互动的网络游戏。20 世纪 90 年代中后期以来，随着电脑、网络、手机的普及，PC 游戏、网页游戏和移动游戏逐渐在市场中占据主导地位。近二十年来的游戏机市场，基本上以个人家用机或手持机为主，这类游戏用户更注重个体的自娱自乐，而爱好社交游戏的用户则转向了网游或手游。

（四）云游戏

云游戏是指以云计算技术为基础的网络游戏。2009 年，云游戏公司 Onlive 在旧金山游戏开发者大会上运用云游戏平台演示了一款对硬件要求极高的游戏，由此掀起了电子游戏的云化潮流。所有网络游戏的共同特征便是需要硬件支持，而云游戏则将网络游戏从硬件设备的依赖中解放出来，利用云端服务器实现更好的游戏体验，但与此同时，也会受到网络带宽等条件的限制，因此其普及难度也较高。

(五) VR 与 AR 游戏

VR 游戏是指利用虚拟现实技术和设备进行的网络游戏。AR 游戏是指利用增强现实技术,将游戏内容和现实结合的网络游戏。与传统网络游戏相比,VR 游戏需要更高端的硬件支持,如主机、头显、控制器等。VR 以其强大的空间创造能力,辅以互动叙事或模拟游戏的设计策略,能让玩家置身于特定的场景和时空中,带来沉浸式体验。但 VR 设备目前在性价比、舒适度、便携性等方面仍未能达到平衡,VR 设备带来的眩晕感也是其面临的种种难题之一。AR 游戏则更侧重游戏与现实的结合,如实时获取信息处理分析,增强虚拟与现实的结合,提升各类交互体验。但 AR 游戏与现实交互的特点意味着玩家需要在现实中进行更多的消耗,因此也增加了玩家的入门门槛。此外,AR 游戏还存在着信息泄露等隐私问题。

四、网络游戏的发展现状

2021 年,全球游戏玩家总数接近 30 亿大关,相较 2020 年同比增长 5.3%,标志着游戏行业的强势增长势头不仅引领着玩家数量的持续增长,并仍有更大的上升空间。中东、非洲和拉丁美洲的玩家数量增长较快。包括中南亚和东南亚等新兴市场的亚太地区拥有全世界数量最多的活跃游戏玩家,占全球玩家总数的 55%,远高于其他地区的玩家数。

(一) 手游市场持续发展

手游是主要以手机为平台运行的游戏软件的统称。手游覆盖面广、便携性高、社交功能较丰富、用户量大,因此是一种良好的文化传播媒介。手游充分利用了用户的碎片化时间满足了社交需求,有着广阔的市场与潜在用户群。此外,疫情期间兴起的"宅经济"也极大促进了移动端游戏的发展。除原有占据手游市场大部分份额的腾讯、网易等公司,字节跳动、快手等互联网企业也开始在手游领域发力,使得市场竞争更为激烈,推动手游市场发展。

(二) 监管体系与行业规范不断完善

技术发展与行业形势的变化,使得游戏监管也愈发迫切起来。在未成年人保护方面,2021 年 6 月 1 日起实施的新修订的《中华人民共和国未成年人保护法》新增了"网络保护"专章。以"规范网络游戏服务、保护未成年人身心健康成长"为基本要求,包括信息内容风险、个人信息泄露风险、网络游戏沉迷风险、网络欺凌风险保护等 17 条内容。① 行业规范方面,2021 年 4 月 27 日,中国互联网协会批准发布了《网络游戏行业企业社会责任管理体系》,腾讯、网易、盛趣、完美等 20 余家企业代表参与了起草和研讨过程,因此,它是一个行

---

① 田丽,刘思酉.发展、变革与博弈中的游戏产业[J]. 青年记者,2021(09):60-62.

业社会责任管理体系标准①。在不断完善的监管体系与行业规范下,游戏公司通过人脸识别、限玩、限消等方面进一步升级未成年人保护措施。

此外,对于游戏行业的版权保护、使用等方面的规范也已经显露成效,盗版游戏猖獗的乱象也得到了遏制。"剑网行动"是国家版权局、工业和信息化部、公安部、国家互联网信息办公室四部门联合启动打击网络侵权盗版的专项行动,严厉打击互联网领域的侵权盗版行为。自2005年启动,至2024年已持续开展20次,在规范网络版权秩序方面发挥了重要作用。

(三)国产游戏出海持续推进

近年来,随着我国游戏厂商资金、运营、研发能力的不断进步,游戏出海已经成为越来越多游戏厂商的选择,甚至创作和推出了专门面向海外市场的游戏。我国自主研发游戏的竞争力提升与海外市场的拓展,也将带来中国文化、中国元素的普及以及海外影响力的增强与国际话语权的构建。自2024年8月20日国产3A单机游戏《黑神话:悟空》上线以来,其相关视频在YouTube等平台广泛传播,不少单个视频的播放量超千万,官方账号粉丝数快速增长已超百万。海外主流游戏媒体如IGN、GameSpot等高度赞誉,称赞其画面精美绝伦,是中国风视觉艺术杰作,对传统文化挖掘深刻,为玩家打开了解中国神话文化的大门。在推特、Reddit等社交媒体上,其话题热度长期居高不下,讨论量迅速破亿。随后,相关商业合作不断,周边产品热销,发售初期销售额便达数亿美元。《黑神话:悟空》已成为中国文化对外传播的新桥梁,让全球玩家领略到中国传统文化魅力。

网络游戏如何助力我国文化传播

(四)游戏产业逐渐得到正名

社会观念的进步与游戏行业的不断发展,使得游戏害人、游戏误人的污名化论调逐渐得到扭转。作为一种文化传播的载体与艺术形式,网络游戏的影响力不断增强。游戏通过融入传统文化、自然风光等元素,无论是为了熏陶玩家身心还是吸引玩家兴趣,都能更好地带动对传统文化的传承与保护。

此外,网络游戏作为一种产业,不仅仅是单一的娱乐形式,更是一种新的体育竞技项目,蕴含着巨大的产业潜力与经济效益。无论是电子竞技成为2022年杭州亚运会的正式比赛项目,还是2021年11月7日,EDG电子竞技俱乐部取得全球总决赛冠军后,央视新闻微博发博祝贺,以及EDG捧杯画面登上中央电视台财经频道与体育频道等等,都显示着网络游戏社会声誉获得了主流的认可。此外,"海南国际电竞港"的建设与上海建设"全球电竞之都"

---

① 中国互联网协会.网络游戏行业企业社会责任管理体系[S].北京:中国互联网协会,2021-04-27.

的规划等,都证明游戏对推动产业进步升级、行业发展与文化输出有着重要意义,发展游戏产业也是争夺主导国际话语权的重要一步。

五、网络游戏的发展方向

(一)游戏分级制度的建立

随着我国游戏市场不断扩大、游戏产业不断进步升级、游戏群体的分化,对于游戏分级的需求也越来越强。2019年6月26日,人民网主办"创新发展 责任同行——2019游戏企业责任论坛",并联合10余家知名游戏企业,共同发起《游戏适龄提示草案》,建议游戏公司根据游戏产品的内容、类型、系统情况等,对游戏所适宜的玩家年龄进行提醒,使未成年人及其监护人能较为清楚地了解该款游戏产品是否适合使用,助力指导未成年人及其监护人正确选择适合的游戏产品,提高其网络休闲娱乐的合理性和健康性。[①] 草案将游戏适龄范围划分为"18岁以上(18+)""16岁以上(16+)""12岁以上(12+)""6岁以上(6+)"四级。这是我国游戏分级的重要尝试。随着游戏产业不断发展,只有合理规范游戏产业,规划好游戏市场,精准管控,才能促进行业健康可持续发展。

(二)黑灰游戏产业的打击与规制

在游戏产业蓬勃发展的大背景下,一些监管不到位的黑色产业、灰色产业也呈现愈演愈烈之势。游戏外挂等黑灰产业不仅破坏了玩家的游戏体验,也极大地影响了游戏产业的健康发展。2021年9月1日腾讯举办的"守护者计划沙龙"中,腾讯守护者安全计划团队透露,目前我国游戏外挂黑灰产业实际销售规模每年超过20亿元人民币。为营造良好的游戏环境,除监管层面外,游戏公司也应承担起社会责任,通过数据加密、漏洞修复等反外挂措施与线下警方监管结合,提高违法成本,严厉打击网络外挂制作销售行为,保护游戏产业的合法权益。

(三)国产精品游戏的打磨

2018年3月29日,国家新闻出版广电总局发布《游戏申报审批重要事项通知》,全面暂停游戏版号的审批发放,同年12月29日恢复审批。虽然版号寒冬是对业界的一次洗牌,遏制了游戏行业野蛮生长的乱象,但对专注于游戏质量的小型游戏公司与工作室来讲无疑是一次极为致命的冲击。相比之下,坐拥大量用户的大体量游戏公司则把重心放在现有游戏的流量获取与营销上。这些客观上导致了国内较难涌现3A级大作,即使游戏质量上乘,也只能通过上架国外平台与众筹平台,加快资金回流以求生存。2020年8月20日,

---

① 袁媛.我国电子游戏产业监管与《游戏适龄提示草案》浅析[J].出版广角,2020(04):37—40.

游戏科学(深圳市游科互动科技有限公司)通过虚幻5引擎开发的国产动作角色扮演游戏《黑神话:悟空》,投放了第一条实机演示视频,全网播放量已超5000万。2024年,《黑神话:悟空》已正式上线,在商业上取得了巨大成功,在Steam平台销量可观,同时在线人数众多,还荣获了诸多国内外大奖,在全球范围内掀起了一股"西游热"。尽管我国3A游戏已迈出了坚实的一步,但与国际顶尖3A游戏相比,其在游戏内容的深度、广度以及玩法的创新性、平衡性等方面仍存在一定的提升空间。此外,游戏在多人在线互动模式等方面也还有拓展潜力。整个行业仍需要不断发展,持续创新。我国游戏公司也应该精益求精不断打磨产品,推动整个国产游戏行业向高质量多元化可持续的方向蓬勃发展。

(四) 作为文化传播的载体

游戏作为一种文化产业,一样能成为中国传统文化传播的载体。游戏凭借其独有的意象符号,能够以一种平等的姿态,减少文化间的隔阂与误解,从而降低文化间的交流成本。2022年1月,《原神》游戏更新了京歌《神女劈观·唤情》,在海外掀起了"京剧热",在海外平台已达到700万播放量,成为海外了解中国戏曲的一个重要窗口。文化的蓬勃发展需要传承与不断交流,因此作为传播载体的游戏,无论是拓展海外市场,还是增强对年轻群体的吸引力,都有利于中国传统文化迸发出新的活力。

本章小结

本章主要对网络媒体进行相应介绍。门户网站与搜索引擎曾经是我们打开互联网浏览查找信息的入口,门户网站在新媒体时代愈发跟不上技术发展的步伐,如今在呈现新样态时呈现仍衰落的趋势。国内搜索引擎一方面受到移动媒体与垂直化搜索的冲击,另一方面因其自身广告与算法推荐问题饱受诟病,Web 3.0时代的搜索引擎如何破局也成为新的问题。数字出版目前仍然面临着格式与版权等问题而难以整合发展,只能通过技术创新寻求产业发展新的增长点。个性化出版、智慧出版等新技术不断发展,也为数字出版行业带来了新的变革。网络游戏随着观念进步逐渐摆脱毒品、害人、成瘾等刻板印象,转而以艺术、竞技的形式重新回归主流视野,推动了我国文化、观念等元素的海外传播。接下来游戏产业如何健康地、可持续地发展依然任重道远。

目前,全国各族人民迈上了全面建设社会主义现代化国家新征程,正在向第二个百年奋斗目标进军。在新一轮科技革命和产业变革双重驱动下,网络媒体更应把握大势、顺应潮流、勇担责任。平台、内容、形式等全链条由"数字化"向"数智化"转型,向更科技化的方向转型;注重提供定制化及高价值内容,深度整合生态链,优化平台建设,逐步向用户开放,向更开放的方向转型;在实践中,承担更多责任与功能,在社会主义现代化建设中发挥重要作用,向更实效的方向转型。

思考与练习

1. 为什么门户网站衰落了,谈谈你的看法。
2. 你怎么看待搜索引擎背后的算法逻辑?
3. 你认为智慧出版、个性化出版等新技术将给数字出版带来怎样的变革?
4. 你认为应如何通过网络游戏加强我国国际话语权建设?

参考文献

[1] 雷霞.搜索引擎智能推荐的权力控制与人的能动性[J].现代传播(中国传媒大学学报),2021,43(05):145—151.

[2] 刘瑞一.5G赋能下网络视频内容生态机制的调整与升级[J].教育传媒研究,2021(02):69—73.

[3] 丁迈,张天莉,罗佳.短视频的用户生态与需求演进——《短视频用户价值调研报告(2020)》[J].新闻与写作,2021(02):52—59.

[4] 覃章英.浅析5G时代下数字出版的发展[J].科技创新导报,2020,17(18):122—123.

[5] 洪丹丹.5G时代数字出版3.0模式探析[J].科技传播,2021,13(01):137—139.

[6] 孙玮,李梦颖.数字出版:超文本与交互性的知识生产新形态[J].现代出版,2021(03):11—16.

[7] 张新新.中国特色数字出版话语体系初探:实践与框架——2020年中国数字出版盘点[J].科技与出版,2021(03):86—97.

[8] 胡钰,王嘉婧.中国新媒体发展:特征、趋势与调整[J].中国编辑,2021(03):10—15.

[9] 刘姝秀.游戏环境下的中国文化输出探索——以《原神》为例[J].科技传播,2021,13(08):112—114.

[10] 陈庆华.游戏产业视域下中华传统文化的表达创新[J].出版广角,2021(06):85—87.

第三章　移动媒体

> **学习目的**
> 1. 了解移动互联网的特征和发展趋势。
> 2. 思考手机媒体发展所面临的问题和发展路径。
> 3. 了解平板电脑的发展历程。
> 4. 掌握车载移动媒体的传播特征及发展现状。

第一节　移动互联网

一、移动互联网与移动媒体

移动互联网是 PC 互联网发展的必然产物,将移动通信和互联网二者结合起来,成为一体。它是互联网的技术、平台、商业模式和应用与移动通信技术结合并实践的活动总称。移动互联网是以宽带 IP 技术为核心,可同时提供语音、传真、数据、图像、多媒体等高品质电信服务的新一代开放的电信基础网络。简单来说,移动互联网就是通过手机、平板电脑等便携式智能设备实现网络联通,来随时随地获取信息和服务。移动互联网是未来互联网的发展趋势。

移动媒体是指利用各种信息传输技术以满足流动人群需求的新型或新兴媒体,是个人的、便携式的、用户控制的、交互的、能接入互联网的、可实现用户之间和用户与网络之间信息交换与共享的平台,主要包括手机媒体、平板媒体以及车载移动媒体。

二、移动互联网的特征

(一) 移动性

移动互联网的移动性主要表现在两个方面:

第一,终端设备的移动性。目前被广泛采用的终端设备,如智能手机、iPad、上网本等都具有体积小、重量轻的特点,并具有一定的续航能力。人们在日常生活、学习、工作和娱乐时能随时便捷地携带它,无论男女老少都能随时通过它接入移动互联网以获取信息、处理事务和休闲娱乐等。

第二，移动互联网的移动性在于移动的同时也可以接入互联网。传统互联网需要个人PC通过调制解调器拨号由有线宽带接入，而随着无线网络的大面积覆盖，移动终端的无线接入成为可能。移动互联网的接入方式主要有以下两种：一是便捷式电脑通过无线调制解调器连接；二是手机、iPad等通过无线上网卡或手机卡直接接入互联网。移动性是手机这一最为重要的移动互联网终端最为核心的特质。连接移动网的手机终端具有支持用户身份认证、支付、计费结算、用户分析、信息推送和定位等功能。对于移动性的另一层理解便是伴随性。手机一度被称为"带着体温的媒介"。在地铁、公共汽车等公共环境中，人们使用手机终端的频率远高于PC设备，手机终端在即时沟通与获取信息方面比PC设备更为方便，加之5G网络的到来和兴起，其超高的数据传输速度也为人们利用手机终端提供了良好的技术支持。

(二) 即时性

如今社会信息化速度日益加快，任何事件的发生都可以通过各种社交平台迅速传播开来，并引起广泛的社会讨论。例如微博，它是一个基于用户关系的信息分享、传播以及获取的平台，用户可以随时随地地发布、转发、评论、点赞博文，而微博作为一个开放的平台，能将最新、最热门的资讯以最快的方式传播开来，突破时间和空间的限制，还能形成热门话题，让更多人参与讨论。2009年8月，中国最大的门户网站新浪网推出"新浪微博"内测版，开启了中国微博时代。新浪微博也是目前国内用户数最大的微博平台。

(三) 碎片化

所谓碎片化，就是社会时间的零碎化、弹性化，从而产生协调、分配问题，以及时间压迫的认知体验。《第53次中国互联网络发展状况统计报告》数据显示，截至2023年12月，我国手机网民规模达10.91亿人，较2022年12月增长2562万人，网民使用手机上网的比例为99.9%。碎片化已然成为人们生活的写照，手机作为人们普遍使用的移动终端，穿梭于人们日常生活的各种碎片化时间中。互联网时代，越来越多的人通过微信公众号、微博或其他各种平台接收信息，断断续续地进行碎片化阅读。人们希望利用日常琐碎的时间充实自我，在获得信息的同时满足消遣娱乐需求。

(四) 社交化

如今微博、微信、脸书、推特(Twitter)等社交平台均在蓬勃发展，充分满足人们的社交需求，并且还在积极开发各类社交功能，吸引更多用户的关注和参与。而新闻客户端等App也都支持分享、传播等社交功能，可以说，现在已进入一个全民社交的时代。

三、移动互联网发展的新趋势

(一)移动互联网基础设施建设持续推进

在基础设施建设方面,"东数西算"工程稳步推进,5G 网络覆盖版图持续拓展。2023 年,我国已建成 5G 基站 338 万个,推动了工业互联网、智能计算中心、智能公交系统等数字基础设施建设。在政策支持下,移动互联网络基础建设、算力基础建设也将不断扩容提速,进一步促进数字经济发展。

移动互联网发展的新趋势

随着政策制度的不断完善和移动互联网的持续建设,我国数字经济规模逐年扩大,云计算、大数据、物联网等新业务收入攀升,数字经济蓬勃发展,市场活力不断释放。国家统计局数据显示,2024 年上半年,规模以上信息传输、软件和信息技术服务业企业营业收入增长 11.2%。围绕数据要素、数字经济、数字社会、智慧城市建设等领域,国家发布了多项政策,将有力推动数字经济高质量发展并取得显著成效。

(二)移动技术发展将进一步推动数实融合

在移动互联网技术不断发展成熟的背景下,移动应用程序的数量不断增长。目前,国内市场上监测到的 App 数量超两百万款,覆盖了工业、教育、金融、文艺、科学等各个领域,移动互联网进一步赋能千行百业,推动了数字技术与实体经济的深度融合发展。特别是 5G 技术在实体经济中得到更广泛、更深层次、更高质量融合应用,使其成为推动经济社会数字化转型的新引擎,为移动互联网行业带来了前所未有的发展机遇。实时通信、远程控制、智能家居等应用变为现实,推动了智慧工厂、自动驾驶、远程医疗等项目落地发展。利用 5G 专网进行行业应用拓展具有极大潜力和空间,5G 发展也将推动"元宇宙"向着虚实结合、虚实共生的方向演进,推动产业应用融合,虚拟现实产业总体规模将进一步扩大。

(三)移动互联网变革和重塑消费格局

移动互联网的普及,不仅改变了人们的生活方式,也深刻影响了消费格局。根据央视市场研究(CTR)发布的报告,2022 年我国移动互联网月活跃用户规模已超 12 亿,用户的使用场景从娱乐逐渐扩展到工作与生活。同时,移动互联网也呈现出了用户重构的特征,"Z 世代"和"银发一族"的崛起,为消费市场增添了新的活力,带来了新的消费场景与模式,也使得消费格局不断发生改变。社交电商、直播电商等新业态新模式持续发展,正成为驱动经济增长的新引擎,在线文旅、手机外卖等正引领新型消费潮流,越来越多的"银发族"开始使用 App 团购买菜、医院挂号,越来越多的"Z 世代"开启"云上旅游"、参与"在线演唱会",移动互联网正不断打造消费新场景,形成消费新格局。

(四)移动互联网发展红利将进一步释放

随着国家数字化建设进程的全面加速,移动互联网的红利效应不再局限于一线城市及核心区域,而是正以前所未有的深度和广度,进一步下沉至三四线城市乃至遍布全国广大农村地区。乡村居民可以通过电商平台销售农产品,拓宽销售渠道,增加收入;利用农业信息服务系统获取最新的种植养殖技术,提高生产效率;参与在线教育,学习现代农业管理知识,提升自我发展能力。移动互联网的普及将不断促进农村地区的经济发展与产业升级,促进教育、医疗、农技、政务服务等通过信息平台逐步延伸至乡村,提升乡村数字化水平,缩小城乡数字鸿沟。

(五)移动互联网治理和法治建设得到重视

随着移动互联网的普及,用户数据安全和隐私保护问题日益受到关注,加强数据安全技术和隐私保护机制的研究与应用,成为移动互联网行业发展的重要方向。在网络安全方面,国家相继出台了《数据出境安全评估办法》和《中华人民共和国反电信网络诈骗法》,夯实了网络安全法治保障。在网络内容与生态治理方面,国家互联网信息办公室发布的新版《移动互联网应用程序信息服务管理规定》等相关法规,深化了网络生态治理。另外,在移动技术与应用方面,《互联网信息服务算法推荐管理规定》《互联网信息服务深度合成管理规定》等法规发布,使得网络治理对象进一步向算法、人工智能、应用程序等技术与应用层面拓展,强化了对移动技术与应用的监管。各种法规的不断出台,使得移动网络安全与法治建设迈上新台阶,网络安全配套规定将逐步完备,个人信息、人工智能等重要领域数据安全标准将持续完善。

第二节 手机媒体

一、手机媒体的定义

手机媒体,作为数字时代的新兴媒介,是一种依托智能手机利用移动通信网和无线互联网,集文本、图片、音频、视频、社交互动等于一体,进行智能化的信息生产、传播的终端媒介。手机媒体是继报纸、广播、电视、互联网之后的"第五媒体",即基于无线通信技术,通过以手机为代表的移动终端,展现信息资讯内容的媒介形式,应用形式主要包括手机新闻客户端、手机报和手机杂志、手机电视、手机社交网络、手机微博、手机阅读等。手机媒体的业务形态多种多样,不但涵盖了传统媒体的类型,更是开创了手机媒体所独有的媒体类型,手机二维码、手机支付、手机金融将媒体的边界拓展得更为开阔。

二、手机媒体的特征

(一) 高私密性

手机媒体一般为个人私有,具有较强私密性。手机媒体在人们生活中扮演着越来越重要的角色。随着数字技术的发展,手机媒体日益成为记录用户消费、出行、医疗等个人隐私数据的媒介。手机媒体的数据隐私和数据泄密也引起人们的高度重视。

(二) 高便携性

手机有着其他媒体终端无可比拟的优点,相较于平板电脑和个人电脑,手机终端因其方便携带和实时联网的特性而成为人们形影不离的设备,因此无论何时何地,受众都可以在第一时间使用手机收看、收听新闻信息。移动性与便携性使手机媒体成为填补人们日常碎片时间的重要工具,人们可以在出行过程中及任何碎片化的时间段里享受手机媒体带来的丰富多彩的信息与服务。尤其是在生活节奏加速的新媒体时代,便携性使得手机媒体成为人们日常生活中的首选媒介。

(三) 高普及性

从媒体理论的角度来看,衡量一个媒体是否具有竞争力的一个重要因素就是现实和潜在的受众,而对手机媒体来说,最不用担心的就是用户资源。国家统计局相关数据显示,2020年中国智能手机用户数量达8.74亿。《数字2021:全球概览报告》(*Digital 2021: Global Overview Report*)显示,截至2021年1月,全球智能手机用户数量为52.2亿。如此庞大的用户群已经构成大众传播所必需的大量分散受众。手机媒体相比其他媒体拥有数量庞大、类型广泛的受众群,普及度非常高。

(四) 高时效性

手机媒体信息的获取、传播、更新速度快,时效性强,范围广,限制因素少,而且更新成本较低。手机媒体的传播和更新周期可以以分秒来计算,而电视、广播的周期是用天或小时来计算,纸质报纸的出版周期则以天或周计算,纸质期刊与图书的更新周期则更长。手机媒体还具有即时接收和动态传播的特点,尤其是遇到突发事件时,手机媒体可以实现新闻的动态传播。手机媒体作为新型传播媒介,具有阅读方便、不受时空限制的特征,可以涵盖报纸无法涵盖的特殊时段的新闻——从夜间至凌晨发生的本地新闻,以及发生在世界各地的重大事件和体育赛事等。手机媒体依托传统媒体强大的采访能力,具有互联网无法替代的独家性和本地性,将与传统媒体产生很强的互补作用。

(五) 高互动性

所谓互动,指的是围绕新闻事件或某种消息,传媒与受众之间的信息双向沟通和传输，反映着受众对社会生活的关注度和参与度。互动性是手机媒体区别于传统媒体的核心特点，是传统媒体无法企及的优势。传统媒体的重要特点是传播的单向性，无反馈或反馈较弱，而手机媒体的互动属于星状网络，在这个网络中，每一个手机都是传播体系中的一环，所有人都是平等的。手机媒体打破了时空的限制，使用户能够随时随地接收和发布信息，参与社会热点讨论与其他用户进行互动，这种互动性不仅增强了用户的参与感和体验感，也使信息传播更具活力。随着5G的到来和WLAN的广泛普及，手机媒体的互动功能大大增强。手机媒体深化了人际互动，不仅具备直接和有针对性的一对一互动，还有广泛化的一对多互动。传统媒体建立在传者与受者相分离的基础上，相比之下，手机更能够实现两者的融合，体现互动双方或多方的平等交流。

（六）多媒体性

手机媒体具有集文本、图片、声音、影像于一体的多媒体功能，同时具有了更多人际传播功能和大众传播功能。手机媒体借助于文字、图片、声音、动画、视频等表现手段，提供了涵盖手机报、手机广播、手机电视、手机杂志等多形态的立体化服务。用户通过手机，不但能阅读个性化的电子报纸、书籍，根据个人喜好收听广播、收看电视，还能享受个性化的音乐与视频点播与互动服务。随着社交软件与直播软件的出现，实时语音、视频通话、实时视频直播以及观看体育赛事的手机直播，已经成为一种潮流、时尚。手机媒体运用多媒体传播方式，满足用户全方位的视听需求，例如，在手机媒体中不仅实时更新体育赛事的新闻文本和图片，还配以大量的视频内容，让用户在关注多样化节目的同时，还能搜索周边信息。加之手机媒体的互动特性，用户可以在接收信息的同时进行信息的传播与分享，使得手机媒体的可视化、互动化、新奇化特点凸显，满足了用户的个性化需求。

（七）支付性

如今，越来越多的人在餐厅、超市、商场和住宅等场所进行手机移动支付，手机支付作为商务交易的重要环节，其支付环境的安全关系到用户的切身利益，为此，手机支付平台也在不断完善用户认证的有效性和信息的安全性，在保障便捷、提供优惠的同时，确保用户的资金安全。

随着技术的不断发展，手机媒体将呈现新的发展特征。技术是手机媒体发挥功能的基础，相较于摄像头性能、屏幕边界及可折叠性、身份识别等，芯片升级才是手机技术的基础和核心。不同于4G时代以智能手机为核心，5G时代将形成智能手机和无数泛智能终端相连接的生态，手机媒体将成为连接着无数智能设备的核心终端。

三、手机媒体的业务形态

（一）无线音乐

无线音乐指由手机或移动互联网提供的数字音乐产品服务，包括手机铃音、手机彩铃、歌曲下载服务和流媒体服务等。

目前，由于大部分手机可以通过电脑上传或录音等方式，免费获取手机铃声，因此，只有那些具有创意的手机铃声才可以吸引大量手机用户付费使用，优质的铃音内容应是决定手机铃声市场发展的重要因素。

手机彩铃其实是个性化的回铃音业务，这种服务由被叫用户付费，主叫用户受益，手机彩铃的种类繁多。

在无线音乐的浪潮向前推进的时代，手机已成为人们首选的听歌终端。在移动音乐行业的变迁中，版权竞争激烈，各平台将独家的音乐作品作为重要卖点；产品的付费功能在逐渐普及，越来越多的用户愿意为高质量歌曲付费。在跨平台方面，用户能够在 PC 端和其他智能移动端之间进行选择。不过要将无线音乐产业做大做强，仍有很长的路要走。

（二）手机报

手机报以短信、彩信、WAP、IVR 和客户端等形式呈现，是传统的新闻媒介与手机业务相结合的一种手机媒体。手机报是基于移动通信网进行传输并在手机上进行阅读的、由报社与移动运营商合作并做了特殊编辑后的新闻，内容主要以图片、文字的形式呈现。手机报是主流报纸媒体的一种传播活动延伸。

手机报的主要展现模式有以下三种：第一种是彩信模式，用户订购彩信业务，内容提供商将每日的新闻内容以彩信的方式发送至用户的手机上，以供用户阅读浏览；第二种是 WAP 模式，手机报的订阅用户通过访问手机报的 WAP 网站，在线浏览信息，较之于彩信模式，该模式需要更多技术支持；第三种是客户端模式，即通过手机终端安装相应软件进行定制、阅读的方式。

手机报主要通过以下三种手段获利：第一种是对订购手机报彩信的用户征收订阅费；第二种是对浏览手机报 WAP 网站的用户依据使用时间收费；第三种是通过吸引广大用户的关注，获取广告费的收益。

（三）手机电视

手机电视是以手机终端接受电视节目信号的手机媒体，大致划分为两种类型。

第一种类型的手机电视基于移动互联网，采用流媒体的相关技术，以数据业务的形式播放节目。在这种产业模式之下，内容提供商把电视节目提供给服务提供商，服务提供商再把带有广告的电视节目通过移动运营商的通信网络向手机用户播送。移动运营商可以同时充当服务提供商,与广告主进行合作,获取广告收入,或者是由移动运营商对产业链进行整合,移动运营商还充当内容提供商。这样,在整个产业链之中,移动运营商就可以起主导作用,基本控制了手机电视节目的选择与播出,盈利主要是来自无线网络的流量费、用户定制的业务增值服务费和广告费用。

第二种类型的手机电视基于广播网络,采用了数字通信广播频谱上的多媒体数字广播技术,可以实现多点传送。

(四)手机广播

手机广播是利用具有收音和上网功能的智能手机收听广播节目的手机媒体。

手机广播可以划分为两种类型:一种是通过手机终端登录移动互联网点播或收听电台的广播节目,另一种则是通过手机中内置的 FM 广播调谐器收听电台的广播节目。

手机广播把广播媒体与手机媒体有机地结合在一起,手机广播与传统广播的不同之处在于,将收听载体由传统的收音机转变为更为便捷的手机,实现即时收听。此种传播方式的最大优势在于可以利用手机直接进行对话交流,在不同媒介之间,还可以进行多项互动活动。所以,手机广播领域已经是电信运营商与广播电台共同竞争的市场。从手机广播节目制作上来说,广播电台拥有先天的优势,具有专业的节目编播团队,掌握着丰富的版权节目储备资源,并拥有丰富的信息来源;从手机广播节目传播上来说,电信运营商在渠道和技术上拥有得天独厚的优势,拥有庞大的手机用户,并拥有发展手机增值服务的网络优势。广电网、电信网和互联网的三网融合,促进了信息产业的市场化、大融合、大发展,为手机广播带来新的发展契机。

(五)手机游戏

手机游戏是运行于手机终端,以软件形式呈现,通过各种游戏机制和内容为用户提供娱乐体验的应用程序,它借助手机的硬件性能(如处理器、屏幕、传感器等)和软件环境(如操作系统)来实现其功能。

手机游戏可以划分为单机游戏与网络游戏。手机单机游戏指手机游戏用户不连入移动互联网,就可以直接在手机上操作的手机游戏,此种游戏多是人机对战。手机网络游戏是由多个玩家同时在线参与的手机游戏。

手机游戏具有互动性、便捷性和移动性等特点,成为玩家进行社交的新形式。美国分析公司瞻博网络(Juniper Research)发布的《未来应用商店》(*Future App Stores*)报告显示,到 2017 年,全球智能手机和平板应用消费达到 750 亿美元,而游戏则占 32%,即 240 亿美元。《2023 年中国游戏产业报告》数据显示,2023 年,中国移动游戏用户规模约达 6.57 亿,同比增长

0.38%,移动游戏市场实际销售收入2268.60亿元,占游戏市场总体规模的比例为74.88%,增长338.02亿元,同比增长17.51%,创下新的纪录。

四、手机媒体存在的问题与发展路径

(一) 手机媒体存在的问题

1. 内容质量欠佳且同质化严重

随着社会发展呈现出商业化和娱乐化趋势,许多企业利用手机媒体这种新型传播媒介开展市场活动,推广商品与服务,致使垃圾广告、营销短信泛滥成灾,严重侵犯了用户的私人生活空间。而手机媒体传播活动的门槛低,手机用户可以随时随地发布信息,这其中不乏负面信息,严重影响手机媒体用户的身心健康,干扰了他们的正常生活。

手机媒体存在的问题

此外,同质化问题已经成为移动互联网内容产业的长期痛点,在利益驱动下,低质内容的繁殖裂变已成为行业"野蛮生长"的标准模式,当前手机媒体存在的普遍问题就是原创内容匮乏与同质化严重。缺少独创性内容,没有专门适合于手机媒体"高级定制"的内容,容易让人产生手机媒体上的内容就是报纸等传统媒体内容的搬运的看法。手机媒体的内容生产领域创新力不足,针对手机视频App独播的内容很少,大多数视频内容主要来源于各级电视台和视频网站。无论是电视台提供的手机视频App服务,还是互联网提供的视频App服务,又或者移动运营商提供的诸如咪咕视频等视频App服务,内容大都来自电视台、互联网站和传统的内容制作方与发行方。

2. 隐私泄露威胁用户信息安全

大数据时代,用户要想在手机媒体上获取相应的信息和服务,必须让渡出自己的隐私权,这就导致用户的个人信息安全面临着严重的威胁。由于任何终端厂商都能够对手机的操作系统进行修改,厂商技术水平有高低,其提供的手机操作系统安全级别因此也不同,部分黑客利用手机芯片系统程序的缺陷、漏洞,开发病毒代码对用户手机进行攻击,或者利用钓鱼网站、木马、恶意App等手段盗取手机用户信息,造成用户隐私的泄露,从而对用户的信息安全构成严重威胁。同时,企业对用户隐私信息保管不当或是为了获得更大的商业利益而不惜非法买卖用户个人数据信息等都会泄露用户的隐私。

此外,因为手机媒体的使用门槛低,手机偷拍、人肉搜索等道德与隐私侵犯行为也时有发生。

虽然用户的个人隐私泄露并非完全源于手机媒体,但在移动互联的大环境下,手机媒体作为承载用户个人隐私的主要媒介,在一定程度上可称为用户个人隐私泄露的源头,手机用户个人隐私泄露风险将随着5G时代万物互联

的发展进程不断升级。随着越来越多智能设备接入,手机将逐步成为生活的"中枢系统",对用户信息的搜集会更加便捷、全面和准确。用户信息获取成本更低,隐私泄露的风险和危害也更大。

3. 版权保护机制不健全且监管困难

手机媒体的众多业务形态中,无论是手机音乐,还是手机小说、手机游戏等,只要提供了极具定制化和个性化的内容,都会涉及版权问题,而目前我国对版权的保护手段仍停留在初级阶段,手机媒体领域的知识产权保护机制尚不完善,手机媒体的内容运营商无法确保内容提供商所提供内容的版权真实可靠,有时也无法及时监控内容提供商和用户规范地传播其内容。以手机音乐为例,音乐版权自始至终都是音乐服务提供商不得不面对的关键问题。由于版权保护技术的局限和意识的淡薄,唱片公司的音乐常被手机运营商无偿使用,导致唱片销量下降。2015年国家版权局发布了《关于责令网络音乐服务商停止未经授权传播音乐作品的通知》,严令各网络音乐服务商必须将未经授权传播的音乐作品全部下线。手机媒体的版权问题必须得到合理解决,只有对个性化、原创性信息内容的版权予以保护,才能迎来手机媒体的良性发展。

另外,由于手机媒体的用户群过于庞大,要全面监控手机信息传播并不容易,或者说要付出极高的社会成本。同时手机媒体的用户和传播行为具有一定的隐秘性,以致难以界定用户的自主传播行为是否存在侵权。

(二) 手机媒体的发展路径

1. 主动利用新技术

技术是解决问题的方法及方法原理,是指人们利用现有事物形成新事物,或是改变现有事物功能、性能的方法。技术是被人类发明出来,服务于人类社会生活与传播实践的工具,在人类历史发展的进程中,技术的每一次大发展,都会带来生产力的解放,新技术应用于传播活动领域,也必然带来信息生产传播活动的颠覆性变革。影音技术的发展,催生广播、电视的内容;网络技术的发展,让各种表现形态可以任意组合成融合产品。未来,手机媒体将在现有通信、支付等功能技术基础上,融合更多最新的技术,在不断升级、完善硬件性能的同时,实现更高水平的应用服务品质。人工智能也将被纳入手机媒体的技术应用中,融合智能化语音技术,图像识别技术,指纹、虹膜等生物技术,智能机器人与自然语言处理等新技术,手机媒体的智能化应用领域将逐步扩大,应用水平将大大提升。人工智能技术能让用户在手机媒体上的操作更加简便和精确,VR、AR等虚拟现实技术带来的沉浸式传播场景也可能会被运用于手机媒体,为用户提供新型视听感官体验。同时,借助于新技术,手机将变得更加美观、便携,电池续航时间更久。先进的语音识别技术使得语言文字输入不再具有门槛,打破了语言输入法对部分人群产生的知识技能障碍。此外,随着多语言识别技术的成熟与完善,借助手机媒体的跨语言、跨文化传播将更加便捷、易行。手机媒体的服务对象是人,人性化服务是手机媒体作为媒介应用的终极追求,在移动互联网时代,手机媒体可积极主动地利用新技术,充分了解传播受众的真实需求,为用户提供优质的服务。

2. 加强政府监管

目前,我国尚未正式发布针对手机媒体的政策法规和管理条例,这是手机媒体在发展中出现各种乱象的重要原因。政府及相关部门对新媒体的管控还主要集中于基于 PC 端的互联网,对手机媒体的管控重视与关注不够,投入较少,很多手机媒体的服务尚未被纳入政府相关部门的管控范围内。政府需出台相关的政策,加强对手机媒体的政策法规监管,首先要根据手机媒体的发展现状和传播特性,尽快建立起相关政策和法规体系,规范应用主体、应用领域、应用内容和应用范围,从法律上加强对手机媒体信息传播的约束,切实加强管控的力度。其次要落实手机媒体的管控责权主体单位和管控的责权范畴,明确手机媒体不同业务形态的主管部门归属。此外,政府也要创新管理手段和管理办法,在融媒体环境下,对手机媒体的监管应当适应手机媒体的传播特点和发展趋势。政府及相关部门必须加大对先进技术的研发投入,加大人力、财力以及其他相关资源的投入,开发和利用先进技术,政策法规手段与技术手段双管齐下,切实加强对手机媒体的全方位监管。

3. 提高用户素养

在各类技术和丰富内容的加持下,手机媒体的用户量稳步增长,截至 2022 年 12 月,我国手机网民规模为 10.65 亿,从人口结构来看,50 岁及以上网民群体占比由 2021 年 12 月的 26.8% 提升至 30.8%。同时,我国农村网民规模达 3.08 亿,占网民整体的 28.9%,这些农村网民大多只是利用手机的基本语音通信服务,尚未使用手机的移动互联网媒体功能,对智能手机的使用技能水平低、接受能力较差。因此,需要加强对 50 岁以上网民和农村网民的教育和宣传,一方面要提高用户对手机媒体的利用效率。手机媒体的应用形态多种多样,功能也不断丰富,基本覆盖了生活的各个应用领域,合理利用手机媒体能给用户生活带来诸多便利,也能丰富用户的精神文化生活。另一方面要注重培养用户的安全意识。在个人信息安全保护方面,用户应当积极运用新的信息技术知识武装自己,保护自己。手机是人的延伸,用户在借助手机媒体连接世界时,应保障自身的信息安全和生命财产安全,积极提高自身信息安全意识;用户通过手机媒体进行各类社会活动时,应当守住社会公德和个人道德底线;用户在传播、发布信息时,要提高自身的媒介素养,用一种负责任的主人翁态度,对不良信息内容进行鉴别,不盲目跟风,不参与各类谣言的传播活动,推动手机媒体向善向好发展。

第三节 平板媒体

一、平板媒体与平板电脑

平板电脑的消费者需求场景洞察

平板媒体是借助支持触控及轻量级操作系统运行的平板装置,也是利用移动互联网进行智能化的信息生产、传播的终端媒介。

平板电脑是笔记本电脑和智能手机的融合,是一种小型的、方便携带的个人电脑,以触摸屏作为基本的输入设备。它拥有的触摸屏允许用户通过触控笔或数字方式的终端进行操作,用户可以通过内建的手写识别技术、屏幕上的软键盘、语音识别功能或者一个真正的键盘来输入信息。当平板电脑连接上移动互联网时,它就成为平板媒体。

二、平板电脑的发展历程

早在20世纪60年代末,施乐帕洛阿尔托研究中心的艾伦·凯(Alan Kay)提出了一种可以用笔输入信息的叫作Dynabook的新型笔记本电脑的构想,业界公认这是平板电脑的原始构想。最先出现的平板电脑是1989年9月上市的由GRiD Systems制造的GRiDPad。它的操作系统基于MS-DOS,但由于技术门槛和成本均高等原因未能得到广泛应用。1991年,由Go Corporation制造的平板电脑Momenta Pentop上市,重达3.2千克,价格为每台5000美元。1992年,Go Corporation推出了一款专用操作系统PenPoint OS。[①] 1993年,苹果公司推出Newton操作系统及首款PPA产品,Message Padloo,定位为个人数字助理(PDA),然而,仅四年后即因销售不景气而停止生产。1994年,在总结其他PDA失败教训后,Palm PDA定位在与PC数据交换电子名片功能上。1995年,HP公司推出的PAQ4700成为当时PAD的巅峰之作,售价同样令人咋舌,每台高达7000美元。2000年,微软公司推出具有现代平板电脑意义的Tablet PC,并在两年后的12月,中文版的Windows XP Tablet PC Edition进入中国市场。2001年,康柏公司展示了一款带Windows的Tablet PC原型。之后几年间,一系列不同种类的平板电脑产品问世,包括东芝、微软、惠普、优派、宏碁等笔记本电脑厂商纷纷推出Tablet PC产品,均采用Windows XP操作系统及手写识别技术,面向高端商业用户。但由于当时的技术和环境的局限性,以上产品均未受到市场青睐。平板电脑真

---

① 王赛男.纸媒体与平板电脑的融合——以平板电脑iPad为例[D].苏州:苏州大学,2012.

正拥有一定市场是在苹果公司开始发布 iPad 系列平板电脑之后。

2007 年 6 月 29 日,苹果公司在美国正式发售的 iPad 平板电脑,在硬件上突破了技术限制,再加上续航能力的优势,简易个性的操作界面,良好的用户体验与时尚大方的外观,使其迅速赢得市场,"果迷"(苹果公司的粉丝)的数量剧增,这极大地推动了平板电脑市场的发展。2011 年 2 月,谷歌推出了专门为平板电脑设计的 Android 3.0 系统。2011 年 3 月 11 日,苹果公司趁热打铁推出 iPad2,再一次引发了购买狂潮。除了个人消费者,企业购买也成为新的趋势。2012 年 8 月 9 日,联想 A1 的 7 英寸平板将价格降至每台 1000 元,突破了以往 iPad2/Android 3.0 平板保持在 3000 元以上的价格区间,同年 11 月,首款基于四核心 Tegra3 处理器的平板电脑推出,平板电脑从此进入四核时代。苹果公司在 2012 年 3 月和 10 月分别推出 New iPad 和 iPad4,而后 2013 年 10 月和 2014 年 10 月又分别推出 iPad Air 和 iPad Air 2。

华为、小米等品牌也推出了自己的平板电脑。2014 年,华为发布 MeidaPad M1 平板电脑,搭载海思 910 处理器,前置双扬声器,支持 4G 网络通话和反向充电。同年 5 月,小米在北京发布了小米板"MiPad",是全球首款搭载 NVIDIA Tegra K1 处理器的平板电脑,其采用的 192 核图形处理器,可媲美 PC 级图形运算能力。当时小米平板 16G 版每台售 1299 元,64G 版售 1499 元。

平板电脑广泛应用于生活的各个领域。如 2013 年,广州美正广告有限公司为试探高铁互动媒体,在部分高铁一等座上安装了平板媒体。2014 年小天才科技有限公司推出了专为中国孩子打造的儿童平板。目前,各品牌平板电脑发展呈现出百花齐放的态势,苹果公司仍然注重产品的更新,根据年份变更不断推出新产品。华为旗下拥有 MatePad、MatePad Pro、MatePad SE、MatePad Paper、MateBook E 以及 M5、M6 等多款平板系列或单品。2021 年独立后的荣耀也快速发布荣耀平板 V7,2022 年 OPPO Pad 正式面市。三星旗下的 Table S8 系列强势进军市场。Vivo 也在 2022 年 4 月推出了旗下首款 Pad。谷歌也推出了 Android 12L 平板专属系统。在操作系统上,无论是苹果还是华为,依托品牌旗下的多条产品线,平板电脑可以实现与其他设备的联动。根据数据调研机构 Canalys 公布的 2022 年第一季度全球平板电脑出货量数据显示,平板电脑出货量相比去年同期下降 3%,总量达 3860 万台,前五名分别是苹果、三星、亚马逊、联想和华为,虽然部分数据有所下滑,但平板电脑的整体发展前景向好。

三、平板媒体对传统纸媒的影响

（一）平板媒体为纸媒的发展拓展了新的空间

相较于智能手机，平板电脑的屏幕更大，而较之于个人电脑，平板电脑更方便携带。此外，平板电脑能够在一定程度上还原纸质阅读的乐趣，能提供包括文字、图片、广告等一系列纸媒所能提供的内容，可以通过触摸屏的方式让用户享受纸媒翻页体验，具备包括报纸、杂志、图书等一切纸媒所具备的版式和内容。平板电脑报的版面语言继承了传统报纸的栏目式编排优势，版式设计可采用网页分栏式，大都为"横三竖二"式的版式，即左、右窄栏，中间宽，或左窄右宽。从每个版块到栏目列表，都具备滚屏功能，很好地配合介质可轻触、滑动的特性。我国众多传统报刊也纷纷认识到了平板媒体移动终端的巨大潜力，开始实行平板媒体运营战略，纷纷推出免费平板电脑阅读版。可在平板电脑上阅读的报纸杂志，有的是由报纸杂志网络版、电子版移植而来，也有专门为适应平板电脑要求而推出的量身定做版本。目前国内平板电脑版报刊的版面模式整体分为两种：一种是以平板电脑的特性为基础定制的版面模式，如《南都 Daily》；另一种是采用印刷版的版面模式，如《人民日报》。除了便捷与独特的阅读体验，平板媒体巨大的市场潜能和移动付费阅读盈利模式在一定程度上激发并拓展了纸质媒体的发展空间。

（二）平板媒体促进了纸媒阅读方式的变革

除了方便敏捷的触屏体验和触感反馈以外，平板媒体能完美呈现"原汁原味"的纸媒内容及阅读体验，还能通过多样化、个性化内容呈现方式及立体化音视频播放，实现用户阅读方式的转变。一方面，平板媒体可以在流媒体技术等新媒介技术的支持下，增设大量视频、动画、声音等多媒体效果，增添用户的阅读乐趣。就读者阅读体验而言，用户可以直接阅读文字和图片新闻，感受纸质报纸、杂志的版面风格，也可以获得相关的音频、视频动画等多媒体信息，充分体验数字阅读的便捷。另一方面，使用平板电脑阅读文本，可以在线分享，满足用户的分享喜好，用户可以随时随地地将所阅读的内容分享至自己的社交圈子，还可以通过互动平台，以留言、发邮件、发微博等方式直接在平板电脑上发表阅读感受，随时对文本内容进行评论和传播，同时还可以与其他用户进行实时互动，为用户提供个性化交互式的阅读体验。

（三）平板媒体为纸媒提供规范化交易支付平台

平板媒体成功建立了一套规则清晰、行之有效的运作模式，改变了纸媒的运营思路及服务方式，并为阅读付费及广告找到了突破口。以平板电脑领域的龙头 iPad 为例，早在 2015 年第一季度，运作 iOS 系统设备的移动支付占全球移动支付的 65.0%，其中，iPhone（34.3%）和 iPad（30.7%）平分秋色，可见，平板电脑在支付领域有着较深厚的行业基础。平板电脑基于移动平台采用客户端应用模式,养成及固化受众的支付习惯,通过后台的数据分析及智能算法,对用户的行为模式做深入细致的分析,合理精准地推送满足用户喜好的信息内容,抢占市场先机,占据市场优势。

平板媒体实现传统报纸杂志与新媒体的无缝融合的同时,还将传统纸媒的内容以一种更为吸引人、更为个性化的方式展现在用户的眼前。不仅如此,平板媒体还打破了传统媒体内容生产、制作、传播的单向链条,使得交互型、关系型、社区型阅读得以实现。对于如今的用户而言,阅读方式不像以往的直线型阅读,而是依托社交网络,呈现网状型阅读态势。

第四节　车载移动媒体

一、移动电视与车载移动媒体

移动电视是指通过无线传输技术在移动状态下接收电视节目的设备或技术。它以数字技术与信息技术、通信技术为支撑,通过无线数字信号发射、地面数字接收的方式播放和接收电视节目内容,常安装在城市交通工具上,如地铁、公共汽车等,使观

案例分享:
天闻地铁传媒

众可以在移动状态下收看到信号稳定、画质优良的电视节目。移动电视是数字电视的一种,与地面无线数字电视密切相关。地面无线数字电视的优势在于可以实现移动和便携接收,其本质是地面无线数据的传输。地面无线数字电视所服务的对象包括固定接收人群、便携接收人群和移动接收人群。移动电视的移动性主要体现在两个方面:一是终端移动性,例如将接收终端安装在公交车等交通工具上,二是个人移动性,移动电视可以允许个人随时随地在设备上进行交互式操作,例如互联网接入、VOD点播和网络游戏等,所以移动电视在很大程度上是全新的可移动的宽带通信传播媒体。

车载移动电视是最常见的移动电视,其工作原理与手机电视基本一致,最大的区别在于接收终端的不同,车载移动电视的接收终端一般在公交车、出租车、飞机、火车等交通工具上。

车载移动媒体是指公交车等交通工具上装载的移动电视,它将传统电视媒体技术与移动技术相结合而实现无线数字电视传播。车载移动媒体是以车内空间为特定传播范围,通过可视电子屏幕的图像和声音,定向对乘客发送信息的一种媒体。它可以实现"边走边看"的收视新概念。

二、车载移动媒体的类型与特征

车载移动媒体,简单地说就是数字电视的移动接收终端,设备主要包括机顶盒、液晶显示屏、天线、车载电源等。现已开发出台式车载电视、挡板式车载电视、顶吸式车载电视等,多用于公交车、地铁、出租车、长途客运车、火车等交通工具。

(一)车载移动媒体的类型

1. 公交类移动媒体

公交类移动媒体是指使用数字传播技术、能在公交车上同步接收广播电视机构播放的节目的车载广播电视媒体。2001年移动电视技术首先在新加坡投入商用,2002年4月在上海的公交车上试安装了国内第一台移动电视,随后中国的移动电视网络规模迅速扩大。目前,公交移动电视领域已经形成了由接收终端生产商、内容生产提供商和媒体运营商构成的较为完善的产业链。

2. 列车类移动媒体

列车类移动媒体主要是指安装在铁路客运列车内、以铁路乘客为接收对象的广播电视媒体。中国是世界上铁路旅客最多的国家,每年发送旅客人次以10亿人次计,庞大的客流量显然是列车类移动媒体特别是移动电视媒体发展的强大动力。2003年经国家广电总局批准,广源传媒成为列车车载电视试点企业,广源传媒自主研发的列车移动电视技术获得国家专利,CCTV移动传媒针对列车开办了"中央电视台移动传媒列车频道"的车载电视系统,可覆盖全国的高速铁路网络。根据乘客需求和空间环境特点,为乘客提供丰富的娱乐节目。以北京、上海、广州等城市为核心,依托贯通全国的铁路网络,在全国数千列空调列车上安装了数十万台高清晰度液晶电视,列车网络贯穿全国30个省、自治区、直辖市,覆盖500个经济活跃城市,目前已构建起一个全国性的列车类移动媒体网络。同时在"互联网+"背景下的列车移动传媒具有不受时间和地点限制等特点,覆盖面更广,支持个性化定制,受众范围更广。

3. 地铁类移动媒体

地铁类移动媒体主要是指安装在城市地铁车厢中、以地铁乘客为接收对象的广播电视媒体。交通运输部发布数据显示,截至2022年12月31日,全国共有53个城市开通运营城市轨道交通线路290条。从2005年10月北京地铁移动电视首车成功试播开始到现在,所有的地铁线都逐渐安装了电视终端,在广告商、内容供应商等多方共同努力下,地铁类移动媒体品质不断提升。

(二)车载移动媒体的特征

1. 传播渠道的多样性与伴随性

车载移动媒体支持移动接收,受众可以在移动过程中通过接收终端收看电视节目。车载移动媒体可以在公交车、出租车、火车、地铁等场景中广泛使用,不仅扩展了传统电视的有效传播范围和影响区域,还突破了传播的时空局限,满足受众在旅途中对信息、娱乐的需求。移动电视介于广播、户外媒体和传统电视之间,既具有自身的特点又兼具三者的优势。

2. 传播环境的封闭性与强制性

车载移动媒体的传播环境具有一定的封闭性。在车上,车载移动电视大多只有单一频道,受众处于"强迫收视"的被动接受状态,失去了主动选择不同节目的可能性。受众无论是否将注意力集中在车载移动电视上,都会在一定程度上接触到节目的画面或者声音。

3. 传播受众的开放性与指向性

车载移动媒体的受众构成是开放、流动的,车载移动媒体拥有潜在的、庞大的、流动的受众群体,信息覆盖面较广、市场开发潜力巨大。但是,开放、流动的受众又导致传播效果具有不可预测性,交通工具上的乘客是异质群体的短暂聚合体,具有匿名性和随机性。从另一个角度来说,车载移动媒体针对的是特定群体,包括乘坐公交车、地铁、火车的人群,因而指向性较强。

三、车载移动媒体存在的问题与发展路径

(一)车载移动媒体存在的问题

1. 技术层面

(1)技术标准不统一

各个城市所采用的技术标准不一致,包括欧洲 DVB T、清华同方DMB T、上海交通大学 ADTB T 和韩国 DMB 等。2006 年 8 月,清华同方 DMB T 和上海交通大学 ADTB T 的融合方案 DMB TH 被确定为中国数字地面电视广播强制性标准,DAB 也被推荐为数字音频广播的行业标准,并已经有了自己的移动多媒体广播行业标准 CMMB(S TIMI)。从技术角度看,这三种标准均可向车载移动终端传送电视节目,到底采用哪一种技术标准还需要国家统一规定。

(2)技术手段不成熟

车载媒体所依靠的装置需要在城市的高楼大厦之间快速移动,信息的接收条件还有待完善。在车辆行驶的过程中,抖动或刹车、加速都会给电视画面造成影响,如出现马赛克、音画不同步等问题。在车辆加速或者拐弯,或者通过隧道等封闭性建筑时,信号接收不够稳定,会出现类似碟片卡碟的情况,出

现短暂的马赛克或者音画的停顿问题。此外,目前车载媒体的故障率较高,加上楼群、高架桥阻挡等原因,容易出现黑屏和信号中断等故障。声音信号不稳定、画面不清楚也是车载媒体特别是车载移动电视存在的问题。车载 Wi-Fi 为车载媒体行业的发展注入了全新的动力。但是由于车载 Wi-Fi 设备要在高速、高温、振动环境中工作,对于车载 Wi-Fi 设备的稳定性、灵敏度、抗恶劣环境能力等方面提出更严苛的要求。

2. 内容层面

车载媒体缺乏健全的采编体系和运作管理模式,其绝大部分内容都来自传统媒体,比如,许多车载移动电视的内容仅仅是对传统电视节目的简单搬运,鲜有针对移动电视自身特点特制的内容,缺乏创新性,不具备吸引力。同时,车内环境嘈杂混乱,车载移动电视的节目在播出时声音和画面都会受到一定的限制,注重字幕制作是其发展的重要突破口。此外,不少城市的车载移动电视在节目编排上没有很好地考虑受众分散性和短时间接收的特点,无法确保节目的时效性、实用性和互动性,难以满足快节奏生活的都市人群对信息和娱乐的需求,加之运营商对节目的策划、研发、创新等不够重视,独具魅力又符合车载移动电视传播特点的节目形态和样式实属凤毛麟角。

车载移动媒体的产生与发展是市场化运行的结果,它的商业性质决定了它的运营模式和盈利途径,广告盈利成为大部分车载移动电视的追求目标。目前,大部分地区的车载移动媒体普遍存在以下现象:广告内容的播放时间长、频次高,有时广告内容量甚至占到节目播出总量的一半以上,而正常的新闻资讯、服务类电视节目信息量则严重不够。在大量的广告信息包夹下,车载媒体的节目内容显得凌乱、松散,虽然车载移动媒体处于封闭的车厢环境,具有强制收视的意味,但过浓的商业味使实际传播效果大打折扣。

3. 环境层面

车载移动媒体的信息传播环境不利于乘客接收信息,尤其是在其传播的内容具有大量的广告信息的情况下,播放效果非常不理想。车载移动电视终端都安装在驾驶员座位后部、靠近车厢前部的位置,且车载移动电视的屏幕面积较小,很多情况下,乘客都是站在车厢中的,电视屏幕被遮挡的现象十分普遍,这必然影响到影像传播效果,使得乘客只能通过声音接收信息。车载移动电视自身存在局限,另外,来自车内外环境的声音,如道路上车辆之间的干扰噪声、汽车的发动机噪声、开关门时的声响、车上乘客说话的声音以及车辆报站提示语音等,使得车载移动电视的传播效果大打折扣。除嘈杂的环境外,手机也成为另一种噪声源,在公共交通环境中,越来越多的乘客做"低头族",注意力全被手中的手机吸引,只顾忙着看自己的手机,鲜有人认真观看移动交通媒体所播放的信息内容,对于大部分人来说,车载移动电视似乎成为一个可有可无的摆设。

(二) 车载移动媒体发展路径

1. 充分利用新技术手段

技术层面上，车载移动媒体可以凭借数字电视的无线方式传输，在传输电视信号上具有高画质、高音质、多频道、高性能等独特优势，画面清晰、接收稳定，基本消除了模拟电视时代因传输问题产生的屏幕雪花、重影等现象。在 5G 时代，车载 Wi-Fi、蓝牙等智能传输技术发展不断成熟，为车载移动电视提供了更有力的技术支撑，为其开拓了新的发展空间。

车载移动媒体的发展路径

2. 注重内容差异化传播

车载移动媒体可以充分利用自身巨大的受众市场优势和移动特点，与传统电视的节目进行融合，选择播放经过精加工的电视台节目。例如，上下班高峰期为车载移动电视节目播出的黄金期，在节目播出的时间段安排上，可将电视节目播出的黄金时段和上下班高峰期形成时段错位互补，可以通过对电视台的节目进行预告的方式，把自己打造成传统电视的"搜索频道"，实现与电视台的互补。这样不但可以提高节目的收视率，还可以带动自己的品牌建设，改变在受众心中仅是"广告播放器"的印象，提高受众的满意度。车载移动电视在收视时间方面由于与传统媒体有明显的互补性，所以可以引进电视台黄金时间以后的节目，进行整合加工，放到次日的黄金时段播出。播放内容以新闻消息、体育娱乐等内容为主，贯彻"短、快、新、全"的原则，及时更新、随时转播。这种"打时间差"的办法，不但可丰富节目内容，并且可以捕获受众的"近因效应"，满足受众的信息需求，从而提高自身的美誉度。

3. 借助网络、手机等互动平台，加强与受众的互动

车载移动媒体还应该加强与受众的互动，而不仅是单向传播和灌输信息。车载移动媒体可以借助其他的媒介形态与受众互动。例如，可以联合网络和手机等互动性较强的媒体，实现互动，来弥补自己单向传播的缺陷，这里不仅包括及时反馈受众的信息，还包括设置更多的互动节目，这样不仅可以提高受众的参与度，也可以提升品牌的知名度。比如在车上的座位边上贴上相应的二维码，用户可以通过扫描二维码直接点播自己想观看的内容，或者与车载媒体管理方及其他用户进行互动。通过与受众的互动，形成情感上的交流，进而为媒体塑造品牌形象，促进信息的有效传播。

随着 5G 技术的不断发展和应用，智能汽车的发展带动了车载媒体的革新，智能座舱硬件发展不断成熟。就如智能汽车 AITO 的问界 M5，搭载了 HarmonyOS 智能座舱，依托华为终端云服务的能力，面向车载场景提供一系列应用服务，还配备了车载音响系统。华为视频在技术上采取 WiseVideo 等

媒体增强处理技术,在视频原清晰度基础上再次提升视频质量。同时支持配备第三方应用,如酷狗音乐、优酷视频等 App,为用户创造和提供高品质的视听体验。

本章小结

  本章主要是阐述移动媒体所依托的移动互联网和移动媒体的主要形式。第一节主要介绍移动互联网,并结合当前的热点,初步探讨移动互联网的发展趋势。第二节概述手机媒体的特征和业务形态,并指出了手机媒体发展存在的问题和发展路径。第三节主要概述平板媒体的发展历程以及对纸媒产生的影响。第四节主要介绍车载移动媒体,重点论述了其主要类型及传播特征,并分析其发展中存在的问题和相应发展路径。

思考与练习

1. 举例谈谈移动互联网对你的生活产生了怎样的影响?
2. 手机媒体存在哪些问题?
3. 平板媒体对纸媒产生了哪些影响?
4. 结合实际说明平板媒体对你的生活产生了怎样的影响?
5. 你对哪些车载移动电视节目感兴趣?
6. 你对车载移动媒体的节目内容有什么建议?

参考文献

[1] 宫承波.新媒体概论[M].北京:中国广播电视出版社,2011.
[2] 杨驰原,匡文波,童文杰,杨春兰,高方,冉然,左志新,鲁艳敏,杜静菊.我国手机媒体发展现状与趋势[J].传媒,2016(23):12.
[3] 胡冯彬,邰子学.中国手机游戏变迁:产业转型、格局转变、玩家变革[J].新闻爱好者,2017(03):65—68.
[4] 石长顺,景义新.中国报业的 iPad 生存[J].现代传播(中国传媒大学学报),2012,34(5):97—101.
[5] 沈静,景义新.传统媒体转型视野下 iPad 研究面向:属性、重构、质疑与未来[J].编辑之友,2014(1):78—81.
[6] 曹蔚,刘舒辰.车载移动媒体运营策略探析[J].传媒观察,2014(1):26—28.

第四章 社交媒体

> **学习目的**
> 1. 掌握社交媒体的概念、分类和发展阶段。
> 2. 了解网络社区、博客和即时通信的概念,对有代表性网络社区有一定认识。
> 3. 对微博、微信和新闻客户端有一定了解。
> 4. 了解短视频和网络直播的概念和相关应用。

第一节 社交媒体概述

互联网是一个将全世界各地计算机连在一起的计算机网络,由于它的崛起,世界进入一个全新的网络化社会。随着互联网的广泛应用,尤其是 Web 3.0 时代的到来,基于网络平台的新型传播形式层出不穷,各种各样的社交媒体对整个世界都产生着巨大的影响。

传统的社交网站应该怎样在市场上继续站稳脚跟

一、社交媒体的定义

社交媒体是基于用户社会关系的内容生产与交换的网络平台,包含三个层次:底层是社交媒体技术,中间层是社交媒体应用与社交媒体产品,最高层次是社交媒体平台。① 社交媒体的概念最早由安东尼·梅菲尔德(Antony Mayfield)在《什么是社交媒体》中提及:社交媒体是一种给予用户极大参与空间的新型在线媒体,具有参与、公开、交流、对话、社区化、连通性等特点。安德烈亚斯·卡普兰(Andreas Kaplan)认为,社交媒体与 Web 2.0 技术密不可分,是一系列建立在 Web 2.0 的技术和意识形态基础上的网络交流,人们可以创建、分享、交流和评论虚拟社区和网络中的内容。② 社交媒体改变了人们发现、阅读和分享新闻信息以及内容的方式。信息的传播方式由独白(一对多)向对话(多对

社交媒体小红书的发展现状

社交媒体中的网络结构

---
① 彭兰.社会化媒体:理论与实践解析[M].北京:中国人民大学出版社,2015:2.
② Antony Mayfield. What is Social Media[M]. Icrossing ebook Publish, Spannerworks, 2008.

多)转变,人们从内容的阅读者向信息发布者转变。社交媒体目前极为流行,企业也将社交媒体视为用户生成内容(User Generated Content,UGC)的重要平台。目前,对于社交媒体的概念也没有一个统一的观点,但是根据以上解释可发现,互动共享、交流沟通是社交媒体的基本特点。

二、社交媒体的分类

根据内容和主题,可以进一步将社交媒体划分为以下几类。

维基类社交媒体:这里的维基并不是单指我们所熟悉的维基百科,而是泛指可以多人协作写作的社交媒体。此类网站可以由多人(甚至任何访问者)维护,每个人都可以在网站上发表自己的意见,或者扩展、或者探讨共同的主题。例如,维基百科和百度百科,它们像一个公用数据库,任何人都可以在数据库中添加内容,也可以修改或者补充现有内容。

博客类社交媒体:包括基本博客和微博客,基本博客就是曾经风靡全球、现在日渐衰落的传统博客,而微博客就是推特、新浪微博等。此类社交媒体形式类似于一个个自媒体,最新发表的内容会被置于前端,传播给订阅或关注它们的人。它们的传播力量取决于浏览量和关注人数,一个"追随者"或"粉丝"人数超过 100 万人的账号拥有的传播力量不亚于一份报纸或杂志。

播客类社交媒体:与博客类社交媒体形式相比,两者在发音上非常相近,容易引起混淆,但是事实上两者具有很大的区别。播客的英文为 Podcast,是源于苹果公司的明星产品"iPod"和广播(broadcast)的合成词。播客是指在互联网上发布文件并允许用户订阅 feed(一种信息发布和订阅机制)以自动接收新文件的一种数字广播技术。播客是自助广播,可以自己制作声音节目,并将其上传到网上与网友分享。从传播的内容上来看,博客类社交媒体倾向于通过文字和图片来表达观点、阐述思想,而播客则主要通过音频和视频来传播内容,从某种意义上来说,播客就是一个以互联网为载体的个人电台或电视台。如今,播客已经形成了一定的规模,国内播客类网站约有 150 家。广电行业、电信行业和互联网行业的业界龙头企业也纷纷涉足这个领域。[1] 在播客的浏览器 iTunes 上已经有很多中文内容供用户下载。

论坛类社交媒体:论坛类形式的社交媒体的出现可以说是社交媒体发展的开端,论坛经常被称为 BBS。BBS 英文全称为 Bulletin Board System(电子公告板)或者 Bulletin Board Service(公告板服务),这两个全称中的相同之处就是都有"公告板"一词,BBS 就是一块公共电子白板,每个用户都可以在上面发布信息或提出看法。它是一种交互性强,内容丰富且更新及时的互联网服

---

[1] 樊丽,林莘宜."耳朵经济"背景下播客内容新样态探索[J].中国出版,2021(24):31—35.

务,用户在 BBS 站点上可以获得各种信息服务,发布信息,讨论和聊天等。此类形式的社交媒体是中国互联网迷的萌芽之地,一直活跃至今。即使在其发展的过程中出现了看似可以取代它的新事物,但事实上它依然拥有众多的用户,如曾经非常火爆的天涯论坛、猫扑和百度贴吧等。

社交网站:即所谓的 SNS,SNS 的英文全称是 Social Network Site 或者 Social Networking Services,意思是指基于人与人之间关系的网站或者服务。1967 年,哈佛大学的心理学教授斯坦利·米尔格拉姆(Stanley Milgram)创立的六度分割理论提出:"你和任何一个陌生人之间所间隔的人不会超过六个,即最多通过六个人你就能够认识任何一个陌生人。"按照六度分割理论,每个个体的社交圈都不断放大,最后成为一个大型网络。这是对社会性网络(Social Networking)的早期理解。后来有人根据这种理论,创立了面向社会的网络平台,提供相应的互联网服务,用户通过"熟人的熟人"来进行网络社交拓展。社交网络是一个平台,建立了人与人之间的社会网络或社会关系的连接。例如推特、脸书、人人网、微博已经不仅仅简单地满足用户上网娱乐的需求,越来越多的用户通过社交网站建立和维护人际关系,越来越多的用户通过社交网站分享、获取信息。

内容社区:内容社区是指组织和共享某一特定主题内容的社区,比如组织和共享视频、音乐、图片等内容。内容社区提供一个平台,该平台允许用户上传想要分享的内容,同时可以看到他人分享的内容,这一类型的网站主要有基于中长视频分享的 YouTube、哔哩哔哩网、西瓜视频,基于短视频分享的快手、抖音,基于图片分享的微博、Instagram(照片墙)等。

即时通信媒体:是指依赖互联网或手机短信,以沟通为目的,通过跨平台多终端的通信技术实现集成图声的低成本高效率的通信平台。它是一个终端服务平台,允许两人或多人使用网络即时传递文字信息、档案、语音与视频进行交流。即时通信按使用用途分为企业即时通信和个人即时通信,根据装载的对象又可分为手机即时通信和 PC 即时通信。

三、社交媒体的发展阶段

国内的社交媒体的开端可以追溯到 1994 年曙光 BBS 的创建,这是国内的第一个论坛。从 1994 年开始到 2003 年,论坛、即时通信工具和点评性质的网站深刻影响着国内网民的生活,直到 2004 年博客来到中国,随后在线视频、SNS、问答百科、微博、LBS、团购网等相继在中国互联网生根发芽,微信等迅速风靡全国,国内的社交媒体格局开始变得复杂,社交媒体开始被业内认可,也被用户所喜爱。

根据社交媒体的形态,可以将国内社会化媒体(社交媒体)的发展分为五个阶段:第一个阶段(1994—2004年),社会化媒体的培育期,以论坛、即时通信和点评网站为代表的社会化媒体给用户带来了交互性体验。第二个阶段(2005—2007年),社会化媒体发展期,以博客、视频分享、百科、问答等形态为代表的社会化媒体拉开了"自媒体"时代的帷幕。第三个阶段(2008—2010年),社会化媒体爆发期,以社交网站、微博、团购、基于位置服务的社交应用为代表,各式各样的社会化媒体呈现井喷式发展。第四个阶段(2011—2016年),社会化媒体变革期,社会化媒体开始跨领域整合,功能不断完善,平台越来越开放。第五个阶段(2017年至今),社会化媒体充满机遇和挑战的时期,短视频和直播社交媒体呈现爆发式增长,竞争加剧,同时用户隐私和信息安全等问题凸显。

第二节 网络社区、博客与即时通信

一、网络社区

(一) 网络社区的定义

网络社区是以现代信息技术为依托,由具有共同兴趣或需要的网民群体在互联网上组成的虚拟生活空间。网络社区积极融入新鲜的、有益于信息交流的各种技术元素,一直占据网络媒体的主流地位,是社交媒体发展的重要源头。SNS则是网络社区的发展变体,以"圈子"的构建、发展和密切交往为目标,以娱乐类应用服务为拉动点。网络社区正在细分用户市场,努力拓展互联网的长尾需求。

(二) 网络社区的特点

虚拟性:除了一些实名制的虚拟社区之外,网络社区成员大多是以虚拟、匿名的身份进行交流互动。

跨时空性:网络技术的出现使得人们能够不受时间和空间限制进行即时互动交流。

互动性:虚拟社区中成员的人际互动和交流沟通是推动社区发展的动力,也是社区生存的前提,由此,社区成员之间以及成员与社区之间建立起一定的关系,形成虚拟空间中的关系网络。

开放性:人们根据自己的兴趣或需要自愿地参与虚拟社区中的活动,无论他们之前是否相识,都可以直接进行交流。虚拟社区对其成员的限制比较少,不同的群体可以参与到同一个虚拟社区之中,同时,虚拟社区的成员也常处于流动状态,人们可以很方便地加入或者退出社区。

(三)网络社区的分类

网络社区服务从最初的搜索引擎服务发展到集多种功能于一体的一站式服务,其内涵与外延不断拓展。根据不同的划分标准,网络社区可以分为不同的类型。

按照提供的内容与服务来看,网络社区可以分为综合网络社区与垂直网络社区。综合网络社区最突出的特点是其内容与服务具有全面性与广泛性,其内容往往覆盖各行各业,同时提供新闻、电子邮箱、网站短信、软件下载、网上社区、网上购物、网络游戏、搜索引擎、网络聊天等多种服务,可谓包罗万象,如新浪、搜狐、网易等。垂直网络社区指针对某一特定领域、某一特定人群或某一特定需求而提供有一定深度的信息和相关服务的网站。它服务于专门群体,关注的是用户对于一些特殊信息的需求,定位非常清晰,强调在某一特定领域内信息的全面与内容的"专、精、深",力图成为该领域的权威与专家,如天极网、携程网等。

按照构建主体的不同,网络社区可以分为企业网站、商业信息网站与政府门户网站等。企业网站是指通过一个唯一入口,为企业员工、分销商、代理商、供应商、合作伙伴等同一价值链上的相关人员提供基于不同角色和权限的个性化信息、服务与应用的系统平台,它可以无缝集成企业的内容、业务和互动,比如电力网站等。商业信息网站是指面向普通的网络用户,提供有价值的信息及服务的网络社区,主要通过网络广告、网络游戏、无线增值等商业途径来营利,例如新浪、搜狐和网易网等。政府门户网站是指在各政府部门的信息化建设基础之上,建立起跨部门的综合业务应用的系统平台,使公民、企业与政府工作人员都能快速便捷地获得所有相关政府部门的业务应用、组织内容与信息,并获得个性化的服务,使公民能够在恰当的时间获得恰当的服务。

(四)网络社区的发展阶段

网络社区是互联网最早兴起的概念之一,包括早期的BBS(论坛)、贴吧、个人主页以及融合了RSS(简易信息聚合)元素的博客、SNS(社会性网络服务)网站等,是社会群体互动的最重要的网络场域之一。当前,互联网上的网络社区种类繁多,形式多样,它们以各自不同的传播形态和服务方式聚集起一群具有共同兴趣和需求的网民。

1. 传统网络社区

(1)传统网络社区的发展

中国成规模的网络社区的出现可以追溯到1990年代后期,特别是1995—2000年,这一时期是中国网络社区发展的萌芽阶段。1994年4月20日,中国正式接入国际互联网,这为网络社区的发展奠定了技术基础。随后,随着越来越多的中国人开始接触和使用互联网,网络社区逐渐成为人们交流信息、分享经验和建立社交网络的重要平台。

1995—2000年,一些知名的社区型网站开始涌现。例如,1998年3月创办的个人社区网站西祠胡同,它首创了开放式运营模式,允许网友自主创建兴趣群组,并拥有群组关闭、广告经营等权利,成功地发展了以讨论版组为主导的社区模式。这种运营模式极大地激发了网友的参与热情,使得西祠胡同在短短的时间内就吸引了大量的用户,成为当时最受欢迎的社区之一。此外,天涯社区也是这一时期的重要社区之一。它因开放、包容的经营模式而吸引了大量的用户,成为当时论坛的优秀代表。在天涯社区,用户可以就各种话题展开讨论,分享自己的观点和看法,形成了独特的社区文化,它的流行说明使用互联网的中国用户由精英人士扩大到普通大众。这种主体的转变对网络社区的建设、老社区成员的情感等产生了冲击,导致网络社区从结构到功能、文化的变迁。除了这些代表性的社区外,百度贴吧、铁血论坛、猫扑网等也都在这一时期崭露头角。这些社区各具特色,有的专注于某一特定领域,有的则更加综合化,但无论哪种类型,它们都为网民提供了一个交流互动的平台,促进了网络社区的发展。

(2) 传统网络社区的传播特性

从传播学角度看,传统网络社区作为虚拟社区的一种,除具备"社区"的基本特征(如开展人群的聚集活动、具有共同的行为规范)外,还具有互联网赋予的独特的传播特征。

① 非线性的互动传播模式

在传统网络社区中有大量的参与者,每个参与者都可以自由地搜索自己感兴趣的信息,还可以把自己的信息发布到系统中,与他人共享,这种"一对一"或"一对多"的交流形成了一种发散性的网状传播模式。

② 主客体同一的传播方式

传统网络社区中的传播是主客体同一的传播。由于网络社区具有开放性和互动性,传者和受者在社区中的发言权是平等的,任何人都可以发布自己需要的信息而成为传者,也可以接受别人发布的信息而成为受者,网络社区在技术层面上为普通人发布信息提供了渠道。然而,值得注意的是,在传统网络社区中把关人并没有消失,意见领袖也依旧存在。

③ 社区建设的自组织性

人们之所以能够在网络社区中交往,是基于相同或相近的兴趣爱好,以及互补的利益需求,不需要任何专门的行政机构规划,而是其成员自组织的结果。一个网络社区的存在,不仅要求网络管理员提供技术保障,还需要社区成员的参与和投入。在网络社区中,成员不再是信息的被动接受者和社区设施的使用者,而是信息的主动提供者和社区设施建设的参与者。网络社区的所有成员共同建构了这个空间的社会秩序,同时又被这个社区秩序所影响。

> **案例 4-1　天涯社区**
>
> 　　天涯社区的发展阶段可以详细划分为以下 3 个时期。
> 　　(1) 创立与初步发展期(1999—2005):1999 年 3 月,天涯社区正式上线,成为中国第一家民间 BBS。初期,它主要吸引 IT 精英和白领用户,论坛内容以聊技术、聊工作和生活为主。随着互联网的快速发展,天涯社区用户规模迅速壮大,到 2005 年其会员数已达到 300 万。在这一阶段,天涯社区开始转型为门户社区,增加了新闻、娱乐等相关内容,并且用户和内容逐渐多元化。
> 　　(2) 稳定发展与业务拓展期(2006—2010):随着网民规模的扩大,天涯社区的用户更加多元,不再局限于 IT 精英,而是涵盖了各种职业、地域和兴趣爱好的用户。社区论坛内容也变得更加丰富,涉及职业、地域、兴趣爱好等各个方面。天涯社区加大了对本地垂直网络社区和虚拟社区的扶持,覆盖了生活的各个方面,并上线了分类信息和黄页等新增业务。在这一阶段,天涯社区的影响力不断提高,成为网民生活的一部分。
> 　　(3) 转型变革与关闭期(2011—2023):天涯社区尽管在早期取得了巨大的成功,但随着时间的推移,它面临着越来越多的挑战。营利模式单一、社区管理制度陈旧、网络广告过多等问题逐渐暴露出来,导致用户体验下降。天涯论坛 2023 年 4 月 24 日正式停止运营,天涯社区随之关闭。

2. SNS 社会性网络服务

(1) SNS 网站的发展

国内的 SNS 网站从最初的复制、模仿国外 SNS 网站,到逐步走向成熟,经历了四个发展阶段。

第一阶段:初级发展阶段(2003—2004)。

受美国 Friendster.com 迅猛发展的影响,SNS 网站掀起了新的互联网浪潮,全世界竞相模仿。UUZone、若邻、天际等交友网站照搬国外 SNS 网站形式,相继成立。该阶段的 SNS 网站体现的是"第二代交友"模式,提供在线约会交友(Date)服务,即以"寻找朋友的朋友"的方式建立完善社交圈,并开放搜索引擎和日志两种应用方式。此时的 SNS 网站存在的主要问题是用户量少和活跃度很低,用户黏性不强,没有找到合适的营利模式。目前早期建立的 SNS 网站大都处于关闭或半关闭状态。

第二阶段:市场培育期(2005—2007)。

自从 2006 年 9 月 11 日脸书面向所有互联网用户开放后,国内的 SNS 网站也开始逐渐走出校园,面向社会大众。MySpace.com、脸书的火热发展掀起中国SNS网站建设的新一波热潮,51.com、校内网等模仿者大量涌现。该阶段的SNS网站以城市和校园网站为主,推崇诚信交友模式,开始实名制,用户数量持续攀升,出现广告、会员、虚拟物品等营利模式。

第三阶段:快速增长阶段(2008—2012)。

这一阶段面向不同受众、提供不同服务的SNS网站遍地开花,以娱乐为主的SNS网站更是大放异彩。该阶段的SNS网站用户量实现飞速增长,平台开放成为趋势,营利模式日趋广泛,大量竞争者蜂拥而至,市场竞争日益激烈。该阶段最具代表性的网站要数面向白领受众的开心网(kaixin001.com)。

第四阶段:走向衰退阶段(2012年至今)。

国内SNS网站最初吸引用户的方式主要是通过游戏应用在短时间内聚集大量用户、扩大网站用户基数。然而,随着时间推移,用户会对游戏产生厌倦,导致SNS网站沉睡用户增多。如果达不到一定的用户黏性,SNS网站很难博得广告主的信任,从而难以获得收益。SNS网站缺乏稳定有效的营利模式,同质化现象严重,行业整体式微。

案例4-2　人人网(域名Http://www.renren.com/)

人人网是人人公司旗下的社交网站,人人公司由千橡互动集团于2010年12月更名而来。人人网发布分享日记、新鲜事、相册、音乐和视频等站内外资源,形成一个用户互动交流平台,而这个平台的商业价值在于其作为用户流量导入的入口。2002年陈一舟以SP(无线增值业务)为基础创立千橡互动,而人人网始于2005年王兴等所创立的校内网,陈一舟随后也推出校园社区5Q,5Q和校内网展开了激烈的竞争,而后校内网资金链出现问题,2006年校内网被千橡收购并与5Q整合。2009年8月,"校内网"正式更名为"人人网",由校园用户向白领用户及其他市场扩张。人人网的logo是两个抽象的"人"字变形,"人"字成圆形寓意每个人的人际圈,同时两个人字中间发生交集。由图形和域名共同组合成的新标志,象征着人人网是一个人与人沟通、分享的平台。2011年5月,以人人网为业务主体的人人公司登陆纳斯达克,成为第一家以SNS概念上市的中国公司。

(1) 网站定位

①目标用户定位。原校内网模仿脸书运营方式,从高校开始发展,目标用户定位于高校学生这一庞大人群。但随着后来校内网逐渐对白领阶层及高中学生的开放以及将校内网更名为"人人网",用户群不再局限于高校学生,其目标用户扩展到每一个人。

②功能定位。打开人人网首页可以看到一句话:"人人网,中国最真实、最有效的社交平台,加入人人网,找回老朋友,结交新朋友。"可以看出,人人网将其功能定位为互动沟通的平台。

(2) 核心功能

①个人主页。个人主页类似于QQ空间,提供日志、相册上传功能。用户可申请VIP主页。个人主页装扮一方面可满足年轻用户追求个性化的需求,另一方面也为人人网带来盈利。

②校内通(IM)。校内通是人人网推出的即时通信工具,方便人人网好友之间的即时交流。校内通的开发是中国社交网站首创。它使得人人网用户交流更加方便快捷,更好地满足了用户对社交功能的需要。

③关注明星。关注明星让人人网用户可直接与在人人网注册的明星沟通交流。这一功能主要是满足广大学生追星的需求,受到广大学生的欢迎。关注明星与新浪网利用明星博客吸引用户的做法有异曲同工之处。

④第三方开放平台。2008年7月8日,人人网正式推出第三方开放平台(API),是国内首个推出开放平台的社交网站。第三方平台的开放极大地丰富了网站功能,从而吸引了更多的用户。同年10月,人人网正式发布"校内豆"支付系统对接第三方开放平台,为第三方应用开发者提供新的营利渠道。同时,人人网也获得部分提成。

(2) SNS网站的传播特性

① 真实性。保证信息真实和可信赖是SNS网站的基础原则。只有信息真实,才能保证沟通的质量,降低人际沟通的成本和风险,从而借助网络的方便性让沟通变得顺畅和高效。SNS网站把真实生活中的人际关系及行为投射到网络,并且通过网络的力量使人际沟通交流变得更高效而顺畅。这打破了人们认为互联网只是虚拟的传统观念,从而给网民带来了全新的感受。

② 私密性。作为一种深度社会性的网络类型,SNS网站以个人作为网络节点,个人可与其他联系人形成一种网状的链接,用户在社会网络系统内部逐渐形成各种各样的小团体。SNS网站为用户提供了一个可以自由选择私密度的行为环境,用户可建立个人资料,参与沟通讨论、小组活动,建立私人的圈子或者俱乐部等。而用户可以自己来限制开放程度,在便捷互动与隐私安全方面选择适合自己的平衡点。有别于传统的交友网站,SNS网站就是将一个人在真实世界中的社会关系网络化,而且可以看到用户真实的信息和兴趣爱好。每个SNS网站都具有一定的私密空间与封闭性,从而在一定程度上保证了用户的真实性和可信赖性。

③ 应用性。SNS 网站既融合了传统的 Blog、BBS、E-mail 和即时聊天等形式,同时又添加了各种应用程序,既继承了传统网络的优势,又形成了具有自身特点的网络文化生态系统,是基于用户需求而构建的综合化服务平台。与传统网络社区相区别,SNS 网站是先有人,后有应用,应用功能则是因用户的具体需求而产生的辅助功能,并以人际的联结与沟通作为目标与前提。这使得 SNS 类网站成为人们维护、管理和拓展人际关系的有力工具,用户可以轻松地通过 SNS 类网站低成本、高效率地满足各类社交需求。

④ API 开放平台(网站)是一种能够让第三方开发者获取并使用平台上应用程序编程接口(API)的平台,如腾讯网站。游戏开发者(第三方开发者)通过这一平台(网站)发布自己制作的游戏产品。平台(网站)允许游戏开发者在游戏中内置广告,所获盈利收入由平台(网站)与游戏开发商共同分成。开放应用程序编程接口(API)是平台共享和发展的基本路径,能实现产业链共赢。开放是发展趋势,目前的网站不能靠限制用户离开来留住用户,而开放会增加用户的黏性。大多数 SNS 网站都开放了 API 的功能,让用户进入网站后,可以享受到官方或 API 提供的各种应用。

不管是早期的传统网络社区,还是后来逐渐发展的 SNS 网站,网络社区目前都进入了一个较为稳定的发展阶段。一些网络社区逐渐消亡,这主要是由于用户之间的更新、互动少,原创内容减少,网站植入大量广告以及市场竞争激烈,导致许多网络社区用户流失。网络社区不再似刚开始出现时那么火热,但是仍然有一批做得很好的网站,它们拥有大量的用户,且保持不断更新。

在传统的网络社区中,用户之间一般是陌生人之间的社交,如天涯、猫扑等论坛是完全匿名化的社区。社区用户能够各抒己见,社区气氛平等,但容易出现由于自身原因而言辞较为激烈的人,这种人过激的言行可能会对社区氛围造成一定的破坏。而 SNS 社区主要是熟人社交,用户通过熟人去认识另外的人,成员或多或少在现实生活中会有一定的联系,关系更加紧密,成员自律性较强,圈子氛围也会团结和谐,避免了传统网络社区中破坏组群氛围的人的存在。

二、博客

(一) 博客的定义

博客是继 E-mail、BBS、ICQ 之后出现的第四种网络交流方式,为个体提供了信息生产、积累、共享、传播的独立空间,可进行面向多数人的、内容兼具私密性和公开性的信息传播,因此又被称为"自媒体"或"个人媒体"。"博客"一词是中国人对 Blog 或 Blogger 的翻译,既指代写博客的人,又更多的是指经常更新的简短帖子所构成的网络日志。博客作为 Web 2.0 时代的产物,其形态和功能处于不断地变化和发展中。

(二) 博客的特点

博客主要特点是：内容更新频繁、信息即时流动，"逆时序"排列文章，优先呈现最新信息；博客的内容由个性化的"帖子"组成，体现个体的思想与智慧；各个"帖子"的内容以"超链接"的形式呈现，并与其他网页或者博客实现超链接；博客第一次实现了自我传播、人际传播、组织传播和大众传播等多层次传播方式的有机结合。

(三) 博客的分类

1. 按功能分类

(1) 基本博客

基本博客是博客中最简单的形式。单个的作者对于特定的话题提供相关的资源，发表简短的评论。这些话题几乎可以涉及所有领域。

(2) 微型博客

微型博客目前是全球最受欢迎的博客形式，博客作者不需要撰写很复杂的文章，而只需要书写140字以内的文字内容，这个字数是大部分平台对微博内容的字数限制，如新浪微博、腾讯微博等。

2. 按用户分类

(1) 个人博客

① 亲朋之间的博客(家庭博客)：这种类型博客的成员主要由亲属或朋友构成，他们是一种生活圈、一个家庭或一群项目小组的成员，如布谷小区网。

② 协作式的博客：这种博客主要目的是便于参与者共同讨论某些方法或问题，协作式的博客通常被定义为允许任何人参与、发表言论、讨论问题的博客日志。

(2) 企业博客

① 商业、企业、广告型的博客：商业型博客主要关注企业的商业活动、市场趋势和战略思考，旨在树立企业的专业形象，提升企业在行业内的地位和影响力。企业型博客侧重于展示企业的整体形象和企业文化，建立长期稳定的客户关系。传统广告型博客的主要业务是用于推广产品或服务，这类博客通常会运用各种广告策略和技巧，以提高广告的吸引力和转化率。

② 知识库博客(K－LOG)：知识库博客可作为新闻机构、教育单位、商业企业和个人一种重要的内部管理工具。使用知识库博客，用户可以有效地控制和管理那些原来只是由部分工作人员拥有的、保存在文件档案或者个人电脑中的信息资料。

3. 按存在方式分类

(1) 托管博客

托管博客无须用户自己注册域名、租用空间和编制网页，只要免费注册申请即可拥有自己的博客空间,是建立博客最"多快好省"的方式。

(2) 自建独立博客

自建独立网站的博客有自己的域名、空间和页面风格,需要一定的条件。

(3) 附属博客

附属博客是将自己的博客作为某一个网站的一部分,如一个栏目、一个频道或者一个网址。

按照博客内容的来源和版权,还可以将博客分为原创博客、非商业用途的转载性质的博客以及二者兼而有之的博客。按照博客主人的知名度、博客文章受欢迎的程度,可以将博客分为名人博客、一般博客、热门博客等。

(四) 博客的发展阶段

1. 萌芽阶段——进入人们视野之中

博客的发源地是美国。1997年12月,约恩·巴格尔(Jorn Barger)第一次使用"weblog"这个正式的名称。Weblog 是由 Web(万维网)和 Log(航海日志)结合而成的组合词,意思就是"网络日志"。

1999年,彼得·莫霍尔兹(Peter Merholz)在自己的博客中半开玩笑地把"Weblog"拆分为词组"we blog"。此后不久,推特创始人埃文·威廉姆斯(Evan Williams)将 Blog 这个词用作动词或名词(既可以表示博客,也可以表示编写博客),并慢慢流行起来。

博客在我国是舶来之物。中国"博客之父"方兴东与著名网络评论家王俊秀于2002年8月首次将"blog"引进国内,并恰如其分地将其翻译成"博客"。

2. 发展阶段——在重大事件中成长

博客因在几次全球性的事件中大放异彩而迅速引起了人们的高度关注。博客具有十分强大的传播功能,并且在传播信息方面具有传统媒体望尘莫及的优势。

博客以其独特的方式改变着网民的信息生活,改变着媒体的传播方式。博客逐渐被国内网民所接受,并从边缘地带进入网络的主流世界。时至今日,博客早已不是一个新兴的事物,而已成为许多网民每天都要浏览或者使用的一种网络服务工具。

三、即时通信

(一) 即时通信的定义

即时通信(Instant Messaging,IM)是指能够即时交流沟通,进行互联网信息的发送与接收等的业务。自1998年问世以来,即时通信得到了迅速发展,其功能日益丰富。最初仅作为聊天工具的即时通信,如今已经发展成一种综合化信息平台,它集成了交流沟通、新闻资讯、娱乐、电子商务、搜索、办公协作与企业客户服务等各种服务功能。E-mail作为一种通信工具,存在延时性的缺陷,而即时通信恰恰弥补了其不足,实现了终端联网的即时通信服务,并且可以随时查看联系人的状态信息。

IM的创始人是三个以色列青年:维斯格、瓦迪和高得芬格,最早的IM应用程序是他们在1996年研发出来的,取名为ICQ。1998年,当ICQ注册用户数达1200万人时,被美国在线(American Online,AOL)天价购买。2008年,在美洲和欧洲,ICQ俨然已经成为当时世界上最大的即时通信系统。

截至2023年12月,我国即时通信用户规模达10.60亿人,较2022年12月增长2155万人,占网民整体的97.0%。即时通信工具一直是网民重要的互联网应用之一,传统的聊天工具QQ、阿里旺旺等是网民互联网交流沟通的重要工具,近年来伴随着移动互联网的快速发展,移动即时通信工具(Mobile Instant Messaging,MIM)也迅速普及,如微信、易信、来往等即时通信工具纷纷出现。

(二)即时通信的特点

即时通信作为互联网上最重要的人际传播工具,在数字环境中最大限度地模拟了"面谈"的情景,传播与接收信息几乎是同步进行的。与面对面交流相比,即时通信交流具有较强的可控性,用户可以自主选择交流对象,控制交流的节奏,一旦用户想要终止交流,很容易就能找到各种借口,而不像面对面交流那样碍于情面维持交谈。

即时通信将身份、地位、阶层有差异的人带到同一传播情境之中,虚拟、非直接的交流环境能在一定程度上消除差异、降低紧张感,使人们得以更自由地表达交流,从而满足行动者的参与需求。

即时通信工具实现了多媒体信息的交互传播,用户可以自由地通过文字、语音、视频等多媒体手段进行交流。即时通信工具中的表情符号、网络语言等,使得整个交流过程更加丰富、生动、有趣。

(三)即时通信的分类

根据即时通信所使用终端的不同,即时通信大致可以分为:PC终端即时通信和移动终端即时通信。所谓PC终端,即通常我们所说的计算机服务终端,PC终端即时通信代表性的工具有:ICQ、MSN、QQ(当然这些即时通信也有移动版,但是最初这些软件是诞生于PC终端)。与PC终端相对的是移动终端,指平板移动通信终端,当然它的外延是非常广阔的,包括手机、笔记本、平板电脑、POS机甚至包括车载电脑等,但大部分情况下是指手机(尤其是具有多种应用功能的智能手机)以及平板电脑。这种狭义上的移动终端正是本书所指,移动终端即时通信代表工具有短信、米聊、YY语音、QQ、微信、新浪UC、阿里旺旺等。我们以QQ为例,进一步理解即时通信。

案例4-3　即时通信工具——QQ

　　1999年,国内冒出一大批模仿ICQ的在线即时通信软件,如最早的PICQ、QICQ、OMMO等。新浪、网易、搜狐也开发了类似的软件。1997年,马化腾接触到ICQ并成为它的用户,他亲身感受到了ICQ的魅力,也看到了它的局限性:一是英文界面,二是在使用操作上有相当大的难度,这使得ICQ在国内虽然得到比较广泛的使用,但始终不是特别普及,大多限于"网电"级高手使用。

　　1998年11月马化腾与张志东正式注册成立深圳市腾讯计算机系统有限公司,开发一个中文版ICQ的软件,推出中文网络寻呼机。后来他们决定干脆自己做OICQ。QQ的前身OICQ(Open ICQ的意思,ICQ就是I seek you的音译)是在1999年2月第一次推出的。

　　2000年4月,由于AOL状告侵权,腾讯被迫更改网站域名,产品也同时更名为腾讯QQ,并把形象改造成一只胖乎乎、系着红围巾的企鹅。2004年6月腾讯在香港联交所主板上市。腾讯公司开发的QQ因为其界面设计合理、用户操作简单而力压群芳,几乎垄断了中国的在线即时通信软件市场,其用户群也成为中国最大的互联网注册用户群。腾讯QQ不仅占领了中文即时通信市场95%以上的市场份额,同时也是目前亚洲最大、全球第三大的即时通信工具,仅次于AOL ICQ和AOL AIM。

　　2010年,腾讯QQ同时在线用户数突破1亿人,这在中国互联网发展史上是一个里程碑,也是人类进入互联网时代以来,全世界首次单一应用同时在线人数突破1亿人。腾讯的发展深刻地影响和改变了数以亿计网民的沟通方式和生活习惯,并为整个中国互联网行业开创了更加广阔的应用前景。腾讯QQ于2023年7月3日中午12点52分同时在线人数达到峰值——210212085人,成功创造吉尼斯世界纪录"单一即时通信平台上最多人同时在线"的称号。

　　腾讯QQ不仅仅是一款即时聊天工具,在作为聊天工具成功被接受之后,腾讯相继推出了QQ空间、QQ校友、QQ音乐、QQLive、QQ微博、QQ电脑管家、QQ宠物、QQ输入法等附加功能。因为用户基数大,所以新推出的功能也很容易得到广泛推广。

(四) 即时通信的发展阶段

即时通信的发展阶段主要可以分为三个阶段:产生推广期阶段、网络勃兴期阶段以及移动终端期阶段。

1. 产生推广期

产生推广期是即时通信工具开始崭露头角时期。例如,1996年,以色列人开发出了 ICQ 网络寻呼软件,称为即时通信工具的 1.0 版本。此后,即时通信以其便捷性和用户黏性而迅速在全球范围内得到推广和应用。

2. 网络勃兴期

网络勃兴期是即时通信市场逐渐扩大的时期。在此时期,各大公司纷纷推出自己的即时通信软件,全球市场上微软的 MSN、美国在线的 American Messenger、雅虎推出的雅虎通等成为主流软件。同时,随着网络技术的不断进步,即时通信的功能也不断丰富,从单纯的文字聊天发展到支持图片、声音、视频等多种信息格式的沟通。

3. 移动终端期

随着智能手机的普及和移动互联网的发展,即时通信应用逐渐从电脑端转移到手机端,成为移动互联网时代的重要应用之一。用户可以通过手机随时随地进行即时通信,方便快捷地与他人保持联系。此外,社交平台也开始整合即时通信功能,如脸书的 Messenger 和微信的朋友圈等,进一步提升了用户体验。

即时通信的发展阶段与技术的发展和用户需求的变化密切相关。随着技术的进步和市场的变化,即时通信将会继续不断创新和发展,为用户提供更加便捷、高效的沟通方式。

第三节 微博、微信与客户端

一、微博

(一) 微博的定义

微博,即微博客,源自英文单词 microblog,又称为"围脖"。作为 Web 2.0 的产物,微博属于博客的一种形式,单篇的文本内容字数通常限制在一定范围内(国内通常为 140 个汉字),用户能够通过微博融合的多种渠道(包括网页、手机、即时通信、博客、SNS 社区、论坛等)发布文字、图片、视频、音频等形式的信息。微博具有内容碎片化、使用便捷、传播迅速、交互性强等特点。

2010 年被称为中国微博元年,微博以迅雷不及掩耳之势火速蔓延,"碎片化"的信息渗透到社会生活的众多领域,掀起了中国社会信息传播的"微博热"。国内处于行业领先地位的新浪微博和腾讯微博,注册用户数均已超过 1 亿。微博不仅在中国社交网络中占据领先地位,更成为中国最具影响力的社交媒体之一。

(二) 微博的特点

1. 用户草根化

对于微博而言,用户加入的门槛非常低,只要拥有一部手机就可以成为其中的一员。用户可以通过微博随时随地发表描述自己的心情,抒发自己的感情的内容,人人都可便捷地发表言论。与博客相比,微博更具草根化。

2. 用户具有强烈的倾诉倾向

用户使用微博的心理机制与博客基本是一样的,即源自博主的内在根本心理需求:对博客平台的直接使用诉求、对社会报偿的需求。微博发帖属于点对面的传播方式,即便没有人响应,也可以满足博主的倾诉需求。

3. 内容微小化

140个字的字数限制,使得微博内容短小。但其大部分传播内容常常来自受众的原创,摆脱了对传统媒体内容的过度依赖,无论传者还是受者都可以轻松享受信息传递的快乐。

4. 介质移动化

移动通信网与互联网的结合为微博赢得了市场。移动的介质使得任何人在任何时间发布或者收看任何信息成为可能。

5. 传播碎片化

介质的移动性决定了用户可以利用任何碎片时间完成信息的传播,不仅传播时间是碎片化的,传播内容也可以是碎片化的,想到什么就可以写些什么,不想写文字的时候,可索性发一张图片。可以说,微博全方位地体现了碎片化时代的传播特征。

(三) 微博的分类

我们从传播者概念本源出发,重新审视微博用户在微博传播过程中的角色定位,根据不同的社会属性,可将微博用户划分为个人用户微博和组织用户微博两大类别。

1. 个人用户微博

个人用户具有如下三个层面的特性:其传播行为的主观意识源自自身的意愿;其行为特征是以个体的社会属性使用微博;个人用户构成了微博用户的主要成分。个人用户主观上将微博视为与SNS、IM等互联网产品类似的网络产品,使用微博的各项服务功能。按照个人用户微博内容的性质,可将其分为以下四类:

(1) 日志型微博

日志型微博是对博客内容零散化呈现的一种微博。所不同的是,用户将大量的生活琐碎片段直观地展现在公众面前,这在以往的虚拟环境抑或现实环境中都是不多见的。正如王菲在自己的马甲微博中所说:"自从有了微博,我们成了自己的狗仔队"。我们经常看到,个人用户将自己的午饭用手机拍照发到微博上,并配以文字"今天食堂的伙食不错",在电影院等候入场的时候在微博上发一句"希望某某电影对得起票钱"等,这类微博风格轻松、率真。

有一部分日志型微博,除了记载个人所知所见的新闻事件外,有时还配以个人的见解和点评。值得关注的是它有可能经过传统媒介挖掘后成为社会热点新闻。这类微博内容事实上已经具有了初步的新闻采编性质,尽管在传播主体看来,发布这样的微博内容只是以一种记录轶事的心态进行的操作,但这类微博客观上却完成了与受众的良性互动,使得人们乐于发表对事物的看法。在微博世界里,个体得到了充分尊重,个性得到了充分彰显。

(2) 心情型微博

心情型微博是个人用户在微博上表达自己的情绪体验,记录自己的喜怒哀乐的一种微博,这种源于情感需求的微博可以说是一种心情日记,其作用只是宣泄情感,或是向某些周围的人传递可以解读的信息。

(3) 评述型微博

评述型微博是个人用户表达对事物的态度和看法的一种微博。正是由于大量个人用户通过评述型微博参与公共事件讨论,并最终有可能形成微博舆情。

(4) 转发型微博

转发型微博的内容并非用户原创,是用户将自己感兴趣的信息进行再传播的一种微博。转发功能是微博对新媒介优点的继承和发扬。只要用户对某个内容感兴趣,便可轻而易举地在微博上转发它,因此,有大量内容庞杂的转发型微博充斥在微博世界。正是由于转发型微博的大量存在,用户原创信息很容易被淹没其中。为此,目前大多数的微博网站都设有将转发微博和原创微博区分开来的功能。通常说来,转发型微博表达了用户对微博内容的信息分享、关注态度、参与沟通等诉求。

2. 组织用户微博

组织用户就是各种机构团体注册的微博用户。按照组织用户微博内容的性质,可将微博分为以下三类:

(1) 信息型微博

微博具有传递信息快捷、灵活,信息内容易记、易传的特点,组织用户利用这些特点对关注自己微博的粉丝进行公示和告知式的信息发布。尤其值得关注的是,越来越多的政府部门开始参与到建立本部门官方微博的行动中来,与老百姓生活息息相关的重要一手消息将越来越多地通过微博的形式向社会公众进行通告。在政府部门的参与、使用和支持之下,微博的社会影响力大大提升。

(2) 公关活动型微博

由于微博关注关系的特殊性,对组织用户关注的粉丝往往即为组织用户的目标受众,组织用户利用微博进行公关活动,可以提高信息的有效到达率。目前很多企事业单位和政府部门都建立了自己的官方微博,重视微博在危机公关中的重要作用,微博成为这些组织进行网络宣传与问政的平台。

(3) 互动交流型微博

互动交流型微博偏重与网友进行互动交流,通过交流实现信息反馈。可以说互动交流功能是所有新媒介的一个共同特点。目前,企业和政府部门微博非常普遍地注重互动交流,对留言回复比较及时。

另外,有一部分特殊人群用户,如政要、知名企业家、文体明星、文化偶像等,其微博内容多样,用户属性复杂,不能简单地归类为个人用户微博或组织用户微博,例如,某影视名星的微博从内容上看更多地体现了个人用户微博的属性,但当他利用微博对自己参演的电影电视作品进行宣传时,则体现出了组织用户微博的属性。

(四)微博的发展阶段

与众多互联网产品一样,微博是从国外互联网传播到国内的"舶来品"。总体看来,微博发展大致经历了以下阶段。

第一阶段:微博进入中国(2007年5月)

纵观微博在世界范围内的发展,其产生背景可以追溯到信息全球化浪潮中Web 2.0概念的兴起。随着Web 2.0产品在全球互联网的升温,微博作为一种"迷你博客"应运而生。Obvious公司于2006年3月正式推出推特(Twitter),微博开始显现其网络价值,成为微博发展的里程碑。推特作为当时最具影响力的微博平台迅速走红,带动了国内微博的发展。

2007年,本土微博服务商开始出现。2007年5月,国内的出现了第一个微博产品——饭否(fanfou.com),创始人是王兴。饭否的推出,成为微博进入中国的标志。

第二阶段:微博初步发展(2007年6月—2009年7月)

饭否的开通,开启了微博在中国的发展历程。同样在2007年,微博网站叽歪也开通了,创始人为李卓桓。2007年8月,腾讯公司推出了微博滔滔的公测,可以算作中国第一家尝试微博产品的门户网站。随后,微博网站数量有所增加,如做啥网、嘀咕网。2009年7月8日,饭否服务器被关闭。这一阶段,中国的微博处于初始、缓慢发展阶段,在探索中举步维艰。主要是为数不多的几家小网站,并且缺乏经验,在服务和功能上仿效国外微博产品,发展尚不成熟,用户相对较少,关注度相对偏低,微博的价值尚未得到充分体现。

第三阶段：微博快速崛起（2009年8月—2011年）

得益于互联网的快速发展和普及，微博开始在中国迅速崛起。2009年，国内相继涌现出一批新的微博网站，包括9911微博客、同学网、Follow5、新浪微博、搜狐微博、百度贴吧等，国内微博市场显现竞争态势。其中尤为值得一提的是，2009年8月开始公测的新浪微博，它发展最快，并随后在国内微博领域居于领先地位。2010年，微博出现了井喷式的发展，国内微博产品达到20余种。不仅搜狐、腾讯、网易等门户网站相继推出微博服务，新华网、人民网、凤凰网以及和讯财经等多家媒体网站也推出微博服务。

2011年伊始，微博快速发展，两会带来了微博问政的升温，微博对中国社会产生了巨大的影响。随着微博逐渐渗透到社会的众多领域，它逐渐改变着人们的信息获取方式、社会交往方式和生活方式，并在众多公共事件中影响了公共舆论。随着门户网站微博的异军突起，微博作为一种互联网产品，在快速发展中开始走向成熟。

第四阶段：微博发展成熟平稳阶段（2012年至今）

随着微信等微传播新形态的发展，微博"这边风景独好"的热度已过，但是作为一种具有较强媒体属性和舆论表达功能并具有一定商业价值的社交化媒体，微博仍然属于微传播格局中的常规形态。在中国微博格局中，随着腾讯在整体发展战略上将重心转向微信，新浪微博不仅在用户数量上超越腾讯微博，在用户黏性度、活跃度等方面更是遥遥领先于其他微博，中国微博格局出现新浪微博一家独大的局面。中国微博整体用户规模在基本稳定中有所下降，整体特征与中国网民特征极为贴近。由于政务微博和媒体微博的社会媒体属性持续增强并趋于稳定，微博舆论环境得到一定改善，舆论走向总体良好。

（五）微博活跃用户状况

微博传播覆盖面广、速度快，同时由于有信任关系的存在，信息的被接受程度比较高。微博消息发布后，会经历一个相对较慢的传播过程，而当用户转发量积累到某个点的时候，会出现一个非常快速的增长过程。

微博用户之所以选择微博来关注新闻、热点话题，主要是因为微博响应速度快、话题关注度高。在传播速度和传播深度上，微博都比传统的新闻媒体有天然的优势，而新浪微博一直都是各类重大新闻事件的首发源头。每逢发生社会重大事件，新浪微博上的内容发送量都会显著上涨。

微博作为新兴媒体，除了其社交媒体的属性外，还有很大的服务价值。很多政府机关、名人、新闻媒体纷纷开通微博，与网民展开互动。政府方面主要利用微博征求民众意见，让民众自由发表观点建议，尽力在民众心中树立良好形象。名人则通过微博发表自己正面积极有趣的信息以获得更多支持。新闻媒体则利用微博发表简短新闻消息以扩大知名度。

党的十八届三中全会明确提出:"全面深化改革的总目标是完善和发展中国特色社会主义制度,推进国家治理体系和治理能力现代化。"推进国家治理体系和治理能力现代化是马克思主义中国化的重要创新,也是中国共产党推动全面深化改革,践行改革、创新、发展,提高人民生活质量,实现社会全面发展的重要举措。

正确认识与充分发挥网络民意与政务微博在国家治理现代化建设中的价值与作用,已经受到政界、学界等社会各界的高度重视。在推进国家治理现代化的过程中必须获取民意、回应民意,尤其急需解决公众民意发布渠道与政府民意获取渠道相脱节的问题。网络民意与政务微博,既是获取社会民意的有效途径,又是国家治理现代化的重要组成部分。

案例 4-4　推特(Twitter)简介

推特(非官方中文惯称)是一家美国社交网络及微博客服务的网站,是全球互联网上访问量最大的十个网站之一,是微型博客的典型应用。从英文的意思来说,该词的原意是鸟儿的叫声。它可以让用户更新不超过 140 个字符的消息,这些消息也被称作"推文"(Tweet)。2006 年 3 月,博客技术先锋埃文·威廉姆斯(Evan Williams)创建的新兴公司 Obvious 开始隆重地推出了微博的相关服务。在最初,微博服务只是局限于好友之间的互动,它允许用户将自己的最新动态和想法以短信形式发送给手机和个性化网站群,而不仅仅是发送给个人。推特的横空出世,将世人关注的焦点转移到微博上。推特被 Alexa 网页流量统计评选为最受喜爱的实用型网络媒体工具之一。

2023 年 7 月 23 日,推特的首席执行官马斯克发布推文称,将要更换推特的"蓝鸟"图标为"X"图标;7 月 24 日,马斯克再发推文,宣布推特网址由 twitter.com 迁移到 X.com;同日,马斯克将自己的头像更换为"X"字母,侧面公布了推特的新 Logo。7 月 31 日,推特应用在苹果 App Store 正式更名为 X。

二、微信

(一) 微信的定义

即时通信软件微信,英文名 WeChat,是由腾讯公司在 2011 年 1 月正式推出的一款为智能手机提供即时通信服务的免费应用软件,这款软件支持以移动网络为渠道,快速发送文字、实时语音信息、图片视频,并支持多人在线群聊等功能。微信是传统通信手段和移动互联网技术的有机融合,它构建了一个集邮件、短信、Email、SNS、微博、IM 等应用于一身的个性化立体式通信服务平台,让异步沟通更加轻快便捷。微信将用户手机中的联系人转化为微信中的朋友,这意味着微信所构筑的较为私密的社交圈明显地区别于微博所形成的泛社交圈。朋友之间通过微信进行即时或延时互动,通过"朋友圈"彼此观看各自的生活动态,增进了解,便于制造互动话题而催生出独有的微信社交文化。

随着微信不断地升级换代,相继推出摇一摇、查找附近的人等版块,再加上小程序使用与分享、拍一拍等社交模式,微信已经改变了大多数人的聊天、交友、娱乐、支付等生活方式,为人们的生活带来了极大的便捷。

微信有其强大的优势:一是对比移动的手机短信,它除了具有短信即时推送的功能外,推送内容的类型呈现多媒体的特征,且在费用上较手机短信具有优势。二是腾讯强大的技术和资金支持,腾讯公司是中国最大的互联网综合服务提供商之一,有行业最先进的技术和雄厚的资金来开发产品。三是它以 QQ 用户为基础,开发了手机号码注册与交友功能,明确了微信的强关系属性。四是 iOS、Android 和 Symbian、Windows iPhone、BlackBerry 等多手机型平台的开发也促进了微信的发展。五是微信自身的不断完善也得到了用户的广泛肯定。语音对讲功能中的感应设置 LBS(基于位置的社交)与漂流瓶交友元素的融入、二维码名片的创新、实时对讲功能的开启等都在终端应用的一次次改进与升级中得到拓展,带给用户不一样的社交体验。可以说,微信在拓展社交功能的同时,更进一步渗透到人们的生活中。

(二) 微信的特点

1. 一对一传播,主体精确稳定

微信的好友是从熟人,即 QQ 好友、手机通信录好友发展起来的,对于微信用户来说,微信好友关系是基于现实生活中相对成熟的社交关系。微博不同于微信,微博发布一条信息,即是面向所有人的公开传播行为,在这个过程中,用户更强调的是个体散播信息的意愿,而不是与精确的对象进行互动交流的意愿。而微信中的传受双方通过对象性鲜明的私密交流,进一步增强了彼此感情的黏性,从而形成了更为稳定、成熟的熟人交际圈。

2. 传受双方信息内容私密,人际关系亲密

微信用户之间的互动关系是基于本身具有的熟人关系,在熟人间沟通交流的话题是更贴近于生活的私密内容。不同于微博向外扩散信息的功能,微信的信息内容停留在微信互动的用户之间,因此,信息也只有微信用户之间彼此知晓,其他用户则无法获知。此外,微信的朋友圈功能以及群聊功能,以分享个人生活、交流共同兴趣为主题,在朋友圈中,传播的内容与每位成员都具有高度的相关性。因此,成员也愿意通过点赞、评论等方式参与到互动中。

微信圈子从社交关系上来说,是用户通信录的延展,即是用户现实社交圈在网络上的立体化呈现。其中信息交换的个体可能是用户的同学、朋友、同事、父母、老师,但个体之间都具有较为深厚的感情联系,且地位平等。此外,微信打破了陌生人和熟人圈的交际界限,在微信的群聊中,往往能够聚集一大群本不是好友关系的用户,通过话题的交流和观点的沟通,合拍的用户可以彼此添加账号成为固定的好友,这就拓展了用户微信的熟人圈。在添加好友的过程中,好友之间需要进行彼此间身份的验证,在认可的前提下,才能建立稳定的朋友关系。

3. 微信的强关系链接网

微信使得人们的社交网络从原有的弱关系链接网向基于手机通信录的强关系链接网转变,从而实现了基于通信录的全新互动。QQ软件已经是用户在互联网上与任何一个人进行即时通信的首选工具。同学、商业合作伙伴、同事和亲戚,乃至互联网上的陌生人,从陌生到熟悉,都可收纳到QQ好友名单里,但是,QQ无法取代基于手机通信录的强关系链接网,这并不是软件的功能问题,而是因为社交圈的隐私限制问题。微信与QQ的本质区别在于,两者所建立的好友圈子处于两个不同级别的社交圈子。

(三)微信的发展阶段

国内最早出现的强关系类社交软件并不是微信,而是由国内著名应用开发团队小米科技研发的米聊。随着米聊的推出,众多的强关系类社交软件如雨后春笋般出现,飞聊、陌陌、来往、微信等层出不穷。而微信在众多的软件中脱颖而出,成为用户增长最快的即时通信软件。这些强关系类社交软件有一个共同的特点,用户都是基于手机通讯录,同时辅以地理位置搜索而建立好友关系。

微信于2011年1月21日正式上线。自上线以来,微信凭借其强大的功能和便捷的使用体验,迅速成为全球范围内最受欢迎的社交媒体平台之一。微信发展经历了以下四个阶段。

第一阶段:初创探索(2011—2013)

微信最初仅提供基本的即时通讯功能,如文字消息、语音消息和图片分享。然而,由于其简洁易用的界面和快速的消息传递速度,微信很快在中国市场取得了巨大成功。此时,微信的用户主要集中在国内。

第二阶段:功能扩展(2014—2015)

随着用户数量的不断增长,微信开始增加更多功能来满足用户的需求。2014年,微信推出了"朋友圈"功能,允许用户分享照片、状态和链接等内容。此外,微信还推出了语音通话、视频通话和群聊功能,进一步提升了用户的沟通体验。

第三阶段：商业化探索(2016—2017)

2016年，微信开始将重点放在商业化探索上，微信推出了"微信支付"功能，使用户可以通过微信进行在线支付和转账。这一功能极大地改变了人们的支付习惯，使得微信成为中国最主要的移动支付平台之一。此外，微信还推出了"公众号"功能，允许个人和企业创建自己的公众号，并通过发布文章、推送消息等方式与粉丝互动。

第四阶段：走向国际与稳定发展(2018年至今)

2018年，微信开始将目光投向全球市场。微信推出了国际版，支持多语言界面，并在海外市场进行了大规模推广。微信国际版在许多国家和地区都取得了巨大成功，吸引了大量的用户。同时，微信还与许多国际品牌和机构合作，推出了多种形式的营销活动，进一步提升了其在全球范围内的知名度和影响力。微信取得了巨大的发展成就，它不仅改变了人们的沟通方式，还推动了移动支付的普及和社交媒体的发展。

现在微信已经不是单纯的即时通信聊天软件，而逐渐发展成为综合性的平台。在这个平台上，信息的获取、商务的交易、交流和沟通都变得简单和便捷。利用通信功能和社交元素，企业可以在这个平台上进行产品营销，使自己的产品得到快速广泛的宣传。传统媒体可以在式微的情况下来这里开辟另一块沃土，开通微信公众平台，利用新媒体新技术更快捷、更有针对性地把新闻消息传送到读者手中。个人更是可以在微信平台进行诸如社交、游戏、网上购物、支付、信息获取等，同时自媒体也在微信平台上发展得风生水起，一些社会名人纷纷开通微信自媒体账号。用户可以使用微信发文字，传图片，发语音，甚至可以视频通话，随着微信版本的不断升级，越来越多的功能让用户应接不暇。

三、新闻客户端

(一) 新闻客户端的定义

新闻客户端是随着移动媒体而发展起来的适用于移动媒体终端的新闻资讯平台。为抢占移动用户市场，纸媒和大型门户网站纷纷进军新闻移动客户端市场。对于正在转型的传统媒体而言，新闻客户端的出现为移动端的新闻信息传播带来新机遇。新闻客户端是由门户网站、传统媒体或其他内容提供商开发的应用软件，由用户自主选择下载、安装，并具备新闻资讯、发布评论、即时分享等功能。新闻客户端主要基于移动互联网技术，融合了传统报刊、互联网与手机媒体、平板电脑等移动媒体的功能，可以视作媒介融合发展的代表。

(二) 新闻客户端的特点

1. 聚合性

新闻客户端不但可提供包括新闻资讯、微博信息、用户评论、天气预报等服务,而且能呈现从文字、图片到音频、视频、超链接等表现形式的多媒体内容,能为用户提供更多、更丰富的信息。同时,新闻客户端的个性化推荐机制、机器算法与编辑互动的运营模式,符合移动互联网的发展逻辑,也开创了媒体信息生产与传播的新潮流。

2. 交互性

相对于传统报刊乃至手机报刊,新闻客户端在交互性上具有无可比拟的优势。传统报刊属于大众传媒,采用传统的大众传播方式,与读者的互动只能局限于反馈少量的读者来信。短信或彩信手机报除了订阅环节之外,与用户几乎没有实质互动,即便是网页版的手机报刊也很少将用户反馈或评论放在较为重要的地位。相比之下,新闻客户端具有前所未有的交互性。一方面,它在功能上专门设置用户评论,将用户评论及原创信息置于与新闻信息同等重要的地位;另一方面,智能手机、平板电脑等移动终端的技术优势为用户发表评论、反馈信息提供了支撑,5G技术、移动互联网技术以及不断更新的输入法技术都能大大提升用户在发表评论时的速度和体验。

3. 社会化

移动媒体本身就具有社会属性,依托于此的新闻客户端也就天然地具备了社会化特质。新闻客户端是个人化的移动新闻终端,每一个新闻客户端背后都有一位个性化的用户,这就决定了新闻客户端具有了社会化的特点,用户的社会角色甚至社会关系都会影响到新闻客户端的内容构成。此外,越来越多的新闻客户端整合了微博等社会化媒介或社交媒体,这就更加强化了它的社会化属性。

(三) 新闻客户端的分类

新闻客户端发展迅猛,目前来说,按照提供商的不同,新闻客户端可以分为门户网站新闻客户端、搜索引擎新闻客户端、专业新闻客户端。

1. 门户网站新闻客户端

门户网站新闻客户端由门户网站开发制作,向用户提供该门户网站的新闻资讯、微博信息、评论发布等服务,提供文字、音频、视频等各种形式的媒体内容。在我国,网易、搜狐、新浪、腾讯四大门户网站均已开发出自己的新闻客户端,并根据自身的定位和特点打造各具特色的移动信息终端。

2. 搜索引擎新闻客户端

搜索引擎新闻客户端能利用搜索引擎的资源聚合优势整合来自互联网的海量信息,并能根据用户的搜索热度决定资讯编排。

3. 专业新闻网站客户端

专业新闻网站客户端即由专业化的新闻站点开发的新闻客户端,如新华网、凤凰网等专业化的新闻网站都已经开发出自己的新闻客户端。这类新闻客户端在技术上并不占优势,但拥有丰富而有特色的独家内容资源及其在新闻聚合上的品牌优势,因此能在短时间内占据相当一部分市场。

4. 传统报刊新闻客户端

传统报刊新闻客户端是基于传统报纸或杂志而开发的新闻客户端。这类新闻客户端依托传统报刊丰富而有深度的内容资源,能够有效弥补移动终端由于移动性和屏幕制约而造成的内容深度缺失问题。在媒介融合的时代背景下,传统报刊新闻客户端便是继网络报纸杂志、手机报、手机杂志之后传统报刊同新媒体又一次融合的结晶。

(四)新闻客户端的发展阶段

新闻客户端经历了尝试与铺开、功能拓展和智能融合的三个发展阶段。

第一阶段:尝试与铺开(2009—2013)

3G时代的移动手机得到普及,流量资费不断降低,越来越多的受众开始接触移动互联网。主流媒体较早意识到转变媒体经营方式的必要性,开始尝试、布局和发力建设新闻客户端。例如,2009年南方周末率先发布客户端应用,2010年各大媒体也相继推出了安装在移动终端上的新闻客户端。2011年5月12日,人民网新闻客户端的法文版和阿拉伯文版正式发布上线,至此,中、英、日、西、俄、法、阿七大语种的人民网新闻客户端全部上线。2013年,搜狐、网易和腾讯的新闻客户端用户过亿,三大新闻客户端在产品设计、内容资讯、运营、品牌和平台搭建方面展开全方位竞争,显现各自特色。

第二阶段:功能拓展(2014—2019)

这一时期,媒体融合上升到国家战略高度,主流媒体转型和网络舆论阵地建设得到进一步强化。主流媒体先后发布或完善其所属客户端产品,提供用户评论、社交分享、个性化的新闻推荐服务、视频直播等功能,提升了用户体验,增强了用户粘性。例如,川观新闻客户端自2014年推出以来,积极融入互联网,紧跟传播方式和用户需求的变化,经历了从1.0到11.0的演变,展现新闻客户端蝶变的壮丽图景。

第三阶段:智能融合(2020年至今)

随着数字化、网络化和智能化技术的迅猛发展,新闻客户端开始将人工智能技术融入到新闻的采集、生产和分发各个环节。通过智能算法实现个性化的内容推荐,提升用户的阅读体验和用户粘性。例如,浙江日报报业集团的潮新闻客户端利用AI技术推动媒体深度融合改革,展现出立足浙江、读懂中国、影响海内外的气魄与胆识。2022年12月30日,视界(人民日报视频客户端)正式上线,这是首个以PUGC为特色的中央媒体视频平台。它积极探索建立新闻+政务服务运营模式,打通中央、省、市、县四级媒体,联动政府、媒体、个人共建共治共享。视界具备AI+秒播+8k能力,视听更清晰,体验更沉浸。

综上所述,新闻客户端的发展历程是一个不断适应时代变化、积极创新转型的过程。

第四节 短视频与网络直播

一、短视频

(一)短视频的定义

短视频和网络直播带来的新传播形态

短视频是以视频制作与网络社交为主要目的,视频时长为5秒至5分钟不等的视频。随着互联网技术的飞速发展和移动智能终端的普及,大众的社交形式也发生着巨大的变化,人们已不再满足于文字和图片社交,从而出现了短视频这样一种新的社交形式。2022年8月,中国互联网络信息中心(CNNIC)发布了第50次《中国互联网络发展状况统计报告》,报告显示,截至2022年6月,中国网络视频用户规模达9.95亿,占整体网民的94.6%,其中,短视频呈现爆发式增长态势,用户规模达到9.62亿,较2021年12月增长2805万,占网民整体的91.5%,成为仅次于即时通信的第二大产品类型。短视频实现了文字、语音和视频的融合传播,以更直观立体的方式满足了用户表达和互动的需求。Social Beta(社会化商业网站)对短视频的定义是:"短视频是一种视频时长以秒计数,主要依托于移动智能终端实现快速拍摄与美化编辑,可在社交媒体平台上实时分享和无缝对接的一种新型视频形式。"

(二)短视频的特点

1. 内容碎片化,简短精悍

在短视频App推出初期,几大典型短视频App仅支持拍摄10秒以内的视频。随着5G技术的发展和网络资费的降低,如今市面上主流短视频App可支持五分钟以内的视频拍摄。相对于传统视频,短视频时长从数秒到数分钟不等。这种短小的内容特性使制作者无须过分关注视频内容的逻辑性和完整性,在内容的选择上随意性更大。观看者可利用零碎时间浏览与分享内容,短小的内容也契合了观看者的碎片化阅读习惯。

2. 表达个性化,传播社交化

当下短视频App的视频内容主要由UGC和PGC组成,其内容有别于传统视频。除了在时长上简短外,短视频的表达方式具有个性化和社交化的特点,这样会更利于内容在社交平台上的传播。在拍摄环节上做到零门槛、个性化定制,以趣味化模式吸引用户,力求最大限度发挥出用户的创造力。短视频App在PGC模式上同样追求脱离传统的内容表达模式,贴近互联网思维,以用户体验至上,打造人性化的视频内容。

3. 制作门槛低,发布简易快捷

传统的视频往往需要一定的拍摄技巧、精细的设备、专业的后期制作等才能制作出来,这样通常会把草根用户隔绝在视频制作与传播之外。对于 UGC 内容而言,智能手机的普及使视频社交突破了技术和设备的限制,从而变成更多草根大众的权利。而移动互联网的发展让视频传播摆脱时间和地域的限制,变得更简便易行。社交性是短视频 App 的主要特点,为保证社交的即时性,保证用户拥有"随拍随传"的用户体验,短视频 App 可实现一键生成视频,真正做到随时拍、随时传。

4. 泛娱乐化明显,亟待内容转型

搞笑类和娱乐明星类的视频内容虽然容易吸引用户的注意,但用户黏性低,商业转换变现困难。且众多娱乐性内容扎堆,易产生同质化现象。部分短视频账号为吸引用户眼球,甚至不惜发布低俗内容,泛娱乐化现象严重。短视频行业已经意识到,优质的内容才是长期吸引用户的关键,也是实现短视频流量商业变现的保证。

(三)短视频 App 的分类

1. 按产品功能分类

(1)社交型短视频 App

社交型短视频 App 是最早出现的短视频应用,美国的 Vine,国内的"秒拍"都是典型代表。此类 App 的内容生成模式以 UGC+PGC 为主,用户上传数秒至几分钟的视频。这一类型的短视频 App 通常与社交平台紧密捆绑,通过直接导入社交平台中大量和稳定的用户关系来增强自身的用户黏性,并通过用户在各类社交平台上的分享来扩大自身的影响力。

(2)工具型短视频 App

工具型短视频 App 主打视频的个性化定制,典型产品如"美拍""小咖秀"等。此类 App 注重用户的使用体验,通过后期技术的美化,在降低用户使用门槛的同时,提升用户使用的满足感和愉悦感。此类 App 最大限度地减少了用户在使用时的技术限制,用户仅仅通过 App 自带的后期特效就可拍摄出精美的视频效果。工具型短视频 App 的用户定位趋于年轻化,且娱乐功能较强。但此类 App 必须保持相对快的性能更新速度,不然极易使用户产生疲劳感,从而流失用户。且此类 App 的同质化现象严重,一旦某 App 研发出受用户欢迎的功能,市场上立即出现大量模仿者。

(3)媒体型短视频 App

媒体型短视频 App 的视频生产模式基本上以 PGC 为主,以垂直细分视频作为其主要内容,"头条视频"是其中的代表性产品。此类 App 用户主体主要以传统媒体账号和自媒体账号为主。相比传统的媒体平台,媒体型短视频App的语言表达方式更简洁鲜活,信息传播形式也更加轻松娱乐化。这种传播特点不仅契合网络自媒体娱乐化的传播方式,还可帮助传统媒体在移动社交平台上适应互联网的新兴传播方式,让传统媒体的信息在新媒体传播中散发出新的活力。

2. 按产品内容分类

(1) 娱乐类短视频App

此类App是目前市场上数量最多的短视频App。它的产生时间较早,视频内容活泼多变,易在短时间内吸引用户的关注。目前市场上占据用户数较多的秒拍、美拍等短视频App都把娱乐性作为其首要特征。此类App将UGC作为产品的主要内容,并与社交平台联系紧密,其娱乐化的内容具有社交性强、易于用户分享传播等特点。

(2) 新闻类短视频App

此类App以传播专业性质较强的新闻资讯类短视频为主。新闻类短视频App为新闻创造出一种全新的传播方式,同时为用户阅览资讯提供了一个新的视角。

(3) 垂直类短视频App

此类App以细分化、专业化的垂直内容作为视频内容,垂直内容的分类包含运动、时尚、生活、美食等各个方面,例如美妆类的"抹茶美妆App",美食类的"日日煮App"等。目前,短视频App中垂直类内容所占的比重正逐年增加。垂直类短视频将成为短视频在未来的发展趋势。首先,在用户需求上,相较单纯的娱乐恶搞,优质的垂直内容更符合各类人群的工作或生活需要,故具备长时间吸引用户的能力。其次,垂直化内容的目标受众更加明确,因此其商业转换率较高,更易吸引广告商和投资者的关注。

(四) 短视频的发展阶段

1. 初期阶段(2011—2013)

短视频App最早起源于美国。2011年4月,Viddy首先推出移动短视频应用。随后,涌现出了一大批短视频分享应用,一些传统社交应用也纷纷开发短视频分享功能,如Vine、Instagram等。这些短视频应用从诞生之初便与脸书、推特等社交媒介紧密相连,支持视频的即时分享,这一"视频社交"的方式一时间吸引了大量用户。

2. 爆发阶段(2014—2019)

我国的短视频App于2013年首次推出,两大社交网站巨头新浪和腾讯分别推出"秒拍"和"微视"两大短视频App,支持拍摄时长在10秒以内的、便于分享至各大社交平台的短视频。由于新浪巨大的用户基数和多位明星的示范效应,秒拍的用户数在短时间内增至千万。

"秒拍"和"微视"的推出,拉开了短视频 App 在我国发展的序幕,填补了国人在移动视频分享上的空缺。腾讯微视于 2013 年 9 月 28 日上线,新浪秒拍紧跟其后,于同年 12 月正式上线。美图秀秀于 2014 年 4 月推出美拍,腾讯微信于 2014 年 10 月的更新版本中在聊天和朋友圈加入"小视频"功能。2016 年 9 月,今日头条下属的短视频 App 抖音上线。2019 年 6 月,微视用户可在微视发布界面勾选"同步到朋友圈"按钮,将最长 30 秒短视频同步到微信朋友圈。

2014 年被称为"中国短视频元年"。这一时期,我国移动市场上的短视频 App 的运营模式,以 UGC 视频为主要内容,并与社交平台紧密相连。2019 年 11 月 20 日,中央广播电视总台 5G 新媒体平台央视频正式上线,它的内容以短视频为主,兼顾长视频和移动直播,吹响主流媒体向视频社交领域进军的号角。

3. 平稳阶段(2020 年至今)

2020 年以来,我国短视频行业生产方式不断进阶,内容垂直深耕,技术迭代助力,现已逐渐进入平稳发展时期,用户增速相对放缓,用户市场开始迅速下沉至三四线城市。当前短视频依据不同的应用功能倾向,已基本形成了六大格局:以抖音、快手为代表的社交媒体类;以西瓜、秒拍为代表的资讯媒体类;以 B 站(Bilibili)、A 站(AcFun)为代表的 BBS 类;以陌陌、朋友圈视频为代表的 SNS 类;以淘宝、京东主图视频为代表的电商类;以小影、VUE 为代表的工具类。短视频平台各具风格,但短视频内容和平台极速野蛮生长中暴露出的乱象,如内容同质化、泛娱乐化、低俗化、侵权等问题已引起监管部门的注意,国家监管部门通过约谈、责令整改、下架删除、严厉打击和清理违规账号等方式对短视频市场进行规范和整顿。

案例 4-5 抖音 App

抖音出现在大众眼前的时间并不长,但发展势头强劲。2018 年年初到 2019 年年初,抖音用户日均活跃数量从 2018 年 1 月的 3000 万,到 2 月的 7000 万,到 6 月突破 1.5 亿,再到 2019 年年初突破 2.5 亿大关,国内月活跃用户更是突破 5 亿大关。抖音从默默无闻到人气高涨,依靠产品力和传播力异军突起,实现了弯道超车,无论在下载量、日活量还是传播速度方面,都创下了互联网产品纪录。

(1) 发展历程

① 打磨阶段

在产品测试初期,抖音从其他视频平台以及艺术院校等挖来了红人,设计了多种主题和玩法,并就此进行技术层面的优化,奠定了产品有趣好玩的基调。此时抖音并没有做大规模的用户获取,而是选择了冷启动模式,例如抖音先在几个艺术高校试运营,形成了初期的流行音乐文化社区氛围。抖音在冷启动模式下不断调整产品发展策略,验证产品模式是否可行,并寻找有效激活用户的手段,为后期留存用户做准备。

② 成长阶段

此阶段抖音的重点工作在于大规模地运营推广,借助各种手段和途径激活新用户,将品牌大量暴露在大众视野中,扩大影响力。在攻占市场的初期阶段,抖音目标用户就是年轻群体,因此它借助大众传播手段如赞助综艺节目将产品迅速推向目标市场,如赞助了《中国有嘻哈》《快乐大本营》等以年轻受众为主的综艺节目,快速聚集了追逐潮流、时尚的年轻用户,成为垂直音乐细分短视频领域的翘楚。接着,抖音又在2018年年初加入了直播问答的新风口,突破了年轻群体目标市场,又凭借春节节假日助力,抖音迎来了第二批的用户高速增长期。紧接着抖音趁热打铁推出了一系列的传播策略,将抖音的品牌影响力迅速扩散,凭借着前期的产品的打磨和推广宣传,抖音的市场占有率和渗透率取得了漂亮的战绩。

③ 成熟阶段

这一阶段抖音主要任务是占据更多市场份额,稳固市场的地位。拥有庞大用户体量的抖音从最初的深耕音乐的短视频平台逐渐转向以音乐为依托的综合类短视频社交平台,此阶段抖音的用户增长明显放缓,除了继续扩张新用户外,抖音的主要目标更应该放在用户留存上,采取措施提高用户黏性。互联网上新产品层出迭代,"抖音"仍面临被其他竞争产品所取代的危机。

(2) 传播策略

① 让人"上瘾"的短视频社区

抖音选择音乐这一垂直领域,把音乐作为其产品设计的核心要点,以音乐为节奏主线,视频内容配合音乐来叙事。短视频的代入感和传播力更强,而音乐更容易激发与视觉画面相联系的正负情绪,强化了短视频的信息所要表达的部分,两者相结合,使抖音比其他类短视频更吸引人眼球,承载更多的娱乐和社交特性,更让用户"上瘾"。

② 高强度互动社交的社区

一方面,抖音借助用户原有的社交关系拓展产品的内容生态,从通讯录、微信、QQ 导入联系人并根据用户的原有社交网络推荐好友,完成现实关系在抖音平台的延伸,嫁接了强关系链。另一方面,抖音从流量分发入手,以内容博取关注,根据内容来建立新关系,拓展了弱关系链。在关注栏目里可查看所关注对象的作品,在同城栏目可查看同城人的创作视频,可好友间相互@,还可私信所关注对象,其一提高了用户和内容生产者的黏性,其二为用户社交关系链变现创造机会,增强用户沉淀下来的机会。可以说"抖音"逐渐丰富产品使用场景,慢慢从依靠算法为主的推荐模式,逐渐转向依靠订阅、强互动为主的社交模式。

案例 4-6　快手 App

(1) 简介

2011 年,程一笑从人人网离职,带领着不足五人的团队研发出"GIF 快手",于是一款 GIF 动图制作和分享的软件出现在各大应用市场上,这就是快手短视频平台的前身。这款"GIF 快手",是一款门槛较高、非专业人士不容易使用的表情包工具型软件,主要在微博、人人网等社区场景使用。2012 年慢慢向短视频领域转型,直到 2013 年正式步入短视频社区平台,从工具型应用转型为一款记录和分享生活的短视频社交软件,并改名为"快手"。

随着移动互联网的发展,移动资讯费用的降低,从 2015 年开始,快手短视频平台迎来了市场。截至 2020 年年初,快手短视频平台日活跃用户量已超过 3 亿,成为国内短视频平台的领先者。快手短视频平台作为典型的平台型企业,给用户提供以"音乐+视频"为主的内容分享,同时涉足多个领域,用短视频衔接多个场景,打破线上线下边界,实施多元化生态构建战略。

快手短视频在发展过程中有一些重要的时间节点。自 2014 年 11 月正式改名为快手后,2015 年快手短视频平台用户突破 1 亿。2017 年 3 月,腾讯领投快手短视频平台,同年 4 月,快手短视频平台注册用户超过 5 亿,并在 12 月日活跃用户量达到 1.1 亿。2018 年 6 月,快手短视频平台全资收购了 A 站(Acfun),在资金、技术、资源上全力扶植 A 站。2019 年 11 月,快手短视频平台联合 QQ 音乐、酷狗音乐和全民 K 歌,推出"音乐燎原计划",加大音乐内容的权重,扶植音乐人,力图推动音乐和短视频的深度融合。2020 年 5 月,快手短视频平台与京东就电商直播业务达成战略合作,通过快手短视频平台直播可以直接购买京东商城商品。

(2) 内容产品属性

① 短视频产品

快手短视频平台覆盖类型较多,形成了相对成熟的视频内容垂直分类,覆盖了日常生活中方方面面的题材,基本可以满足用户各种需求。值得一提的是,为了避免每一类别下内容出现同质化,在每一大类别下,短视频生产者会根据自身情况探索更加细分化的领域,如美食类分为美食教学、探店测评等;美妆类分成化妆品推荐、妆容教学……每一类别下内容差异化显著,分类精细,为用户提供了相对成熟的细分短视频内容。

② 音乐产品

近年来,短视频平台的发展为音乐产业带来了新的发展空间。在短视频行业趋于类型化和同质化的背景下,快手短视频平台通过"音乐+短视频"的内容产品组合完成了商业生态建设和发展模式构建。在短视频行业和音乐产业的融合下,音乐产品成为短视频中重要的部分,为音乐人、音乐产业和视频产业都带来新的生机。

(3) 传播特点

① 主体平民化

短视频是内容直观化、可视性的呈现方式,可满足用户形象展示的诉求,同时用户自我表达的诉求得到更多人回应。例如,快手用户七颗猩猩,原名王志欣,就读于湖北大学新闻专业。她将自己喜欢看短视频的兴趣爱好转化为拍短视频实践,为了获得关注,使展现校园生活的诉求得到满足,主要拍摄其校园学习、日常生活、寝室关系等方面的视频内容,为我们再现了多姿多彩的大学生活。她的第一条短视频"百分百还原殷世航求婚"一经发布,就得到了2万人的喜欢。自她加入快手短视频创作一年不到的时间,成功吸粉687万人,其中的214个作品,有将近四分之一的播放量突破了百万。

② 内容多元化

内容为王永远是制胜法宝。快手短视频平台奉行这一准则,用丰富的短视频内容,吸引受众目光,多元化传播内容如下:一是才艺类短视频,包括音乐、舞蹈、乐器等展示。二是技术类短视频。三是生活类短视频。四是美食类短视频。五是学习类短视频。六是测评类短视频。七是搞笑类短视频,包括鬼畜视频、谐音段子、情景喜剧等。

③ 传播效果逆向化

快手作为一个短视频平台,希望通过真实场景展示,将作为快手主力军的三四线城市居民的日常生活得以分享出去,使其得以广泛传播,更被一二线大城市居民认可,让快手短视频的传播效果实现"乡村影响城市"的逆向传播。随着我国农村网民规模的逐渐增大,他们在快手短视频中占据了广阔的市场,传播优质的内容,会使更多人了解乡村文化。

二、网络直播

(一) 网络直播的定义

网络直播是在移动互联网语境下,通过互联网媒介介质,将发生的即时状况展示给终端用户,以满足用户各种需求的高互动性互联网视频服务类型。网络直播是通过录屏工具或者手机对表演、展示、互动等行为在互联网平台上进行实时呈现,是一种新兴的在线娱乐或服务方式。

(二) 网络直播的特点

从门户到论坛社区再到微博微信,文字直播不断迭代,后以 in/nice 为代表的图片社交平台开启了纯图片直播热潮,紧接着喜马拉雅等音频直播平台崛起,迎来了网络视频直播时代。总体而言,在这一过程中,直播内容的表现形式越来越丰富,网络视频直播改变了原有的媒介生态,可视性、交互性、实时性、沉浸性越来越强。综合来看,网络直播具有如下特点:

1. 从随时发布到现场实时发布

泛生活类的直播平台诞生,弱化了美色和竞技对主播的重要程度,能展现直播的核心价值——陪伴与分享,这也成了网络直播领域的一大趋势。在这一过程中,较之于微博、微信的信息随时发布,现场实时发布应运而生。由于操作便利,人们都能通过直播按钮把此时此刻正在经历的新鲜事情搬到网络上并实时与观众互动,同时也可以让观众实时观看别人的分享。社会心理学家曾说过,窥视别人生活是一种本能。这种直播行为在更高层次上满足了人们发布和分享信息及窥探别人生活的需要。

网络直播使用多种传播符号,例如图像、声音、文字等语言与非语言符号,观众受画面上特定现场和气氛的影响,情绪感染也比其他形式更为强烈。且同步现场直播和实时发布在空间上让发布主体同观众之间的距离缩减到最小,促使观众关注程度增加,观众对直播的各个环节都有新鲜感和身临其境感,进而产生强烈的参与意识。

2. 从及时交流到实时互动

网络直播真正能够实现实时互动。不同于电视主持人、录制视频主持人,网络主播在展示自我的同时特别强调与受众的互动。当前,国内网络直播的主要收入来自用户充值后购买虚拟道具,为了吸引用户关注和赠送礼物,主播与受众互动非常频繁。

在直播中,用户可送给主播虚拟的礼物,赠送礼物后,用户的名字会显示在直播间里。如果用户送的虚拟礼物比较昂贵,其名字会被放在弹幕上,若送礼物送得频繁,还会呈现一种视觉特效,其他用户会留意这些"土豪"。最重要的是主播也会重点与送礼物的用户互动,用户在这一过程中得到情绪上的满足。在泛生活全民网络直播的驱使下,人们参与直播,并与用户实时互动,除了追逐经济利益外,用户越来越趋于表达自己,并通过互动达到及时有效沟通。在大众传播中,其传播模式基本上是单向的,具有延迟性、间接性等特点。网络直播打破了时空界限,使一对多的实时互动成为可能。随着交互体验升级,VR和AR等技术的介入,直播交互将更具沉浸感与参与感。

3. 从个性表达到个性张扬

网络直播更加突出传播个体的个性,释放公众表达的欲望,个性十足的主播迅速成为不同话题的意见领袖。之所以说网络直播强化了个性,是因为早先微博、微信等平台已经在一定程度上释放了公众的个性,使人们可以自由表达。但随着新生代精神文化消费需求升级,网络直播带来了更直接、更有效的传播方式,满足了人们彰显个性的表现需要和观看需求。

德国学者马莱兹克(G. Maletzke)在对受众进行研究时强调,受众会受到来自媒介的压力,如报纸需要有一定的文化水准,电视需要相应的接收条件。在网络直播过程中,这份压力被减到了最小,直播文化作为大众文化的一类,其内容浅显易懂、贴近生活。进行直播和收看直播所需要的工具也越来越简单,只要有意愿,每个人都可以随时切换身份,成为主播,发出自己的声音,表达自己的意见,释放自己的个性。

4. 保证最真实的用户体验

多级传播必然造成信息损耗,人们在接受传播的信息时,其信任程度与传播层次成反比,即信息转述层次越多,信息损耗或变形越严重,可信性越差;反之传播层次越少,可信度也就越高。直播的直接性传播优势体现了信息在传播过程中无须转述,减少了信息损耗,增强了信息的可信度。

对网络直播平台而言,当直播行为开始,云端会同步抓取、同步存储、同步传递,延迟不会超过2秒,平台也无法把握下一秒会发生什么。从传播的角度来看,文字、图片、视频都可以经过加工、剪辑、审核之后再公之于众,唯独直播,它可以让用户与现场进行实时连接,有着最真实最直接的用户体验。用户可以在直播中与平日接触不到的名人互动,看到名人生活中相对真实的一面;相较于文字、图片等形式,直播视频的修饰难度增强,与陌生人互动,公开性大幅提高,也更加真实。

不过,也正是因为直播平台实时连接突出真实性的特征,导致此领域把关人的缺失,增加了监管的难度。为了得到高关注度,网络直播领域乱象较多,有的主播为了博取受众眼球,得到礼物,举止失范,使得网络直播这种传播方式饱受诟病。

(三) 网络直播的分类

从内容来源看,网络直播一般特指自制内容网络直播。根据业界实践,自制内容网络直播又可分为表演性质的网络直播和实录性质的网络直播。前者常见的形式有娱乐类直播(如直播唱歌、模仿、脱口秀以及动作表演)、生活类直播(如直播逛街、做饭、出行)等;而后者则是各类会议、活动或事件的网络直播,如体育赛事直播、演唱会直播等。

1. 根据直播内容分类

(1)秀场直播

秀场直播在我国最早出现,是才艺者表演和与观众互动的直播形式,内容形式主要为主播聊天、展示才艺等。这类直播平台的核心在于"秀",可以秀颜值、秀身材或者秀生活,人的因素决定着"秀"的吸引力。典型的秀场直播平台有YY、9158、六间房。

(2)游戏直播

游戏直播主要指直播解说游戏、电子竞技比赛等直播形式,核心是主播与用户、用户与用户互动,此类直播拥有较高的用户参与度、难以替代的赛事资源和人气主播,因此,它在直播领域具有很强的不可替代性。典型的游戏直播平台有斗鱼、虎牙、熊猫等。

(3)泛娱乐类直播

泛娱乐类直播是秀场、游戏以外的直播形式,由个人社交直播和专业垂直直播构成,也称为泛生活类直播,内容涵盖了美食、时尚、户外以及音乐等方面。用户根据生活中的不同兴趣而聚集在一起观看,兴趣是该类直播平台的核心所在,该类直播的流行宣告了全民直播时代的到来。走出室内秀场和游戏机房,进行文艺演出、体育赛事、旅游景点、日常生活等直播,是现阶段最流行的直播形式。

(4)垂直领域直播

垂直领域直播是指针对某一特定领域或主题的专业深入的直播,专业水准高是其特色,内容包括财经类、新闻类、教育类等领域。目前垂直领域直播所占比例不高,影响力也有限。但是,在其他三类直播平台同质化严重的情况下,垂直领域直播有助于实现用户的精准定位和差异化竞争,提供优质内容可解决直播内容的洼地问题,提高用户留存率。

2. 根据直播生产方式分类

(1)用户生产内容(UGC)直播

用户生产内容直播是一种主要由从事网络直播的用户创作和发布内容的

直播形式,秀场直播、游戏直播、社交直播等都是属于这类,它也是一种去中心化的传播方式。这种直播使得人人都可直播,其内容覆盖面广、生产量大,但内容参差不齐,盈利模式较单一。随着竞争加剧,用户品位提升,负责培训与扶持草根主播的工作室和经纪公司大量出现。

(2)专业指导下的用户生产内容(PUGC)直播

作为 UGC 升级版,PUGC 一定程度上解决了 UGC 内容泛滥、质量较低等问题。

(3)专业制作内容(PGC)直播

由专业团队制作运营,如体育直播、教育直播等。

(4)品牌生产内容(BGC)直播

品牌生产内容直播是一种具有营销工具属性的直播形式,企业通过直播展现产品、服务,品牌的内涵、文化和价值观等,如淘宝直播和聚美优品直播。

PGC 和 BGC 是垂直直播的主要形式,其定位明确,面向细分领域,运营风险较小,盈利模式更成熟。

(四) 网络直播的发展阶段

1. 萌芽期:初探视频直播的边界(2012 年前)

在 2012 年之前,网络直播作为一种新兴的高互动性视频娱乐方式刚刚开始兴起,主播通过视频录制工具,在互联网平台上直播唱歌、玩游戏等,观众通过弹幕与主播互动,或通过虚拟道具进行打赏。当时,网络直播主要表现为三种形式:秀场类直播、游戏直播和泛生活类直播。2012 年,YY 直播的推出标志着网络直播时代的开启,"一人直播、众人围观"的模式也随之逐渐流行。

2. 兴起期:PC 端直播的爆发与秀场直播的崛起(2012—2015)

随着智能手机、iPad 等移动终端的普及,网络直播迎来了移动直播时代的开端。然而,PC 端直播仍是这一时期的主流,尤其是以女主播为核心的秀场直播模式。YY、9158、六间房等平台成为这一时期的代表,内容生产从 UGC(用户生成内容)转向 PUGC(专业用户生成内容),逐渐走向专业化和垂直化,增强了用户的黏性。同时,斗鱼、虎牙等电竞游戏直播平台凭借其庞大的受众基础、难以替代的赛事资源和人气主播,在直播领域占据了不可替代的地位。

3. 转型期:移动直播的兴起与多元化发展(2016—2018)

移动泛生活直播开启了全民直播时代。映秀、花椒等一批新的直播平台在巨大的市场蛋糕吸引下异军突起,直播内容从游戏、比赛到吃饭、睡觉、聊天,似乎只要有个 App,人人都能成"网红"。随着网络直播内容及形式不断丰富所带来的边际效益的提高,人们越来越习惯运用直播跟人聊天、学化妆、与明星互动以及了解产品信息等。人们可以通过直播直观地接触相对真实的对方,是网络人际交流的新平台、新空间。

4. 成熟期：规范发展(2019年至今)

随着网络直播行业的快速发展，行业乱象也屡见不鲜。为规范行业发展，2020年6月24日，中国广告协会发布了《网络直播营销行为规范》，对网络直播营销中的商家、主播、平台等的主体行为提出了明确要求，旨在规范网络直播营销活动，促进其健康发展。相关法律法规体系也在不断完善中，包括《中华人民共和国电子商务法》《中华人民共和国消费者权益保护法》等法律法规的修订和完善，为网络直播行业的规范发展提供了坚实的法律保障。针对网络直播领域出现的各种问题，国家相关部门开展了一系列专项行动和整治工作。例如，"清朗"系列专项行动针对网络直播领域的虚假和低俗乱象进行了重点整治，包括打击违法信息外链、整治涉企侵权信息乱象等。这些行动旨在净化网络环境，维护网络空间的清朗。随着法规的完善、专项行动的开展、平台自律的加强以及技术手段的创新，网络直播行业的监管将更加有效和精准。同时，这也需要各方共同努力，形成合力，共同推动网络直播行业的健康、规范发展。

本章小结

在社交网站、微信、微博、短视频和网络直播五大类社交应用中，网民覆盖率最高的为微信，其次为短视频、网络直播、微博和社交网站。它们既有社交类应用的基本属性，又有其各自的特点。

社群营销策略

这些社交媒体满足用户不同层次的需要。以QQ空间为代表的社交类网站，用户主要用它来上传照片、发布更新状态、发布日志/评论。以微信为代表的即时通信工具，用户主要用它来聊天或者是关注朋友圈。这两类应用主要是用来沟通、交流，维系当前的熟人关系。而对微博的使用主要是搜索新闻热点话题和关注感兴趣的人，凸显微博社交媒体的属性。加之微博平台有效的监督机制，明星大V和垂直行业的大V用户一起充分发挥"意见领袖"的作用，实现传播速度和质量的双重保证。短视频和网络直播的发展呈现出内容品质化、社交属性强化、竞争格局激烈化以及监管治理规范化等趋势。随着技术的不断进步和市场的不断变化，短视频和网络直播行业将继续保持快速发展的态势，为用户带来更加丰富和优质的体验。

思考与练习

1. SNS网站迅速发展的原因是什么？
2. 面对其他类型网络沟通工具的压力，传统的社交网站应该怎样在市场上继续站稳脚跟?

3. 微信能在激烈的市场竞争中迅速成长的原因是什么?

4. 即时通信给我们的生活带来了怎样的变化?

5. 短视频和网络直播带来了哪些新传播形态?结合具体行业,举例说明。

参考文献

[1] 何晓兵,何杨平,王雅丽.网络营销:基础、策略与工具[M].北京:人民邮电出版社,2017.

[2] 政务直通车团队.政务新媒体时代[M].北京:新华出版社,2015.

[3] 喻国明,耿晓梦."深度媒介化":媒介业的生态格局、价值重心与核心资源[J].新闻与传播研究,2021,28(12):76—91+127—128.

[4] 樊丽,林莘宜."耳朵经济"背景下播客内容新样态探索[J].中国出版,2021(24):31—35.

[5] 徐芳菲.Web 3.0 时代下,UGC 内容生产聚合集体智慧的探究——以"小红书"为例[J].中国新通信,2021,23(12):91—93.

[6] 彭兰.我们需要建构什么样的公共信息传播?——对新冠疫情间新媒体传播的反思[J].新闻界,2020(05):36—43.

第五章　新媒体传播

> **学习目的**
> 1. 学习新媒体新闻的概念、特点和形态，掌握新媒体新闻的本质和发展趋势。
> 2. 了解新媒体舆论的定义、特点和作用。
> 3. 掌握新媒体文化知识，了解新媒体文化发展历程。
> 4. 通过学习网络谣言的产生机制和特点，掌握治理网络谣言的方法。

第一节　新媒体新闻

新媒体影响着社会的经济、政治以及文化，对传统媒体的传播内容和形式也产生了深刻影响。以数字技术、网络技术和智能技术为代表的新媒体技术，解构了传统的线型信息传播模式，传者和受者之间的信息渠道变得更加多元化，传播者和受众之间的界限也逐渐消解。

一、新媒体新闻的定义

进入 21 世纪后，依托数字化技术、计算机技术、网络技术和移动通信技术的迅猛发展，新媒体挑战着传统媒体的地位，同时也给传统媒体带来转型发展的机遇。传统新闻媒体借助新媒体进行数字化转型，而以网络媒体和手机媒体为代表的新媒体已经成为主流媒体的主要形态。

新媒体新闻的定义有狭义和广义之分，从狭义上来说，新媒体新闻指专业的新闻机构通过新媒体介质发布的新闻。广义上的新媒体新闻泛指所有通过新媒体介质传播的新闻，传播者不仅包括专业新闻机构，也包括非媒介组织或个人，传播载体不仅限于比较成熟的社交媒体平台或新闻客户端，还包括任何新兴的媒介形态。

二、新媒体新闻的特点

传统媒体新闻是指报纸新闻、广播新闻和电视新闻，它与新媒体新闻的主要区别在于传播方式的不同，相比之下新媒体新闻的传播方式更加多样化。

新媒体新闻的
传播模式

在口语传播时代、文字传播时代、电子传播时代，传统媒体的传播符号依赖于语言、文字和声音等。三大传统媒体皆有自身的缺陷。报纸对受众的文化水平要求高，并且报道无法做到形象生动。广播受频率限制而传播范围窄，不易保存，对于听众来说稍纵即逝。电视拥有声音、图像、文字等传播符号，但与受众的互动性差。依托技术的发展，新媒体传播符号越来越丰富，实现了文字、图像、音频和视频的集合。因此，新媒体新闻与传统新闻相比，有如下四项特点。

1. 内容丰富

早期的大众传播"魔弹论"和后期的"议程设置理论""沉默的螺旋理论"都向人们昭示着大众传播媒介的巨大力量，"魔弹论"的受众是被动接受的"应声而倒"的靶子。传播者位于至高无上的地位，充当着"把关人"角色，掌握着传播的内容和权力。在新媒体新闻时代，"去中心化"现象产生，受众既是信息的传播者也是信息的接受者，信息的来源大大增加。比如微博的兴起和发展，冲击着传统的"把关人"的地位。用户只需注册一个微博号，就可以充当"发言人"，扮演"记者"和"编辑"的角色，直接过滤掉"把关人"，随时随地发布新闻，不受时空限制。

受众在新媒体时代拥有着传播主动权和接近信息源的便利性，受众自主传播着大量的新闻，成为新闻事件的"第一传播者"，为传统媒体的报道提供了新闻资源，同时也为丰富新闻资源提供了可能。

而传统媒体必须做选择性报道，因此，报道的信息量是有限的。传统媒体受自身的时段或报道版面的限制，传播渠道的容量也是有限的。

新媒体新闻主要是通过超链接的方式展现给受众，即运用超链接的方式把新闻的相关内容组合成一个有机整体，用户可通过电脑或客户端直接进行阅读，从而扩大了新闻资源的来源。超链接在较大意义上改变了用户的阅读方式，发展了人类思维活动的多向性，整合了多种传播形式，提升了用户的阅读体验。新媒体技术打破了不同媒介形式的界限，新闻信息融合了文本、声音、图片、视频等，用户的感官效果好。

2. 传播范围广

在人类漫长的传播历史长河中，我们不难发现，相较于之前的旧媒介，每一种新的传播媒介的传播范围都得到了进一步扩展。传统报纸由于受其物理特性和地域限制，其发行量、覆盖面和传播范围是有限的。广播利用声波的传输，传播范围扩大，之后出现的电视随着卫星的上天，传播范围得到大幅提升。而新媒体利用连通全球的国际互联网和移动通信网络，完全打破了传统地理区域对于信息传输的限制，只要有能连接到网络的终端设备就能够在世界各地接收到新媒体传播的信息。正如尼葛洛庞帝所说，"互联网改写距离的意义",在"数字化的世界里,距离的意义越来越小"①。人类重新回到麦克卢汉所说的"重新部落化时代",我们居住在"地球村"。

因此,新媒体新闻传播不受时间、空间、频道、版面的影响,世界各地的人们都可以随时随地接收到远距离、超时空的信息,传播范围空前扩大。

3. 内容个性化

大众传播时代,以报纸、广播、电视为代表的传统媒体,其传播方式是点对面,大规模的组织向大范围的受众传递大量的信息,试图满足大部分受众的需求。虽然传统媒体向"窄播"的方向发展,以定制版面、特定时段、各类节目等方式迎合不同受众群体的不同需求,但传统媒体所勾勒的群体形象是单一且近乎同质的。但每个用户都是独立、特别的个体,有着不同的信息需求。传统媒体以"类群体"而非个体作为信息分发对象,无法实现对单独的个体推送个性化信息,故而难以充分回应个体需求。这既造成媒体资源的浪费,也造成了受众注意力资源的浪费。

在新媒体环境下,新媒体向用户推送个性化信息成为可能。区别于传统媒介,算法推荐能通过搜集、筛选并整理分析用户在赛博空间留下的注册、检索、阅览、点赞、评论等数字足迹,精确描绘出用户的兴趣和偏好图谱,形成"个人画像"。基于针对个体的精准分析,智能媒体能够将契合用户兴趣和偏好的信息进行"点对点"的精准分发。由于算法分发更能满足用户的个性化需求,用户自然更乐于接收此类信息,信息分发接收率也因此大幅提升。在新媒体新闻中,任何人都可以主动寻求和获取(pull)"自己想要的信息",结束了大众传播时代被动接受传统媒体推送(push)的新闻信息。这也验证了尼葛洛庞帝的说法,"在后信息时代,大众传播的受众往往只是单独一个人,信息变得极端个人化。个人化是窄播的延伸,其受众从大众到较小和更小的群体,最后终于只针对个人。"②

4. 交互性强

传统媒体的传播模式是单向传播,人们从传统媒体获取的新闻基本上是被动的,处于"给什么、看什么"的状态,而新媒体新闻提供了一个双向传输的渠道,极大地体现了互动性。这主要体现在以下两个方面。

第一,参与性,受众不再是被动的信息接收者,整个信息的传播过程是交互式的信息互动过程。用户可以对阅读的新闻进行实时评论,及时对新闻做出反馈,参与到新闻的传播过程,扩大了新闻传播的意义,同时也为新闻的后续报道提供了基础,完善了新闻的素材来源,也为新闻证伪提供了保障。

---

① [美]尼古拉·尼葛洛庞帝.数字化生存[M].胡泳,范海燕,译.海口:海南出版社,1996:179.
② [美]尼古拉·尼葛洛庞帝.数字化生存[M].胡泳,范海燕,译.海口:海南出版社,1996:180.

第二,互动性,新媒体时代,新闻媒体"去中心化",实现"点对点"的传播,节点之间也可以实现相互传播。用户在评论新闻的同时也可以与其他用户实现在线交流和互动,了解其他用户的看法,完善自我认知。可以说新媒体新闻的互动和反馈是用户的"集体智慧",媒体可以根据评论了解网络舆情的发展。

三、新媒体新闻的形态

(一)网络图文新闻

新媒体新闻的形态

图文新闻是传统报纸中最为常见的一种报道形式,而网络图文新闻是指在网络平台上呈现的图文报道,包括网页新闻、客户端新闻和公众号新闻。需要强调的是,网络图文新闻中的"图像",不仅包含常见的静态图片,也包含动态视频,特别是视频片段的嵌入,极大地拓展了图文报道的信息容量与认知深度。

我国网络图文新闻的历史可以追溯到1998年新浪网的前身四通利方对于当年第16届世界杯足球赛的报道。此后,四通利方成立了时政新闻频道(新浪网新闻中心的前身),引领了中国商业门户网站的兴起。1998年5月,联合国秘书长安南在联合国新闻委员会年会上将互联网定义为"第四媒体",从而将新闻传播工作与互联网关联起来。早期网络图文新闻实践主要处在翻版阶段,即将传统报纸上的新闻照搬到网络上,只在版式设计上稍作调整。事实上,传播介质的差异,意味着新闻的体量、文风、叙事、议题偏好等多方面的差异。例如,纸媒的行文更为频繁地使用长句,倾向于宏观叙述,细节较少;而网络图文新闻则相反,文风更加平实自然,生动的细节较多且能够整合音频、视频和图像等资源辅助文字叙事。网络图文新闻不仅重视传统的新闻价值理念,对于新媒体逻辑下的互动性也极为看重。随着新闻报道从纸上到网上,图文的交互潜力得到了根本性释放,越来越多的新闻采用信息图表的方式将新闻报道转化为图像,让读者能够快速、清晰地获取信息。信息图表形式多种多样,包括地图、时间轴、流程图、数据可视化等。图文关系在信息图表中得以丰富和延伸,为受众提供了沉浸式的阅读体验。

(二)短视频新闻、音频新闻与移动直播

1. 短视频新闻

随着移动终端和移动互联网技术的发展,快节奏、轻容量的短视频正在成为新闻报道的重要形态。短视频新闻通常是指时长以秒计算,总时长一般在5分钟之内,可利用智能终端进行美化、编辑,并可在多种社交平台上实时分享的一种新型视频新闻产品。短视频新闻在形态上往往融合语音、视频、文字、音乐等元素,表达形式直观、立体,适配互联网移动化、碎片化的表达情

境。2012年,互联网新闻媒体《赫芬顿邮报》(*Huffington Post*)的联合创始人肯·勒尔(Ken Lerer)与埃里克·希波(Eric Hippeau)联手创立了NowThis News,该机构以短视频的形式生产和传播新闻,成为最早进行短视频新闻生产实践的机构之一。英国的BBC、美国的CNN、卡塔尔的半岛电视台(Al Jazeera)等老牌电视新闻机构也高度关注短视频新闻生产,尤其注重短视频内容与移动传播环境的适配性,纷纷通过新闻客户端和社交媒体账号推送短视频新闻。2016年以来,我国新闻媒体也陆续开展短视频新闻的尝试。2016年11月"梨视频"正式上线;新京报与腾讯视频联手推出视频新闻项目"我们视频";界面新闻创建短视频纪录片品牌"箭厂";2019年11月,继中央广播电视总台新闻新媒体中心推出官方客户端"央视新闻"后,总台又基于"5G+4K/8K+AI"等新技术推出了国内首个5G新媒体平台"央视频"。

当前,短视频新闻已经形成了相对稳定和成熟的声画语言和编排方式,与传统的电视新闻表现出较大的差别:尽管同样是以影像和声画结合的方式呈现内容,但短视频新闻主要通过智能手机或平板电脑等移动终端的小屏幕观看,并且消费过程具有碎片化、移动化等特征,因此,短视频新闻并非传统电视新闻的网络版或缩略版,二者在时长、声画符号、编辑和叙事方式上都有较大的差异。除了声画语言和形态样式,短视频新闻与传统电视新闻的差异还表现在选题、内容和叙事方式等方面。短视频新闻的类型总体上可以分为以时政新闻为主的硬新闻和以社会新闻为主的软新闻。硬新闻的叙事方式较为单一,与传统资讯类新闻的表现方式大体一致,只不过更多地使用字幕代替解说,其讨论空间也极为有限。相对于硬新闻而言,软新闻是短视频新闻的主体,其新闻议题比较丰富,生产过程相对灵活,叙事方式和视听语言也较为多元。

2. 音频新闻

新媒体音频新闻,指的是利用新媒体技术手段在音频新闻领域进行的新闻实践,它给予用户充分的选择自由,语言风格也更加轻松随和,并且有机会和其他媒介形式一起创造出别具一格的新闻体验。

互联网时代,很多平台都支持音频形式的内容,甚至以音频内容为主打内容。受众从最开始的使用收音机收听新闻,发展到使用智能手机App收听音频新闻,后者已成为当代人获取新闻资讯的常态。随着移动互联网的发展,"互联网+"商业模式,使"声音"迎来了第二春,中国的在线音频产业实现了较快发展,传统音频形式的网络化和网络内容的音频化成了在线音频的主要来源。例如在微信中,就已经出现了音频新闻的模式,但目前还不够完全独立。而诸如喜马拉雅、蜻蜓FM等常见的新媒体音频平台,则是专业的在线音频平台。它们作为大型的内容聚合平台,拥有丰富的新闻资讯,同时还有有声书籍、音频课程等知识付费产品。这类音频平台容纳了从脱口秀到电台节目等各个领域的内容，将不同专业、年龄的受众聚集到了一起，且其新闻资讯时长较短，一般时长控制在 5 分钟上下，而少则 10 多秒、多则 10 分钟左右的内容，可以方便受众利用碎片化时间获取信息，因此这种形式的新闻受到不同年龄层用户的喜爱。以喜马拉雅为例，以"新闻"为关键词进行搜索，可以看到不少新闻相关账号的音频播放量已上亿，订阅受众数量庞大，新闻媒体账号已形成了自己的受众群。

随着新媒体技术的快速发展，全场景时代来临，智能语音设备成为人机互动方式颠覆性转变的催化剂，并帮助新闻媒体开拓出智能时代的全新流量入口。但设备只是一个入口，而非终点，对于新闻业而言，如何结合不同媒介的特性生产定制化的内容，以及如何在语音设计中以更为新颖的方式建构有意义的内容体验，仍是不可回避的挑战。

3. 移动直播新闻

直播作为新闻报道的一种类型，早在广播电视时代就已诞生，其核心特征在于其实时性。文字、音频和视频都可以实现在新闻事件发生的同时发出新闻报道。区别于广播端和电视端的直播，移动直播主要在移动端进行，指的是直播的创作者采用轻便化直播设备，随着事件进展同步制作和发布视频的信息传播方式。移动直播新闻的题材主要包含两类。第一类是不可预测的突发事件，比如自然灾害、社会新闻等。突发动态信息由于事出偶然、难以预料，记者往往无法通过直播捕捉事情发生时的瞬间现场。但是突发事件报道要求时效性、连续性、阶段性，以直播形式呈现当下现场，它是澄清谣言、扶正舆论走向的最快、最直接的报道方式。第二类则是意义重大的媒介事件，由于其具体事件和时间地点已知，所以移动直播可以提前策划。对重大主题进行现场直播是自电视新闻直播开始一直延续至今的新闻报道模式，包括节庆新闻策划、重大会议报道、重要活动报道等。移动直播新闻能够实时展现过程，见证现场，激发交互，最大化实现新闻价值。

移动直播新闻也是 5G 最具想象力的应用领域之一。技术驱动的移动直播新闻可能推动真正的"一直播"记者（Always-streaming Reporters）出现，他们将从采写、编辑和发布故事的人转变成分享链接、评论事件、实时发布、持续更新并在公开场合与观众进行实时对话的人。新华社也正在打造智能化编辑部，以"5G＋AR＋AI"等高科技手段升级现场新闻报道形态。可以预见，移动直播新闻领域的内容形态和经营生态必将因为 5G 而大为改观。

(三) 数据新闻

近年来，大数据（Big Data）成为各个领域追逐的热点，数据科学的发展和数据处理软件的革新正改变着各行各业的运行方式，重塑着新闻生产的流程和内容样态。在这样的背景下,数据新闻应运而生,成为新媒体新闻报道的重要形态。

传统的新闻生产是通过采访个体人物书写人生故事的;而数据新闻与之不同,其"采访"对象变成数据,这里的"数据"不仅仅指数字,还包括文本、声音、图像等形态。传统的新闻生产通常遵循"确定选题——采访写作——编辑改稿——定稿发布"的生产流程,以采写为中心;而数据新闻的生产以"采集、整理和分析数据"为中心,将一系列看似零散且毫无关联的数据进行整合,发现其中具有新闻价值的部分,并以清晰、简洁的方式呈现出来。

尽管"数据新闻"是个新兴的概念,但数据分析驱动报道以及数据可视化却在新闻业中有着很长的历史。西蒙·罗杰斯(Simon Rogers)指出,早在1821年5月5日《卫报》的创刊号上就刊登过一篇以数据为主体的报道,以可视化的方式报道了英国曼彻斯特的未成年人教育系统。基于互联网传播和阅读的数据新闻实践由美国《纽约时报》和英国《卫报》于2007年开创。2013年以来,国内各大传统新闻媒体以及网络媒体纷纷涉足数据新闻。例如,财新网创立数据可视化实验室,并建立"数字说"栏目,网易新闻推出了"网易数读"栏目,搜狐推出了"数字之道"栏目,澎湃新闻推出了"美数课"栏目,新华社、人民网等也推出了数据新闻专栏。

数据新闻代表着未来新闻业发展的重要方向。基于新闻本身的特征及其社会功能,数据新闻呈现出三方面特征:第一,数据新闻以服务公众利益为宗旨;第二,对数据进行分析是驱动报道的核心步骤;第三,数据新闻以可视化作为主要的呈现方式。

数据新闻已成为各大主流新闻媒体和新兴网络媒体展开融合新闻实践创新的关键方向,移动互联网、人工智能技术、无人机等的发展也都在影响着数据新闻的生产流程和呈现形态。目前,国内的数据新闻生产实践表明,数据新闻表现出移动化、短视频化和智能化等发展趋势。

(四) 动画新闻与新闻游戏

1. 动画新闻

国际动画协会(Association International du Film d'Animation,ASIFA)对动画的定义为"以人工方式制造的动态影像"。而动画新闻是指采用或部分采用动画作为新闻信息的表现形式,借助动画语言来报道、评论事实。动画新闻是新闻性与艺术性相结合的纪实动画。按照技术实现手段来分,动画新闻可分为手绘动画、定格动画、计算机动画三类。"动新闻"是动画应用于新闻领域的一种更为灵活的说法,通常指的是部分采用动画技术的新闻作品。例如文字新闻在转化为视频形态时,倘若手头的视频素材不足以表现文字内容,则可使用与文字报道相关的动画素材予以补充,从而增强新闻的可看性和直观性。在电视新闻报道中,摄像机对新闻现场的忠实记录相当重要。但新闻具有突发性,很多新闻事件的发生都是难以预测且稍纵即逝的,很难提前架设摄像机记录下来。而动画新闻可以突破时空限制和报道边界,再现未被摄像机记录的突发事件,补充电视制作技术方面存在的不足,高保真地模拟并还原新闻内容。

分析已有的动画新闻案例可以发现,时事政治、战争或灾难事件、犯罪场景、科学技术四类议题较适合采用动画新闻的形式予以呈现。新京报动新闻出品的《45天就辞职:英首相离职有啥不同?之后都去干啥?》就用定格动画的方式解析了时任英国首相特拉斯辞职的流程,且将其和普通人辞职流程结合对比,让严肃的政治议题变得生动有趣。

动画新闻是技术驱动下媒体融合的必然产物,是综合现代化信息技术、数据化制作和可视化生产等而形成的新型报道方式。动画新闻在制作的过程中应遵循以下原则:忠实还原新闻现场以坚守真实性;辅助解析说明以增强简明性;尽可能让图形"动起来"以提升趣味性。

2. 新闻游戏

近十年来,新闻游戏作为一种新颖、小众的内容形态正悄悄发展壮大,成为国内外新闻媒体开展业务创新的重要选项。新闻游戏指的是由新闻事件改编而成的严肃游戏,或其中包含互动叙事策略的新闻报道,通常为用户构建了交互性较强的模拟场景,从而使新闻报道更具代入感、参与度及娱乐性。"新闻游戏"的概念自提出以来,就在学界引发了诸多争议。大多数学者围绕"游戏说"和"新闻说"两个派别展开讨论。"游戏说"认为新闻游戏的主体是游戏,新闻事件不过是游戏的背景元素或者叙事框架。同时,这派学者还认为,虽然游戏建构在新闻事件的基础之上,但是并不具备新闻报道所要求的客观性特点。"新闻说"认为,新闻游戏的主体在于新闻,而游戏只是承载新闻的一种媒介,或者说,游戏是对传统新闻报道形式的一种补充和辅助。换言之,新闻游戏虽然以游戏的形态出现,但是仍然需要遵循新闻报道的原则与规范。由此,新闻游戏也可以说是一种互动新闻产品。

近年来,国内各大媒体也生产出了许多典型的新闻游戏作品,人民日报"中央厨房"的《我的两会秘密花园》让玩家在自主选择中看两会《政府工作报告》;新华社国内部和腾讯新闻出品《民法典|人生大冲关》用问答的形式带领用户体验《民法典》如何影响人们的日常生活;央视财经频道联手腾讯出品的《幸福照相馆》使用户更深刻地了解改革开放以来经济、社会等诸多方面的改变。需要指出的是,新闻游戏并不是新闻与游戏的简单相加或结合,而是将二者的内核融入一种新的媒介形式,从而衍生出全新的叙事方式。新闻游戏能够基于程序修辞来建构社会情境,培养用户的特定思维方式或特定素养,帮助

用户独立思考并做出决策。

(五) H5 新闻与 VR 新闻

1. H5 新闻

2014 年以来,H5 技术在新媒体领域快速发展并被广泛应用,一些作品借助移动社交网络中的转发,吸引了众多公众的注意力。随着新闻媒体对 H5 技术的探索不断深入,各种基于 H5 技术的融合新闻形态不断涌现,已然成为移动互联网时代极为重要的新闻形态之一。

H5 新闻是指基于 HTML5 技术的一种新闻呈现形式,其内容可包含文字、图片、音视频、动画等媒体元素,用户可通过点击、长按、拖动等屏幕操作方式与页面进行丰富的互动,获得相应的视听体验。例如,"北京时间"为迎接 2022 年北京冬奥会,推出了《一起向未来,相约冬奥会》H5 打卡小游戏。用户每过一关即可打卡一处冬奥赛区;用户上传照片,可以生成人脸融合海报进行分享。同时,用户还可以了解到关于北京冬奥比赛场馆的小知识,以及了解历届冬奥会举办的时间和地点等信息。

H5 新闻所具备的互动性和沉浸感为融合新闻有效传播提供了支持。正如美国传播学者保罗·莱文森(Paul Levinson)所说,当已有的传播条件无法满足人们的需求时,人们会对传播媒介做出相应改变,使之更好地适应人们的现实生活,而这需要技术的支持。技术带给用户多种感官体验,使媒介呈现出以往媒介技术难以呈现的效果,并给新闻传播方式带来变革,为新媒体新闻的发展提供了更多的可能性。但是技术归根结底是为了更好地服务于内容,融合新闻工作者要在增强内容的深度挖掘和再创造的基础上灵活合理地运用技术,只有平衡兼顾技术、内容、表现形式和运营模式,才能打造一款优秀的 H5 新闻作品。

2. VR 新闻

VR 是 Virtual Reality 的缩写,即虚拟现实。虚拟现实是以计算机技术为核心生成的与一定范围真实环境在视、听、触等感官上高度相似的数字化环境。用户借助一定的装备,与数字化环境中的对象进行交互,由此产生仿若亲临现场的感受和体验。VR 新闻是 VR 技术与新闻业的融合,泛指所有将 VR 技术运用于新闻采编所生成的新闻作品。按技术类型来分,VR 新闻呈现形式可分为全景图片、全景视频、VR 直播、H5 全景互动页面等类别。VR 新闻的实践始于 2013 年,这一年美国《得梅因纪事报》(*De Moines Register*)通过 VR 技术及游戏化设计,打造了首个 VR 解释性新闻《丰收的变化》(*Harvest of Change*),开启了新闻业引入虚拟现实技术的试验征程。

VR 新闻可以给用户带来沉浸式的新闻认知体验,突破了传统的新闻叙事方式,让用户从自己的视角出发,切实参与新闻现场,而不只是"隔着屏幕远看"或"捧着纸张想象"。受众摇身一变成为新闻事件的目击者甚至"当事人",获得身临其境的体验,进而产生同理心,形成共情效应。在新闻题材选择上,VR内容以"大事件""大制作"居多,不太适用于短平快的日常性新闻报道,适合用VR技术呈现的新闻题材大致有以下三种:第一,纪实类新闻报道,如战争、自然灾害等的报道;第二,直播类新闻报道,如体育赛事、重要会议等的报道;第三,景观展示类报道,如自然风光、人文风情等的报道。例如《也门的恐怖天空》,这是一部由Contrast VR制作的沉浸式影片,获得了2018年美国网络新闻奖"沉浸式报道卓越表现奖"。受众在观看这部作品时就像记者来到了战地前线,感受当地的战乱、人们生活的困苦。对于战乱题材的报道而言,受众不可能到达现场,传统的文字、视频以及图片的展示方式都不能给受众带来身临其境的震撼感。

VR新闻当前还存在新闻真实性、新闻客观性、新闻价值、制作运营和用户体验等方面的问题。不过随着技术的发展,VR新闻将迎来剧烈变革,并迸发出新的生命力。

第二节 新媒体舆论

新媒体舆论是受众借助新媒体平台对某一公共事件所表现出的有一定影响力的、带倾向性的言论和意见。了解新媒体舆论特点和形成过程,可以有效地影响、引导新媒体舆论。

一、舆论和新媒体舆论

新媒体舆论属于舆论的范畴,认识和了解新媒体舆论,必须先理解舆论。美国报刊学家、舆论学创始人、专栏作家李普曼认为,舆论是"其他人头脑里的想象,他们自己的情况、他们的需要、意图和关系等都是他们的舆论"[1]。当代,中国学术界关于舆论的定义亦为数不少,学者刘建明认为,"舆论是一定范围内多数人的集合意识及共同意见""舆论通常是指参与公共事务的公众态度,凡人们每天诉说的思想和社会观念都是它要研究的内容""舆论是社会或社会群体中对近期发生的、为人们普遍关心的某一争议的社会问题的共同意见"[2]。

新媒体舆论是指在互联网、手机媒体和智能媒体等新媒体平台上传播的公众对焦点问题所发表的有影响力的意见或言论,是现实民意借助于新媒体

---

[1] 闵大洪.数字传媒概要[M].上海:复旦大学出版社,2003:79.
[2] 刘建明.当代舆论学(精装本)[M].西安:陕西人民教育出版社,1990:106.

的表达。新媒体舆论是社会舆论的重要组成部分,新媒体舆论的形成机制包括以下四个方面。(1)事件触发:某个社会事件或问题触发公众的关注和讨论。(2)意见交互:公众在新媒体平台上发表自己的观点和看法,形成互动和交流。(3)意见聚合:在大量的交互中,某些观点逐渐成为主流意见,形成新媒体舆论。(4)扩散和影响:新媒体舆论通过不断的扩散和传播,最终形成广泛的社会影响。新媒体舆论对于理解现代社会的信息传播和社会影响具有重要意义。通过新媒体舆论,可以更好地把握公众的意见和态度,为政策制定和社会管理提供参考。

二、新媒体语境下舆论的特点

新媒体舆论属于舆论的范畴,自然具有舆论的公开性、即时性、自发性和评价性等特点。但由于新媒体舆论借助网络媒介发布,因此又具有传统舆论所不具备的特性。新媒体舆论的主体是网民,不同于一般意义上的大众,他们当中不乏具有一定的文化背景和社会地位、对公共事件保持高度关注的群体。新媒体舆论的客体包罗万象、丰富多彩,自身表现形态多元,新媒体舆论程度强烈,非理性成分较为突出。新媒体舆论具有以下五个特点。

(一)影响范围大

新媒体放大了舆论的功能,新媒体舆论有可能发出的是微弱的"声音",但网络媒介则像是扩音器般的存在,世界各地均可收听到其"声音"。各个角落的大众都可参与到对事件的讨论,发表自己的看法和见解,形成巨大声潮,扩大声音的影响范围,最终形成舆论效应。新媒体本身激发了舆论的产生,每个受众在接触网络时是独立的个体,避免了人际关系所带来的压力,促使新媒体舆论异常活跃,易形成网络张力,造成广泛而巨大的影响。

(二)交互性强

新媒体舆论主要是借助于网络媒体传播,网络舆论与网络传播方式息息相关。网络传播的最大特点在于它是双向交互式的传播,受众不再是被动的信息接收者,受众借助新媒体平台了解别人的看法,表达自己的见解,对事件做出评论和判断。传播者地位的主导性减弱,受众的地位得到提升,打破了传统媒体对舆论的控制,受众可以随时随地发表自己的看法,行使自己的知情权和言论自由权。进而,受众积极参与到新闻事件的讨论中,形成舆论。

(三)意见多元化

人们的利益、意见、价值观呈现出多元化趋势,人们对同一事件的看法各有不同。社会舆论展现出明显的阶层差异性和多样性。传统媒体时代,国家对传统媒体传播的内容进行严格审查和控制,舆论主要表现为较为稳定的"自觉舆论"。而新媒体舆论因为产生于网络,生长于一个相对较宽松和自由的环境,网络的匿名性给受众带来了较高的心理安全感,受众更倾向于积极大胆地发表自己的看法,处于一种自由的状态,更加无拘无束地发表自己的评论。这样,多种观点、多种视角、多种情感在网络中得以流露和表现,同时也使网络上的舆论多元化。

(四) 反应迅速

新媒体舆论形成迅速,尽管大多数情况下,舆论呈现出发散、多元化的状况。但新媒体舆论对突发事件和重大灾难性事件会积极迅速地形成强大的舆论场。

新媒体舆论的速成性主要有两方面的因素。一是新媒体的传播速度极快。随着计算机技术和通信技术的发展,特别是在三网融合的背景下,新媒体信息的传播速度得到极大提升,信息传播几乎没有延时。一旦有重大新闻事件发生,特别是一些突发性、灾害性新闻事件,很快就会在网上传播、扩散,形成舆论。二是新媒体舆论强大的交互性,使得受众的交流变成一个动态系统,即时互动使得新闻事件迅速升温,吸引更多受众关注和讨论,成为热门话题,一个新闻事件由此演变成舆论的焦点。

(五) 引导难度大

由于网络技术的支持,舆情观察变得更为直接和直观。但从严格意义上来说,舆论是不能准确量化的,因为舆论从何时开始到何时结束,其强度、一致性如何,这些都是很难统计甚至无法统计的。除了意见表达外,新媒体用户的数字行为轨迹,包括搜索、点击、投票等也是其观点和意见的外显。此外,新媒体时代的图像、流行语、表情包、短视频等表达也成为舆论表达的常见方式,却难以用量化统计。总之,新媒体时代,舆论的呈现方式隐蔽而多变。

网络舆论的主体具备隐蔽性,网络舆论的传播方式具备极强的裂变性,传播渠道也多种多样,这就使得网络舆论引导相比传统舆论而言难度更大。互联网世界虽然也存在着"把关人",但它是一个虚拟世界,人们可以轻易绕过把关人获取各种各样的信息,加入非理性化的网络舆论中去。同样,互联网世界的无序性和随意性也致使任何人的观点都可以随时改变,这就意味着网络舆论的风向可以在短时间内发生多次变化,使得网络舆论引导需要持续关注。此外,新媒体舆论场的"圈子化""标签化"传播趋势明显,面对新媒体时代的危机事件、风险,以情感为基础的传播圈会将怀疑、愤懑等负面情绪迅速聚集扩大化,从而更容易引发受众的集体性心理恐慌。

基于舆论引导的基本原则,新媒体舆论引导着重于创新方式,主要有四个途径:通过立法监督引导网络舆论;运用自律意识和媒介素养引导网络舆论受众;通过传统媒体、主流媒体与新媒体同时发声引导舆论传播方式;运用网络热点预测与预警引导舆论信息内容。

三、网络舆论的形成

(一) 新媒体舆论形成的条件

舆论在网络上形成、发展与产生效应,离不开网络公众、网络意识环境和网络舆论场。考察这三个因素,有助于我们了解网络舆论的形成过程,更好地引导舆论。

新媒体舆论的形成

1. 网络公众

网络舆论的主体是网络公众,了解网络公众总体的变化和基本特征,有助于深刻理解具体公众在具体问题上的情绪或意见变化。一般来说,公众总体的状况是舆论环境的质量和特征的决定性因素。

网络公众总体的变化较为直接地影响着网络舆论环境。网民群体规模的扩大和网民的文化背景、兴趣、素质等都会影响到网络舆论发展的走向。随着网民知识水平的提高,越来越多的"精英群体"在网络平台上发声,成为"意见领袖",直接引导着整个舆论走向,对提高舆论环境的质量发挥着重要作用。

2. 网络意识环境

相比较于一般的社会意识环境,网络意识环境显得更自由开放、更多元、更活跃,这主要表现在三个方面。第一,网络信息的共享使网民能够获取更多更全面的信息,这是营造活跃的意识环境的前提。网络信息传播主体的多元化使许多在传统媒体上无法表达的观点得到展示的阵地,受众分散的观点使意识环境变得多元和活跃。第二,网络空间具有自由宽松的氛围。网络传播的特性使以往在传统媒体上无法实现的个人表达自由和言论自由得到空前的展现。网络的匿名性使得交流的环境宽松而自由。没有压力与束缚,使网民较少考虑种种社会心理以及可能带来的行为后果。第三,网络的虚拟性使不同国家、地区和民族的网民可以自由地进行交流。网络实现了跨空间的自由交流,不同意识、观念之间的碰撞不断启发人们思考现实问题,多元化的意见在网络空间上实现思想火花的碰撞,舆论空间空前活跃。

3. 网络舆论场

20世纪初,德国心理学家库尔特·卢因(Kurt Lewin)提出"心理场"的概念,首次将"场"的概念引入社会学科。卢因认为,"心理场"就是由一个人的过去、现在的生活实践经验和未来的思想愿望所构成的总和,即"心理场"包括一个人已有生活的全部和对将来生活的预期。"舆论场"是指涵盖若干相互刺激因素、使许多人形成共同意见的时空环境,"场"不仅是舆论形成的条件和空间,而且是推动舆论发展的契机,甚至制约着它的正负方向。同一空间人们拥有较高的相邻密度与交往频率、较大的空间开放度和较强的空间感染力或空间诱惑程度是构成舆论场的三要素。无数个体的意见在"场"的作用下,经过多方面的交流、协调、组合、扬弃,会比一般环境更容易形成舆论场,并有加速蔓延的趋势。新媒体则为公众舆论提供了新的平台。

(二)新媒体舆论的形成过程

1. 舆论形成期

舆论的形成是从个人意见流传开始的,个人意见并不是舆论,但是任何的舆论都发端于个人意见。个人意见在网络上的传播是新媒体舆论产生的关键环节。新媒体传播的迅速性、开放性和匿名性等特点,使个人意见得以在网络上更加自由、更加公开地传播。但通常情况下,在新媒体舆论形成初期,个人意见的传播较为零散和碎片化。一般来说,个人意见的议题只有与公众利益相关度高,才能引起公众的注意和讨论。议题越重要,人们对事态的期望值越大,舆论的规模、强度就越大,公共舆论的价值就越大。尤其当议题涉及各类社会矛盾、社会公平正义、伦理道德、重大突发事件时,网民参与讨论的热度就会大幅度提高。舆论在萌芽阶段往往混沌不清,不同观点交织杂糅,莫衷一是,但个人观点中潜伏和蕴含着能够形成相同意见的可能,这也是舆论形成的重要基础。同时,政府的应对能力、对自身发展的影响,以及对互联网平台和意见领袖的关注度等很多要素都可能影响到新媒体舆论的后续发展。当然并不是所有意见都会那么集中、迅速地得到传播和汇集。事实上,绝大多数个人意见处于少量状态,扩展不明显,到最后就会完全消失,也就是说,大量个人意见并没有形成舆论,只是作为短期个体意识呈现。

2. 舆论整合期

舆论整合期是各种观点相互作用的阶段。议题一旦存活下来,就好像龙卷风已经初步成了"气候",之后的发展,便取决于网民的态度和行为以及网络媒体环境的变化等一系列因素的制衡和相互博弈。大规模的新媒体舆论在媒体的持续报道、跟进和大量网民参与的情况下,通常会朝两个方向发展:一方面,舆论沿着原有路径继续升级。此间,政府部门意见、网民观点、媒体报道相互交流、碰撞和修正,促使舆论影响进一步扩大,进而趋于基本一致;另一方面,如果媒介舆论的众声喧哗助推的广度、强度和频度过高,就会造成舆论"流动性过剩"的安全隐患,导致舆论越位和偏激,甚至是舆论危机的出现。①

3. 舆论消散期

新媒体舆论经过了整合期的意见表达,随着时间的推移和事件处理过程的发展,网民参与讨论的次数逐渐减少,意见表达的强度也随之减弱,舆论进入消散期。网络舆情的消退,有以下几种情况。其一,新媒体舆论声势的消减

---

① 张金桐,曹素贞.从中心消解到多元传播:媒介舆论传播形态重构[J].当代传播,2018(05):52-54.

往往伴随着事件的最终解决或阶段性的解决。经过前期的网民意见的集中表达,已经形成的新媒体舆论对事件的发展产生了意见压力,并对事件进程的发展造成了不同程度的影响。其二,即使事件仍未解决,也未发生新的事件,仅仅随着时间的推移,突发公共事件网络舆情也会逐渐淡出公众的视线。这往往需要一个较长的过程,同时会降低有关部门的社会公信力。其三,出现新的舆论事件,导致原有的网络关注点发生转移,网络舆情信息被搁置。新媒体舆论声势的消减表现为和事件相关信息的浏览量不再大幅增长,信息更新和相关讨论量也明显减少,至此新媒体舆情的影响得以消退。

四、新媒体舆论的引导策略

2016年2月19日,习近平总书记在党的新闻舆论工作座谈会上指出,"要适应分众化、差异化传播趋势,加快构建舆论引导新格局。要抓住时机、把握节奏、讲究策略,从时度效着力,体现时度效要求"。[①] 这是对新闻宣传工作,特别是舆论引导工作提出了基本规范和基本方法。坚持以"时、度、效"为理念标杆进行舆论引导,是新闻舆论引导工作在新媒体环境中的重要着力点。

新媒体舆论
引导策略

"时"就是要把握好时效、时机与时势,掌握话语主动权,解决"何时说"的问题。新媒体舆论引导贵在早、贵在快。新媒体环境中公众和技术等因素带来的舆论突发,都可能会衍生出舆论爆发的不可预期和不可控的危险局面,就更加需要强调"时效"的落实。舆情回应要依时而动,及时、全时发布和将权威、真实的情况公布于众,利用全媒介渠道扩大声量,从而占据舆论主导地位。舆论引导既要突出时效,也要选准时机。新媒体舆论的发展会经历多个周期,舆论引导工作要瞄准舆情发展阶段,充分把握每个周期的最佳引导时机,将着力点放在重要节点上,以"硬"新闻及时回应公众关切点。把握"时"还需要全面地了解舆情发展态势,客观分析与研判舆情的发展趋势,做到因事而化,因时而进。这要求相关部门不断加强新媒体舆情的预测预警与分析研判,密切关注舆情动向和事态发展,有效地利用大数据等技术精准地绘制出"舆情画像",从而多角度、多侧面挖掘舆论所反映的社会问题和主要矛盾,精准把握舆情引导的痛点,营造正向舆论,因势而谋,总揽全局。

"度"就是要掌握好尺度、精准度,确保话语主导权,解决"怎么说"的问题。把好度,首先须站稳政治立场,坚持将新媒体舆情应对引导工作与把握正确的政治方向结合起来,把尊重传播规律和围绕中心、服务大局结合起来,坚持以

[①] 习近平在党的新闻舆论工作座谈会上强调:坚持正确方向创新方法手段　提高新闻舆论传播力引导力[EB\OL].(2016-2-20).https://dangjian.people.com.cn/nl/2016/0222/C117092-28138907.html

正面宣传为主，宣扬主旋律、正能量。把好度，必须拿捏好舆论引导的尺度。社会关切的多是敏感复杂的焦点问题、舆情热点、突发事件，处理不当容易走偏。要聚焦民众关切点，集中发声、有力发声，引导广大网民全面看问题，多看主流，不要纠缠于片面、枝节，更不要渲染炒作、放大负面效应，正面宣传也一定要避免产生"低级红高级黑"情况，以免诱发次生灾害。在坚持导向、把好尺度的基础上，还要提高新媒体舆论引导的精准度，要针对舆情的不同维度，分门别类地采取不同的引导方式和策略，个案问题要兼顾广度，表面问题要挖掘深度，现实问题要探寻厚度，争议问题要体现气度，悲剧事件要展示温度。总之，在新媒体舆论引导中，必须始终坚持正确导向，积极妥善引导，把握好分寸和精准度，在亮剑发声的同时，加强对社会公众的理性引导，抓导向不放松，激浊扬清，推动全社会树立正确的是非观。

"效"就是要注重实效，提升话语引导力，解决"说得如何"的问题。讲求实效，要把是否有利于树立党和政府威信，是否做到让人民群众满意，是否顺利推动问题和矛盾的解决，作为提高新闻舆论工作有效性的标准。"效"的源头在于解决好新媒体舆论所反映和引发的各种现实问题和社会矛盾，在此基础上抓住网络舆情的共鸣点、交汇点，以此为突破口，客观公正地进行信息的有效供给和解答，营造积极健康的舆论生态。通过权威数据、真相事实等议题设置和系统化、全方位引导，化解平民化、碎片化、多样化的舆情动态，有效掌控网络舆情的话语权。新媒体环境中"效"的实现还应结合网络舆论的传播规律和特性。在网络开放而议题多元的环境下，公众注意力分散，一旦达成共识，就引发舆情。为此，主流媒体、政府部门应真正深入网络环境，有效利用新媒体带来的便利条件，搭建自身的话语平台，同时要遵循其传播规律，放下姿态坚持自身本性的同时融入新媒体环境，创新交流和沟通方式。

"时、度、效"是一个辩证统一的整体，只有把这三者统一起来，才能做到引导既及时又适时、既适度又恰当、既有影响又有好的效果。

第三节　新媒体文化

新媒体文化是伴随新媒体技术发展而兴起的文化，新媒体技术致使文化范式发生转型变革，迅速、便捷的新媒体技术已经浸润和融入了人们的生活，同时，其所构建的新媒体文化也进入当代文化浪潮中，成为一种极有活力的新文化范式。

一、新媒体文化的定义

所谓新媒体文化是指以新媒体为载体，以新媒体表达方式为基本表征的现代社会特有的文化现象。它是一种依托国际互联网技术、卫星传播技术和相关高科技传播手段,借助手机、电脑网络、移动终端等载体,传播大众日常生产和生活实践的观念、经验和感受,为大众所广泛接受和参与的文化价值和文化形态。

二、新媒体文化的特点

（一）新媒体文化是人类文明发展的成果

新媒体文化是在人类适应社会环境、不断作出调整的情况下产生的。面对瞬息万变的新媒体环境,人们需要不断寻求新的意义建构和呈现的方法,为自我发展提供充足的信息源和手段。新媒体文化是人类意识和行为模式变迁的体现,它的产生和发展反过来又影响了受众的意识和行为模式。人类通过新媒体这一载体相互交流,形成意义的建构,促进人类文化的发展。因此,新媒体文化是人类文明发展的成果,是随着新媒体技术的发展而出现、成长和走向成熟的。

（二）新媒体文化的发展过程是动态实时更新的

新媒体语境下信息获取方式和处理方式之间的差异,导致建构和呈现的"虚拟我"和"现实我"有所不同,它们相互协调才形成受众完整的"同一性自我"。而协调的过程形成了受众的生活方式,由此建构和呈现了新媒体文化。比如梗文化,曾流行的"你是我唯一的姐""我没惹你们任何人""栓Q""你没事吧"等,都是借助新媒体在受众中流行开来,组成新媒体文化的一部分。但新媒体文化是一种"快餐"文化,生命周期较短,其发展过程与我们身处的社会环境紧密联系,呈现动态实时更新的特点。

（三）新媒体文化的创造主体是大众群体

21世纪以来,随着生活节奏的加快,新媒体文化越来越受到人们的青睐,大众文化受到新媒体文化的强烈冲击。在当今"媒介即讯息"的"地球村"时代,大众文化依赖新媒体得以有效传播。媒体融合使得两种文化已没有绝对的界限,而是"你中有我、我中有你"。新媒体时代,人们可以随时随心所欲地通过博客、微博、手机视频等现代传播手段表达自己的情感和思想。小事件一旦被关联、联想,或被无限度地放大,便可能在瞬间引起重大的社会舆情。[1]新媒体文化的蓬勃发展和广泛流行已成为一股不可忽视的文化力量,从而对原有媒介文化状态产生强大的冲击力。大众依托新媒体技术,创造出属于自我的文化,如梗文化、鬼畜文化、饭圈文化、网红文化等网络流行文化均是由大

---

[1] 石义彬.单向度、超真实、内爆——批判视野中的当代西方传播思想研究[M].武汉:武汉大学出版社,2003:295.

众群体所创造。大众群体的"知沟"逐步缩小,为新媒体文化的繁荣创造了重要条件。

(四)新媒体文化的发展基础是草根个体

"草根性"指新媒体文化的参与者具有个体性,其文化作品张扬个体价值取向。新媒体文化弘扬草根文化,注重娱乐消遣。手机媒体和网络媒体为草根阶层传播文化和信息提供了便利。新媒体技术为草根阶层搭建了话语表达的平台,建构了舆论氛围,从而使个体文化、"草根"文化成为主流。特别是网络社会中,每个受众的身份都是网民,每个人的地位和权力是平等的。摆脱了现实社会的权力、阶层、社会地位的羁绊,个体的情感,特别是处于社会底层个体的压抑的情绪得到宣泄的空间。草根阶层是中国的巨大群体,草根阶级强大的力量构建和传播着新媒体文化,使得新媒体文化价值取向带着强烈的草根性,不再有大众传播时代的高高在上感,新媒体文化的发展趋势逐渐草根化。

(五)新媒体文化的传播特点是互动性

在传统媒体时代,信息单向传递,发送主体和接受主体泾渭分明,发送过程与接收过程基本上互不联系。新媒体时代,信息是互动传播,信息接收者完全可以发送者身份对信息做出反馈,使原信息发送者又成为信息接收者。受众面对海量的、多元化的内容,往往会倾向于选择自己需要的、感兴趣的内容。诚如"选择性接触理论",受众在接触大众传播活动之际,并不是不加区别地对待任何媒介和内容,而是更加倾向于与自己既有立场、观点、态度一致或接近的媒介或内容加以接触,而有意无意地回避那些与自己既有倾向相左的媒介或内容。人们会接触到自我主观愿意接触的信息,并与其进行互动,单纯的被动地位得到极大改善。例如微博,人们可以选择评论,发表自我的看法和意见,构建多元舆论。"随手拍解救儿童",借助微博的互动性、传播的广泛性、消息的即时性,产生新媒体公益新形态——微公益,构成新媒体文化的一部分。

三、新媒体文化的发展条件

(一)新媒体文化硬件和软件发展较成熟

新媒体文化的成熟得益于技术硬件和文化软件的发展。从硬件上来看,相关新媒体技术已经非常成熟,计算机成为新媒体传播的关键硬件,互联网成为其基本载体,光电传导、电子纸发展也已经日趋成熟。特别是在通信领域,技术上不但与国际先进水平相当,甚至有几十项技术领先于国外发达国家。硬件发展的成熟为人们创造新媒体文化提供了良好的条件。此外,新媒体依托自我的强大优势提供海量资源,传播丰富内容,人们享受新媒体带来的精神文化盛宴。同时,新媒体终端设备已经相当普及。手机、iPad、电脑终端的便捷性为人们发展新媒体文化创造了良好的条件。以手机媒体为例,人们的生活基本上离不开它,这就为手机媒体产业的发展提供了条件和市场。

(二)新的消费者阅读习惯有利于新媒体文化的发展

新媒体的快速、即时、获取便捷等特点满足了现代消费者的"快餐式"阅读需求,赢得了听众、观众和读者们的喜爱。人们接收信息的方式改变了文化的传播途径,同时也促进了新媒体文化的繁荣发展。短视频作为近年来兴起的崭新的信息传播形式,为传统媒体转型提供了创新驱动力。短视频作为"互联网+"视觉文化迅猛发展的产物,以影像传播为中心,注重视觉符号和观感体验,通过与各种平台与技术的融合,成为一种与电视和网络广播等视听媒体不同的新传播机制。在技术革新的推动下,短视频在与如今社会不断交融的同时,也给个人、行业乃至整个文化环境带来了前所未有的变化。移动播客则成为我国互联网新媒体应用的"新风向",吸引互联网平台、内容生产者、MCN机构、用户共同"入场",国内移动播客市场迎来新一波爆发式增长。

(三)国家大力扶持新媒体文化产业

新媒体文化的繁荣离不开国家的大力支持。党的十八大以来,我国新媒体文化产业发展迅猛,成就斐然:产业规模持续增长,产业结构不断转型升级,市场主体愈发活跃。在政策引领、试点先行的创新发展理念引导下,坚持融合化、集约化、协同化的发展路径,以产业转型升级和释放市场活力为抓手,以平台建设强化服务保障,初步建成中国特色新媒体文化产业发展体系和市场体系。2022年,中共中央办公厅、国务院办公厅印发了《关于推进实施国家文化数字化战略的意见》(以下简称《意见》)[①]。《意见》指出,到"十四五"时期末,基本建成文化数字化基础设施和服务平台,形成线上线下融合互动、立体覆盖的文化服务供给体系。《意见》提出了8项重点任务及一系列相关要求,并强调各地要把推进实施国家文化数字化战略列入重要议事日程,因地制宜制订具体实施方案,相关部门要细化政策措施。这些都有利于推动新媒体文化产业的高质量发展。

四、新媒体文化存在的问题与规范引导

(一)新媒体文化存在的问题

从主流看,新媒体文化是健康、积极和昂扬向上的,但从发展过程和具体形态看,依然存在一定的问题,主要表现在以下方面。

---

① 中共中央办公厅 国务院办公厅.关于推进实施国家文化数字化战略的意见[EB/OL].(2022-05-22)[2024-05-14]. https://www.gov.cn/zhengce/2022-05/22/content_5691759.htm

1. 新媒体文化的个别颓废价值取向削弱了社会主义意识形态及核心价值观

新媒体文化的草根性决定了某些现象的价值取向与社会主义核心价值体系不能完全吻合。基于草根性，新媒体文化当中便不可避免地出现了一些不稳定、不成形的价值观念。一些作品或言论所主张的实用至上、消费至上、享乐至上等颓废价值观冲击和削弱社会主义核心价值观和意识形态，必须坚决予以摒弃。

2. 新媒体文化的张扬感性特质在一定程度上弱化了人的理性

新媒体文化注重信息内容的形象化包装，尽量让人们从形象感知切入，达到获取信息的目的。形象化倾向诱导人们用"看"去了解世界，而排斥"想"。人们通过点击的方式来阅读那些以碎片化形式呈现出来的文化产品时，犹如吃快餐，鲜少细细品味，缺少了对问题的反思过程，长久下去只会弱化人的思维能力，导致理性思维能力的部分丧失。

3. 新媒体文化在语言运用方面的失范现象损害了汉语的纯洁性和权威性

语言不仅是思想交流的工具，还是特定文化的载体，是国家主权、民族尊严的象征。偏离汉语使用规则的现象在各类社交媒体中表现得尤为突出。有些网络语言一味追求新奇和出位，超越汉语语言符号系统，滥用英语词语、数字谐音词语及非文字性符号，在语义上增加解码难度。其结果不利于信息的传播，客观上也损害了汉语的国际形象。

(二)新媒体文化的规范引导

1. 正确应对新媒体经济发展中的问题

新媒体文化为新媒体经济发展提供了良好的发展土壤，催生了一系列新媒体经济形态。随着互联网技术和移动终端的发展成熟，"直播＋电商"模式成为各行各业的新风口。作为一种崭新的营销渠道，"直播＋电商"充分发挥了网红效应，有效吸引公域流量，重塑商品消费体验，其突出的带货功能更是引起广泛关注。虽然电商直播已成为拉动经济内循环的有效途径，但其繁荣的背后也隐藏着虚假宣传、非理性消费、主播"翻车"等诸多传播乱象。因此，应对电商直播、网红流量、粉丝经济等进行规范引导，促进新媒体经济的健康发展。

2. 培养公众的新媒体素养

媒介素养是人们面对媒介各种信息时的选择能力、理解能力、质疑能力、评估能力、创新能力、思辨能力和反应能力。数字时代，受众的媒介素养能力处在越来越重要的位置，但受众的新媒体素养明显滞后于媒介发展速度。人们面对广阔的信息海洋，难以辨别其中的真伪，进而迷失在新媒体语境中。例如 2021 年 7 月，山东淄博"宝马占路虎车位被堵"事件引发网友关注。一位网名"吨姐"的女性网民在抖音连续发布短视频称，自家车位被一辆宝马车无故占用，联系对方挪车无果，一气之下用自家路虎车堵在宝马前，一堵就是 150

多天。随着情节跌宕起伏的短视频在抖音陆续发布,越来越多网友关注此事,"吨姐"也拥有了 70 余万粉丝。但 7 月 10 日,山东淄博市警方发布通报称,"宝马占路虎车位被堵"系崔某某(网名"吨姐")为博取眼球在网络平台编造发布。因此,有必要增设面向社会公众的新媒体素养教育训练项目和社会公益讲座,帮助受众培养积极向上的新媒体文化素养,打造新媒体文化健康发展的良好环境。

3. 鼓励发展新媒体文化产业

新媒体文化产业应成为我国国民经济支柱性产业的重要部分,国家应出台一系列保障政策予以支持和鼓励。2021 年 5 月 6 日文化和旅游部印发的《"十四五"文化产业发展规划》中就明确指出:"结合文化产业高质量发展需要,进一步推动落实和完善文化经济政策体系,用好财政、税收、金融、投资、土地等方面政策,更好发挥引导激励和兜底保障作用。"[1]国家应进一步完善支持包括新媒体产业在内的文化产业发展的财税政策,鼓励发展新的新媒体文化产业形态。

总之,新媒体文化作为新兴事物,具有不同于传统媒体文化的形态特征和功能表现。我们应重视新媒体文化在人民生活、媒体监督、社会治理方面不可替代的作用,同时也不能回避其缺陷和问题。如何用社会主义核心价值观有效引导新媒体文化的发展方向,这应该是我们常抓不懈的重要工作。

第四节 网络谣言

网络谣言既具备谣言的一般特征,也有自身的特点。网络谣言的内容基本都同那些引起社会广泛关注的事件有关,并且与人们的日常生活密切联系,倘若处理不当则会引发比较严重的危害。因此,政府部门、大众媒体、网络媒体和网民应该各司其职、各尽所能,消除网络谣言,净化网络环境。

一、网络谣言的内涵

谣言是人类社会从古至今一直存在的现象,最明显的例子是成语"三人成虎",讲述了谣言的危害和易传播性。在信息封闭的古代环境里,滋生着各种谣言。在当今的网络时代,依然存在着谣言,基于其虚拟性、无限性、超时空性等诸多特性,各种谣言在几乎零成本的环境下迅速传播开来。

网络谣言作为谣言的一种新的特殊形式,主要通过网络媒介进行发布和

---

[1] 中华人民共和国文化和旅游部."十四五"文化产业发展规划[EB/OL].(2021-05-06)[2024-05-14]. https://zwgk.mct.gov.cn/zfxxgkml/cyfz/202106/t20210607_925033.html

传播,具有以下特点:一是传播范围极为广泛,呈现出跨地域、跨语言和跨种族的传播现象;二是传播速度更快,通常监管者还没来得及采取有效的应对措施就已泛滥成灾;三是传播途径更多,全媒体时代的谣言传播主要通过互联网和社交媒体平台,以文字、图片、短视频等形式出现;四是监管难度更大,造谣者身份隐匿,传谣者渠道多样,使网络谣言的可控性降低。同时,网络谣言产生之后,通过与人际传播的相互交叉影响,还会导致谣言迅速向线下蔓延。

二、网络谣言的形成

新媒体赋权降低了信息发布的准入门槛,使信息生产的主体更加多元化,大量新媒体平台和账号的无序扩张,各类未加证实的网络信息为博取公众眼球而抢先发布,成为网络谣言形成的根源。互联网作为开放的网状传播系统,传播路径更丰富,信息可以相对自由和随意地进行流动,未经核实的谣言也更容易进入传播渠道。

虽然网络谣言是未经证实的信息,但它的形成却依托于相关的事实或事件,尤其是一些重大的突发事件。当这些事件成为人们关注的焦点,而权威信息又未能及时出现,网络谣言就获得了发展空间。一旦公众无法通过正常渠道及时获知相关重要信息,不可避免地会利用其他手段互通有无,网络谣言就成为人们获取事件信息的主要途径,并不断扩散演变。

网络谣言在传播的过程中,实际上也掺杂着人们对现存的生活环境和社会现实的不满情绪,传递着个人的情绪、愿景、希冀等。从造谣者角度来看,有些人是本着娱乐到底的想法故意恶搞,有些人则是因为生活不如意而对特定的目标对象或整个生存环境心怀不满,于是故意诋毁、诽谤他人,或者捏造一些能引起社会气氛紧张的谣言,以此来发泄自己的不满情绪。而从传谣者的角度来看,当接触到的谣言与自身境遇相契合时,人们会爆发出极大的传谣热情,使得谣言呈金字塔形不断向底层扩散,试图借助传播的力量实现自身不正当利益的诉求。

三、网络谣言的传播模式

网络谣言的传播是通过多个渠道进行的,通常以人际多向顺延的模式传播。就谣言的传播模式而言,一般分为以下三类。一是链状模式。这是谣言传播的最基本模式,指的是谣言从一个人传递到另一个人,尽管每一个传播者可能会同时把信息传递给另外很多受传者,但这种一环扣一环的传播过程是其根本所在。二是树状模式。这类模式指的是,谣言从一个人传到几个人,然后这几个人再传到一定数量的人群的传播模式,如在网络论坛和微博网络空间散布谣言基本上就属于此类模式。这种传播模式的突出特点是信息容量大且带有很强的互动性,其信息覆盖面以几何级的速度向外不断扩散。三是旋涡型复式模式。它融口头传播、网络传播及传统媒体传播于一体,这种媒介的交叉组合容易形成谣言信息的漩涡型传播,积聚更大的能量,因此渗透能力和影响人群的密度极高,其爆发出的舆论效力不可估量。

四、网络谣言中新媒体的双重角色

《韦氏学英语词典》认为,谣言是一种缺乏真凭实据的或未经证实的以及公众较难判别真伪的闲话、传闻或舆论。[①] 在网络谣言产生和覆灭的传播过程中,新媒体扮演着双重角色。

(一)新媒体成为谣言传播的新工具

随着新媒体如微博、微信的兴起,它们为人们带来便利的同时,也给谣言的滋生铺就了"温床"。微信在人们的日常生活中扮演着不可或缺的角色。但是,微信上的不实言论往往也会借助朋友圈的病毒式传播造成极大的危害,成为谣言的"发源地"。在新媒体环境下,每个人都可以成为谣言的制造者,一旦谣言被传播,则贻害无穷。

(二)新媒体成为辟谣的重要途径

1922年,美国著名政治家李普曼在其所著的《舆论》一书中谈到了"拟态环境"的问题,他认为人们对于超出自己经验的东西,只能通过新闻媒体去了解它们的真实状况,即根据大众媒体提供的"拟态环境"来作出自己的反应。新媒体传播范围广、互动性强、具有即时性,而受众可以根据新媒体的快速信息及时作出反应,应对谣言。新媒体也为网民参与辟谣提供了多种重要途径。如2019年3月,抖音平台开通了"抖音辟谣"账号,并创建了一种基于众包模式的辟谣机制。平台用户可以对疑似谣言进行举报,专家和专业科普机构可以创作辟谣视频并上传平台,抖音平台也会鼓励用户参与转发辟谣视频。新媒体技术不仅提高了辟谣效率,更节约了大量人力、物力和财力,为破除谣言提供了风清气正的网络信息空间。

五、网络谣言的控制策略

网络谣言的滋生和传播有着相当复杂的社会背景,要想彻底根除谣言既不现实也不可能。因此,应采取防范为主和打压结合的策略,努力压缩网络谣言存在的空间,尽最大可能将各类谣言扼杀在摇篮里。

网络谣言的治理方法

[①] (美)梅里亚姆韦伯斯特公司. 韦氏大学英语词典(影印版)[M]. 北京:中国大百科全书出版社,2014.1:390.

(一) 健全相关法律法规

网络谣言治理的前提是完善相关的法律法规,给社会、媒体和公众提供网络行为的法律依据和行为指南,以消除网络谣言给网络环境带来的负面影响。近年来,国家网信办相继出台了相关的规范性文件,如《互联网用户账号信息管理规定》(2021)、《网络音视频信息服务管理规定》(2019)、《微博客信息服务管理规定》(2018)等相关法律法规,对利用网络散布谣言作出了相应的处罚规定。中国治理谣言传播的力度也逐渐加大,相应的法律法规也在逐步完善。从长远治理角度来看,相关立法机关应根据实际情况,就网络谣言的行为认定、量责标准等问题制定与《中华人民共和国刑法》《中华人民共和国民法典》《中华人民共和国治安管理处罚法》等法律的互相衔接和有效补充的专门的法律法规,做到网络谣言责任主体的行为追责有法可依,加强法律追责实施的可操作性。

(二) 提高网民的媒介素养

网络谣言是网民集体参与的产物,从产生到流传离不开每一个造谣信谣传谣的个体。为此,我们要重视培养网络用户的媒介素养,让媒介素养教育跟上新媒体技术创新发展的步伐,适应新时代公民道德建设纲领的要求,提高用户的自主判断能力,从而缩小谣言的传播范围和影响力。除此之外,自律也是增强网民媒介素养的必要条件。在新媒体环境下,网民既是信息的接受者也是信息的生产者,应当主动规范自身网络行为,为自己的原创内容和转发内容负责,做到不造谣、不传谣,同时也应随时保持警惕,对接收到的信息应注意辨别真伪,避免成为传播谣言的"帮凶"。

(三) 建立完善协同辟谣机制

网络谣言传播渠道多、速度快、范围广、形式多样、影响力持久,对社会秩序与国家安全构成了严峻挑战,与此同时,技术赋能为多元主体协同参与网络辟谣提高了效率。在辟谣过程中,政府机构与主流媒体需保持良性互动。通过协同建设辟谣平台,发布辟谣公告,向外界传递权威信息。权威专家、辟谣平台及科普平台则在专业领域和事实核查方面下足功夫,通过科学知识的陈述、严谨的逻辑表述,瓦解谣言信息。同时,个体的力量也不容忽视。最广泛的大众作为辟谣行动者,向平台提供不确定信息的线索,可以推进辟谣的速度与效率。

(四) 建立互联网舆情监控管理系统

由于网络谣言在传播过程中逐步模糊了空间和时间的概念,其真实性难以判断,也无法对其影响范围进行精准控制,因此创建基于人工智能的网络谣言研判与预警系统具有重要意义。其一,利用人工智能的识别和分类能力,建立高效、科学、精准的网络谣言识别体系,从文字、图片、语音与视频等众多形式的网络信息中识别出不实内容;其二,利用人工智能的深度学习能力,建立网络谣言预测体系,并及时发出预警;其三,利用人工智能技术整合提炼网络谣言所引发的舆情信息,建立网络谣言下网民心理和行为活动的预测体系,以科学研判网络谣言的危害程度。信息技术创新为网络谣言治理提供了新的技术手段,我们要科学、合理、规范地运用信息革命成果。

本章小结

本章主要阐述了新媒体传播对新闻、舆论、谣言等的影响,第一节为新媒体新闻,对新媒体新闻的定义、特点及形态进行了概述;第二节为新媒体舆论,通过介绍新媒体舆论的定义、形成过程,归纳新媒体环境下舆论的特点和引导策略;第三节为新媒体文化,认识新媒体文化的特点、发展条件、存在问题及其规范引导策略;第四节为网络谣言,阐述新媒体语境下谣言的产生机制、传播模式和控制策略。

思考与练习

1. 什么是新媒体新闻?新媒体新闻的特点和形态有哪些?
2. 简述新媒体语境下舆论的形成过程。
3. 怎样认识新媒体文化的特点及影响?
4. 新媒体文化的发展条件是什么?
5. 如何更好地引导新媒体文化的大发展大繁荣?
6. 网络谣言形成的条件是什么?
7. 网络谣言中新媒体扮演了什么样的角色?
8. 简述新媒体语境下谣言的形成过程。

参考文献

[1] [美]尼古拉·尼葛洛庞帝(Nicholas Negroponte).数字化生存[M].胡泳,范海燕,译.海口:海南出版社,1996.

[2] 张金桐,曹素贞.从中心消解到多元传播:媒介舆论传播形态重构[J].当代传播,2018(05):52—54.

[3] 中共中央办公厅 国务院办公厅.关于推进实施国家文化数字化战略的意见[EB/OL].(2022—05—22)[2024—05—24].https://www.gov.cn/zhengce/2022—05/22/content_5691759.html

[4] 中华人民共和国文化和旅游部."十四五"文化产业发展规划[EB/OL].(2021—05—06)[2024—05—14].https://zwgk.mct.gov.cn/zfxxgkml/cyfz/202106/t20210607_925033.html

[5] 童文胜,易柏慧.网络辟谣:国内研究进展与理论分析框架[J].情报杂志,2020,39(06):128—134+202.

第六章 新媒体创意

> **学习目的**
> 1. 了解新媒体内容创新面临的机遇和必须应对的挑战。
> 2. 了解新媒体语言的特性,掌握新媒体语言的时代要求。
> 3. 掌握新媒体运营和新媒体推广的主要内容。

第一节 新媒体内容创新

创意时代的来临带来了文化创意产业的蓬勃发展,新媒体产业是文化创意产业的重要组成部分。新的传播生态为新媒体内容产业提供了巨大的发展空间,也对内容生产模式提出了挑战。

一、新媒体内容创新的机遇

新媒体内容创新面临的机遇

新媒体的即时性、互动性与便携性颠覆了传统媒体的内容生产与传播模式,深刻地改变着信息传播环境和传媒的经营业态,造就了新的媒介消费者及其消费方式。如今数字出版、影视制作、动漫、游戏、版权贸易、文化传媒、广告会展等数字内容需求日益高涨,"内容为王"在新媒体时代表现得更加突出。在新的媒介环境下,内容生产面临着一些新的变革,这些变革促使生产者必须具有整合内容资源的强大创意力和执行力,创新数字产品形态,以开发潜在的内容资源,寻求新的发展空间。

(一)内容呈现的多终端化

新媒体时代,内容呈现终端的种类和数量快速膨胀,从机顶盒、个人电脑、互联网电视机、电子阅读器、掌上电脑到智能手机、平板电脑等新型终端,它们已经不再是向受众传达信息的简单工具,而是能够承载多种功能的在线媒体,它们将所有受众连接在一个巨大的网络中,并且让其在任何时间都能够保持在线状态。传统终端只是被动展现平面线性内容的工具,而多样化的新型终端具有多功能、全媒体的特质,用户可以点击、浏览、下载和上传相关内容,这促使内容生产、内容集成和内容营销模式发生根本性变化。电子阅读器、手机等移动终端的出现,使内容量有了无限扩展的可能,其内容集成向着平台化方向发展。由于机顶盒的推广和交互式网络电视用户不断增加,视频内容被重新编辑整合形成平台化的内容库,点播、回看、推荐、评论等方式代替了传统的线性播出方式,用户可自由选择。随着终端功能不断增强,终端对用户的生活和媒体接触行为的影响也在不断深入,并不断催生出新的内容产业模式。终端从影响受众开始,向内容生产拓展,带动了一场由媒体产业链下游向上游蔓延的变革。

案例 6-1　应对多终端化　传统媒体向全媒体转型

传统媒体数字化转型的关键是从内容服务商向全媒体信息服务商转变,实施跨媒介集成战略,这就是说不仅要重视内容的采集,还要高度重视传播终端的选择,实现信息一次采集,多终端发布。

例如,新华社不满足于传统通讯社图文内容提供者的定位,而是尝试构建起以新华网为代表的网络媒体群,即以"新华手机报"和手机电视为代表的手机新媒体群,以及以移动电视、户外电视和交互式网络电视等为代表的电视新媒体群。同时,新华社在微博、微信等平台开设官方账号。创办"创意海报突击队""原创工 MV""卫星新闻"等多个栏目。目前,新华社多项传播力指标稳居微信公众平台第一阵营,积累了庞大的固定阅读群体。

中央电视台采用多元化的内容呈现方式,融合数字电视、网络电视、手机电视、车载电视等众多融合新媒体,已经成为中国最大的视听全媒体平台。

人民日报"中央厨房"作为全媒体新闻平台,由空间平台、业务平台、技术平台组成,是人民日报社"策、采、编、发"的大脑和神经中枢,也是报社推进媒体融合发展的核心平台。

人民日报"中央厨房"设立总编调度中心,总编调度中心是人民日报"中央厨房"的指挥中枢,是"策、采、编、发"指挥网络的核心层,负责统筹宣传任务、策划重大选题、指挥采访力量。采编联动平台是人民日报"中央厨房"的常设运行机构,由采访中心、编辑中心和技术中心组成,人员来自"报、网、端、微"各个部门,负责执行指令,进行全媒体新闻产品的生产加工。

在人民日报的"中央厨房"里,由总编辑召开协调会,部署重要宣传任务,讨论重大选题。与此同时,设有采前会制度,每个工作日上午 10 点,准时召开采前会,统筹当天全社的报道策划工作,通报新闻线索,研究当日舆

> 情,确定重点稿件,布置采编对接任务。此外,还建立重大、突发事件应急报道机制,安排专人实时监控、随时调度,第一时间进行融合信息的采集、加工、生产和传播。

(二)内容产品的社区化

新媒体内容的生产,不仅包括新闻和其他信息产品的生产,还应包括其他多种产品,如搜索、娱乐、通信、商务等相关产品的开发,也就是从纯内容产品的生产发展到"内容+关系"产品的生产。而人与人之间的关系、人与媒介之间的关系等,常常是影响人们选择内容产品的重要依据。社区成为聚集人气、生产内容,以及生产其他各种产品的聚合平台。所以经营内容产品应把内容、服务、社区有机结合起来,开拓有利于加强用户与媒介之间、用户与用户之间关系的全方位创新产品。

新媒体对内容产品及其生产的理解,与传统媒体存在重要差别。在传统媒体看来,一方面,媒体以内容为中心导向,通过广告吸引受众并形成商机;另一方面,内容也可以打造媒体的品牌及定位。因此,媒体的首要任务就是生产具有吸引力的内容以服务受众。一旦受众群建立,市场也就随之出现。媒体既是意见领袖又是品位的塑造者,而品牌又变成交流的平台。

与传统媒体恰好相反,新媒体的发展以"交流平台"为中心。通过交流平台,一群素昧平生的用户集结为网络社区,在彼此信任的基础上,相互联结、相互分享,形成紧密的关系。平台汇集了用户的多元想法及各种观点,形成一个信息交流中心;加入同一社区的用户越多,反映的意见越多元化,新媒体的价值也就愈大。有影响力的用户既是意见领袖,也是品位塑造者,所有的内容都经由网友讨论决定。社区的经营者会试图提供不同的内容而形成差异,这就形成了品牌。品牌所代表的是拥有共同生活方式、兴趣与偏好者的集合表现。

新媒体的发展呈现了"以人为中心"的社区化趋势,即在强调人与人关系的基础上,实现有效的沟通和高频率的人际互动,并形成各种特定主题下的用户聚集。因此,新媒体在强调自身内容质量的同时,必须为用户营造一个社会化的交流平台,以提高用户对新媒体业务的黏性。社区提供给用户(或消费者)一个虚拟的共同空间,让关心相同主题的用户实现彼此互动、信息交换与情感联系。维系社区的要素在于价值共享,由社区成员之间的讨论互动与回馈产生新的内容价值,从而吸引新的成员继续加入。新媒体的焦点在于如何让用户愿意回到并扎根社区。社区化利于用户间进行互动从而产生丰富内容,使新媒体服务的使用价值与吸引力大为增加。如"豆瓣网"可以让用户自由发表对各种书籍、音乐、电影内容的评论,并组成各种兴趣小组进行集体讨论。"豆瓣网"后台的数据挖掘系统会对每一名用户的兴趣爱好进行智能分析,并依据分析结果向用户有针对性地推荐其他内容和更多朋友。这种智能社区化的商业模式,使得"豆瓣网"成功实现了盈利。

新媒体未来的发展必须超越"内容为王"的单一视野,因为今天的互联网已经从内容平台发展到社交平台和生活工作平台。在此背景下,新媒体经营重心正在发生变化,"内容"的中心地位正在被动摇,而"关系平台"的经营成了新的着力点。用户生产内容(User Generated Content,UGC)的目的,是以内容为纽带,编织自己的社会关系网络。论坛、即时通信、博客、SNS、微博客等新媒体之所以成为网络应用热点,是因为它们都是网民建造与发展关系的平台。因此,新媒体的内容生产必须调整产品策略,首要的是经营好平台,以关系建设为出发点,构建内容、社区和服务的产品链。而经营好关系平台,需要发挥从业人员的创意能力。比如,一个媒介产品如何通过多次售卖使其增值?如何对内容进行整合?针对不同用户、面对不同终端,分发什么样的产品和服务?如何与用户交流互动并聚合用户创造的内容?等等。

(三)内容生产主体的多元化

新媒体提供了社会公众参与内容生产的可能性,任何人都可以借助手机、博客、播客、BBS、微博、网络社区等在任何时间任何地点对任何人发布多媒体内容。Web 2.0的发展使得内容生产出现了革命性的变化:网民参与内容制作的程度增强,传统的记者编辑撰写内容将会被具有互动性的用户自创内容超越。新媒体内容生产由机构性生产一种模式转变为机构性生产和个体性生产两种模式并存。机构性生产的主体是大型内容生产商,而个体性生产的主体则是社会公众。个体性生产主要指个人通过"上传功能"提供内容产品。随着传播终端技术的发展,拥有内容生产能力的个体数量会大幅度增加,使得个体性生产成为新媒体内容的重要来源。

创意时代是一个全民参与的时代。英国广播公司(BBC)全球新闻部主管理查德·塞姆布鲁克(Richard Sembrook)用5个字来形容今天的传播变革:"观众进场了。"所谓的"观众进场",是指传播者和受众对新闻现场的共同参与。当受众手持智能手机使用微博报道现场之时,这种即时表达、即时互动的微内容真正产生了推动社会变革与进步的"微动力",也成了新媒体内容创新的有力支撑。对于"微内容"的聚合、呈现和利用有可能成就互联网的未来。

1. 用户生产内容(UGC)走上前台,其商业价值正在被发掘

2021年,UGC互动营销产品不断地迭代优化,进入了3.0阶段。多元的互动玩法已进入精耕细作的阶段。截至2021年6月,抖音短视频活跃用户数高达6亿,相比于2020年新增创作者1.3亿,万粉作者投稿量增长136%。在新媒体时代下,越来越多的用户从信息的接受者转变为创作者。

针对 UGC 质量与专业机构存在的差距，未来 UGC 的发展趋势之一即是精品化、优质化发展。比如纪录片《我生命中的 60 秒》，就创作于"百日 VR 全景纪录计划"，作品以普通民众的视角，由全国的 100 位联合创作者在同一天用 VR 设备 360°全景记录下自己一天中的一分钟。60 秒只是历史洪流中的瞬间，而记录行为更大的作用在于将个体记忆的微光从洪流中打捞上来，使之融入社会记忆中，成为永恒。

2. 新闻能够在线生产，新闻报道成为记者和公众互动参与的过程

路透社全球总编辑大卫·施莱辛格（David Schlesinger）认为，在竞争日趋激烈的新闻报道领域，仅报道有趣的新闻故事是远远不够的，"给你的读者讲述和呈现一个新闻故事仅仅是你工作的开始，事实上，关于新闻故事的探讨、交流已经像新闻报道工作本身一样重要"[①]。

传统媒体的全媒体转型不仅包括传播终端的多样化和采编流程的再造，还包括新闻生产模式的创新。新媒体环境下的新闻生产由职业新闻工作者的独家垄断转变为与社会公众共享和共同完成。在新闻的在线生产过程中，媒体与用户可以依托网络进行互动。新闻报道方式也发生了转变，由单线性的平面化方式转变为非线性、立体化的方式。在网络平台上，媒体和用户可以在无限的空间中探究某一新闻事件，新闻生产没有"产品"，只有"过程"。

美国学者保罗·布拉德肖（Paul Bradshaw）设计出一个能够体现速度和深度的新闻报道模式即钻石模型（The News Diamond）。他把以融合报道为核心的新闻编辑部的新闻报道过程分为七步：快讯—草稿—报道—背景—分析/反思—互动—定制。记者一旦意识到新闻事件正在发生，就可以通过移动互联网发出快讯，那些订阅用户就能在第一时间获知消息。发出快讯之后，记者可以在网上贴出一篇相对详细的草稿，用户可以补充细节，或提供新的新闻线索以完善记者的报道。在报道阶段，融合编辑部可以决定用什么样的媒介形态来发布，网络、广播、电视、报纸等终端都可以作为其中的选择。然后依靠网络的超文本结构，提供广泛的背景资料。进一步的报道就是对事件进行分析和反思，记者可以从博客、论坛、SNS 和微博上获知一些知情者、利益相关者的反应，把他们的一些讨论写进深度报道中。在互动阶段，可以为用户提供一个可以长期访问的"长尾"资源——Flash 互动可提供超文本、视频、音频、动画与数据库的组合，论坛可提供一个收集和发布信息的地方，聊天室可以让用户和新闻人物、记者和专家对话。最后是用户可以订阅特定报道的电子邮件或 RSS 更新内容，还可以发布数据库驱动的新闻，允许用户补充和反馈信息进去。

---

① 新浪财经. David Schlesinger 发言实录［EB/OL］.（2011-09-15）［2024-05-14］. https://msn.finance.sina.com.cn/cjyw/20110915/1726301591.html

新闻的在线生产使得新闻不再以一篇新闻报道作为基本报道单元,在网络平台上,新闻报道以"新闻流"的动态形式存在:在一个新闻报道主题中,各种报道、评论、网民跟帖、数据库共同组成一个基本报道单元。公众可以通过发表评论、跟帖等多种形式提供新闻线索,寻找知情人士,揭露事实真相,和记者一起共同完成新闻报道。

二、新媒体内容创新的挑战

众所周知,文化产业是21世纪拉动国民经济增长的支柱性产业。新媒体产业是文化产业的核心部分,但新媒体内容创新存在着发展障碍,主要表现在以下方面。

(一)内容信息源的不确定性加大,媒介公信力下降

随着媒介化时代的到来,不确定性已成为信息内容传播的典型特点。新媒体语境下,社会性媒介知识的不确定性主要表现在用户对传统知识所建构的价值、利益、权力的质疑与反思,以及对传统社会规则的挑战。

未来传媒业竞争实质上是信息源的竞争。这些信息源来自一切生产活动中所产生的成果和各种原始记录,也存在于将这些成果和原始记录加工整理后得到的半成品中。上游内容信息源的安全性决定了内容后续加工的有效性。从信息源采集来看,新媒体信息源的采集具有广域范围,而新媒体对信息源的把控却并不理想。新媒体把关机制弱,使虚假性、情绪性的内容超载。在技术条件的催生下,新媒体对内容的整合与加工远远超过原创内容,拼凑与嫁接的媒介内容板块并不能有效地形成系统性与逻辑性的知识,很难维持内容的理性与公共性。比如在群体性事件中,"微博的弱连带暗合了突发群体性事件中的民众心理和信息传播所需环境,成为弥散信息、感染情绪、激化和升级矛盾的推动器"[①]。媒介作为社会交流系统,在社会功能承担方面有着不可替代的作用,内容失衡会导致媒介信息、媒介知识风险的产生,也会引发媒介公信力下降与信任赤字,这会对社会运行产生许多负面影响。

(二)新媒体知识侵权现象严重

版权私有性与知识共享性之间的冲突则越来越成为内容生产矛盾升级的焦点,新媒体内容知识侵权的现象愈加烦琐与隐蔽,这对正常的知识产权保护秩序是一个较大的冲击。

用户生产内容(UGC)也容易发生知识侵权,尤其体现在视频、博文等常见的内容分享中。由于用户上传侵权视频一般不以营利为目的,而是为了网

---

① 李春雷,刘又嘉,杨莹. 突发群体性事件中微博主体媒介素养研究——基于"乌坎事件"事发地的实证调研[J]. 新闻与传播研究,2013(11):50.

络共享,吸引他人的注意力或点击,提高自己的网络地位和声望,戏谑和嘲讽他人作品等,所以其侵权责任难以认定,经济赔偿也难以兑现。新媒体对内容无规则地传播与利用,会严重影响原创知识的持续性发展,这对依靠创新为原动力的社会进步来说将产生毁灭性的影响。

随着互联网技术渐趋成熟,内容免费使用和加工的时代已经成为历史,内容为王时代的来临必须解决的问题就是对原创性内容本身给予充分尊重和保护,这样有助于激发个体的创造性,并最终释放数字内容产业的新质生产力。

(三) 产业链不完整,内容增值有限

内容产业链体现上下游关系的结构属性和上下游产品与服务交换的价值属性。以内容产品为基点,可以构建有效的媒介组织价值链,并实现内容产品的价值增值。但内容价值实现程度的大小则依赖于具体的利用方式。

如果媒介内容生产中,对内容价值的利用大多局限于最原始内容的信息价值,那么这不仅会导致内容传播的同质化,也会影响传播效果,难以保证用户持续关注,从而使内容价值链断裂。

因此,使内容产品在内容价值链的每一个环节节点上加入原创性内容,提升每一个链环内容的层级性,是当前新媒体内容价值链升级的关键所在。同时,需加强对内容产业链上各个环节内容的深度挖掘以及再创造,以内容产品为价值链基点带动整个产业链,给受众带来连续、一体化的用户体验。

(四) 信息监管缺失,信息过滤难度加大

新媒体时代下,信息即时传播特点缩短了信息更新的周期。传统的监管模式的时效性大打折扣。发布信息的即时性和信息源选择的个性化极大增加了信息过滤的难度,从而使那些即兴的、非理性的、情绪化的言论得到传播的机会显著增多。新媒体表面看似免费的内容发布平台,实则在与社会互动过程中隐藏着较大现实考量,如果不能理性地平衡权利与义务,将产生言论失范的现象。

知识卡片

新媒体为内容生产与传播提供了新的空间和新的途径。新媒体的内容生产已经成为一个重要的产业,拥有强大的发展动力和广阔的市场前景。但新媒体在给内容产业带来机遇的同时,也给相关管理带来了冲击。

一是对管理法规的冲击。中国现行媒体管理法规是以载体划分管辖范畴,在"内容"的管理办法中,也是以载体为区分方式进行管理的。这种管理模式与数字融合的趋势背道而驰。

二是对传统媒体转型的冲击。传统媒体产业在享受新媒体产生的巨大商机之前,势必要经历转型的阵痛。业界普遍存在着"数字焦虑",因为传

统媒体产业的转型除了要了解各种创新应用技术的趋势、新的商业模式外,更要更新传播内容和节目形式等。

三是对数字版权保护的冲击。在所有数字内容创作及数字内容再利用(含公开传输、公开播送)过程中,版权是保障创作者权益的最后防线,也是交易流通的根本。以网络为传输途径的新媒体,传播快速、容易分享,会导致侵权行为加速扩散。

四是对新闻报道的冲击。随着新媒体时代的来临,主流媒体的采访供稿方式将发生根本性的变化。但是在网络这个低成本、高互动、容易建构内容的大众传播工具中,环境提供的选择越多元、互动性愈强,反而越让用户无所适从。当人人都可以成为记者时,新闻的严谨度与正确性将受到影响。如何善用新媒体的传播力量,也是对主流媒体报道方式的考验。

总之,不管信息技术如何发展,传播手段如何改变,媒介形态再复杂,用户接触媒介、使用媒介的初衷——获取信息,是不会改变的。不管用户需求是最原始的求知,或是娱乐,还是今天被广为使用的人际社交,内容才是用户接触媒介的根本,也是所有媒介信息发布活动的出发点和最终目的。因此,不管是新媒体还是传统媒体,无论信息在怎样的平台上以怎样的形式传播,"内容为王"在过去、现在或是将来都是媒介活动发展的根基。

第二节 新媒体语言

新媒体时代是一个媒介融合时代,不仅媒介的样式发生了变化,其传递的媒体语言也发生了新的变化。

一、新媒体时代的语言特性

在自媒体的平台下,不仅传播方式的时效性与互动性强于传统媒体,在内容传播上,语言的使用也更加自然、更加亲民。当然其语言的规范性是与传统专业媒体无法比拟的。新媒体的语言也呈现出这个时代的特性。

新媒体语言特性

1. 随意性

这是新媒体语言突破传统媒体的首要体现,尤其在自媒体的开放平台,大众可以通过微博、微信等移动媒体平台自由发布言论,并且能够在极短的时间内达到信息广泛传播的目的。以往需要通过传统媒体仔细斟酌、严格校对的语言呈现出了它最自然的一面,也是来自大众的不加修饰的言语。在新媒体时代下,很多词汇都是人们在网络交流过程中随机产生的,不遵循语法规则的约束。

2. 即时性

曾几何时,媒体被认作极其权威和专业的信息传播渠道,它要求语言的严谨性和正确性,这也意味着它需要更多的时间和流程来呈现。但是,从"江歌案"到"公交车司机殷红彬搀扶老人被诬肇事案"再到"重庆公交车坠江案"都是由普罗大众以第一视角在第一时间内在网络中发布。这种即时性是以往任何一个传统媒体所无法企及的,哪怕是电视媒体的直播依然会错过这些突发事件的第一现场,而自媒体的平台为"人人都是传播者"提供了可能性。与此同时,自媒体语言也随这些事件即时发布出去,它似乎成为以最快方式面对大众的媒体语言。

3. 广泛性

网络比以往任何一种传播方式的影响力都大,这也正是基于其极高的传播速度和网络普及的覆盖能力。一些网络词汇、语句会流传为广为人知的热门语言,甚至影响传统媒体对语言的运用,其中比较典型的例子就是一些迅速走红的网络用语会一时间成为网民热议的话题,各大媒介也争相采用。

这些新媒体时代特有的语言现象背后,不仅是一派欣欣向荣的媒体语言新样态,同时也为我们提出了新媒体时代的语言要求。

知识卡片

新媒体艺术在技术形式上经历了由简单到复杂的过程。在这一过程中,新技术的不断介入又进一步强化了它的语言形式,这种由技术带来的对新的实验范围的拓宽,在一段时间内使新媒体艺术的发展超出了理论研究的常规步伐。我们可以从影像装置教父级人物比尔·维奥拉(Bill Viola)的作品中感受到成熟的新媒体艺术的魅力。

"维奥拉的作品总是能让人感受到一种拯救的发生,作品风格表现为缓慢的移动、刺耳的噪声、丰富的色彩、宏大的规模以及人沉浸于本质的电影性经验。"①维奥拉的一件三屏影像装置《南特三联幅》中,其三个屏幕显示的内容分别是一位临产女人、一位一息尚存的老人和一位不断落于水中的男子,他使用高级的影像技术将这三幅画面并置于一个幽暗的空间,三幅画面分别从三个地方传来关于生与死的声音,这种脱离叙事的对动态影像的深度强化,在神秘主义的状态下强烈地吸引住了观众的眼神。在感受生与死的状态中,观众的自我意识模糊在了视觉影像和仪式化的声音中。维奥拉将作品看作视觉诗,他的作品也一贯地呈现出视觉叙事和语言表达的诗意。

---

① 朱其. 20 世纪后期以来的新媒介艺术[J]. 文艺理论与批评,2005(06):75.

二、新媒体时代的语言要求

不论是新媒体时代还是传统媒体时代,媒体语言所面对的都是大众,因此就要认识把握新媒体环境下的传播规律,做好媒体语言规划,尤其要重视对新媒体语言的研究。

(一)对新媒体语言规范性的诉求

新媒体传播更加自由,内容的随意性也有所凸显。但无论是新媒体还是传统媒体,不论传播平台的监管审查流畅与否,只要是面向大众传播的内容就要有一定的规范性,不能被新媒体所谓的"新"掩盖了其传播的本质。媒体语言向来具有引导作用,并在传播领域中发挥重大的影响力,不能被新媒体即时性强、自主化程度高的表象所迷惑,新媒体语言仍然应有规范性的诉求。

(二)对新媒体语言的正确选择

新媒体相比于传统媒体,语言更新更快、影响范围更广、传播速度更快。新词新句的产生都有一个检验和流传的过程,有些词句极具夺人眼球的吸引力,但并不意味着这些词句在一时的暴热之后会继续使用下去,它可能一闪而过,消失在急速翻新的媒体语言之中。而有些词句却能经过实践的检验,并适应时代的用语需求,不仅应用于新媒体中,也应用到了传统媒体中,媒体语言的时代感增强。这就需要加强新媒体背景下的语言研究,弄清这些新词语产生、发展的规律,以顺应媒体语言的发展趋势和需要。

对于不同类型的媒体,语言使用应遵循各自特点并找到合适的位置。全媒体时代的媒介融合互通是不可避免的,也是大势所趋。它们的语言相互渗透、相互交流、相互补充,新媒体使得大众传播语言更为丰富、活跃和多元。在日常传播中语言的形式、表达的方式都应各呈特色,以更好地发挥各自媒体平台的作用。

(三)对新媒体语言的审慎思考

随着新媒体迅速发展、影响扩大,媒体语言呈现出鲜明的时代特色,同时,也引发了人们对于媒体语言应用、传播等方面的深入思考。

媒体的出现大大提高了语言传播的速度,扩大了语言传播的范围,新媒体更是丰富了语言传播的内容和形式。语言是思想的体现,新媒体时代的媒体语言体现了人们思维方式和思想内容的改变,同时也营造了崭新的信息交流和言论沟通的语境。

新媒体语言是当下特有的语言现象,它也正在网络传播特性的影响下日趋简单易读、直抒胸臆且富有个性化,使得以往必须通过权威部门发布的信息能以最简易最直白的方式传递开来。而一些流行的新兴语言的泛化使用就存在着一些问题,一些本义单纯的字句经过媒体的连番传播和多义解读而内涵变得无限丰富,并被大众普遍使用于各种语境中,导致语言表达上的模式化甚至语义含糊。比如热门词语"蚌埠住了""馏馍",一时间人们已经忘记要表达的情绪和意义究竟是什么,只是习惯性地运用这样的词语一以概括。尽管这是新媒体特性最敏锐的反映,为语言表达增加了活力,但它也在一定程度上造成语言使用的困扰,本该准确传达意图的语言却不能让沟通交流更准确、细腻地完成传情达意的作用,久而久之可能会造成语言沟通上的障碍。在主持人中所存在的"港台腔"问题,也是盲目追逐潮流、用语不规范的典型例子。在国家大力推广普通话传播的背景下,模仿港台腔是反其道而行之,看似时尚,却影响了信息的顺畅传播,也影响了语言文字的规范性,并会直接导致青少年在潜移默化中受到不良的语言影响。

任何语言的使用都应与对应的语境相联系,发挥语言应有的作用,树立正确的价值观和价值导向。无论哪一种媒介中的语言,科学准确地使用都是大众传媒应该坚持的基本原则之一。

当今社会正处于媒介变革与生活方式变革交互作用的时代,社会变革对语言文字工作提出了挑战和新的要求,新媒体的运用推进了整个社会进入"人人都有话语权"的新时代的发展。网络带来海量丰富信息资源的同时,也存在着谣言、炒作、恶意攻击、语言暴力等问题。这就需要在传统媒体与新媒体融合进程中保持警醒,保持专业性和客观性,并提高自身的语言能力,避免网络语言暴力,净化网络语言环境。在互动性强的融合媒体中,语言的发展和演变不仅要适应社会大语境,还要发挥其重要的引领和示范作用,建构和谐健康的社会语言环境。

第三节 新媒体运营

新媒体运营是一个很大的范畴,并不是简单地发发微博、微信,不只是"我要发什么内容",而要考虑"受众想要看什么内容"。新媒体运营涉及的内容是多方面的,其中有运营数据、心理博弈、热点借势、大号资源利用、媒介合作、话题引爆等,它承载着这个时代的更多公关、广告的职能。

一、新媒体项目定位

新媒体项目、产品运营的系统过程

在一个项目上线之前,可以从三个维度思考其定位。一是用户定位。搞清楚目标用户是谁,目标用户的特征是什么。二是服务定位。即明确产品提供什么样的服务,是否具有差异化。三是平台定位。结合用户定位与服务定位决定平台的基调。平台的基调将决定内容运营与用户运营的策略。以微信为例,平台定位还涉及自定义菜单的规划。其实自定义菜单的规划有点像App底部的功能规划,规划的思考维度需要从目标用户、使用场景、需求、平台特性几个方面来考量。

> **知识卡片**
>
> 从1991年万维网的发明开始,到2011年,互联网真正走向了一个新的里程碑,进入了"大数据时代"。2013年以后,人们逐渐冷静下来,更加聚焦于如何利用大数据挖掘潜在的商业价值,如何在企业中实实在在地应用大数据技术。伴随着大数据应用的讨论、创新,个性化技术成为一个重要落地点。相比传统的线下会员管理、问卷调查、购物篮分析,大数据第一次使得企业能够通过互联网便利地获取用户更为广泛的反馈信息,为进一步精准、快速地分析用户行为习惯、消费习惯等重要商业信息提供了足够的数据基础。伴随着对人的了解逐步深入,"用户画像"的概念悄然而生,完美地抽象出一个用户的信息全貌,可以看作企业应用大数据的根基。
>
> 用户画像的核心工作是为用户打标签,打标签的重要目的之一,则是让人能够理解并且方便计算机处理。例如,可以做分类统计:喜欢红酒的用户有多少?喜欢红酒的人群中,男、女比例是多少?用户画像也可以用来做数据挖掘工作。例如,利用关联规则计算:喜欢红酒的人通常喜欢什么运动品牌?利用聚类算法分析,喜欢红酒的人的年龄段分布情况?
>
> 大数据处理,离不开计算机的运算,标签提供了一种便捷的方式,使得计算机能够程序化处理与人相关的信息,甚至通过算法,模型能够"理解"人。当计算机具备这样的能力后,搜索引擎、推荐引擎、广告投放等各种应用领域,都能进一步提升精准度,提高信息获取的效率。

二、新媒体运营

(一)内容运营

内容运营是指通过创造、编辑、组织、呈现内容,从而提高项目或者产品的内容价值,生产出对用户的黏性和活跃度产生一定促进作用的运营内容。新媒体项目或者产品内容的来源、挖掘、组织、呈现的方式和质量会对内容运营的效果产生巨大的影响。内容运营包含内容的采集与创造,内容的呈现与管理,内容的扩散与传导,内容的效果分析与评估。而不同阶段的内容运营策略也不尽相同。

1. 内容初始化阶段,构建产品的价值观

内容初始化是在构建好的内容框架下,在用户进入之前,填充一些内容,而这些内容是内容运营初期的核心部分,代表着网站与产品的价值观。内容初始化主要包括两大任务,一是要确定好内容供应链的架构,即通过系统去解决内容从哪儿来、到哪儿去的流程问题;二是确立初始化用户群,清楚用内容要解决的问题,并准备内容,梳理关键路径。

2. 持续阶段,建立推送和自主运营机制

(1) 内容呈现。内容的呈现方式包括运营人员主动地推送及用户主动地发现。

(2) 内容推荐。内容推荐方式包括推荐新近发生的话题、推荐热点内容和推荐优质内容。

(3) 内容整合。内容整合包括对同一个话题的优质问答内容的整合和对优质用户原创内容的整合。

(4) 建立持续推送机制。推送渠道的选择,应优先考虑渠道是否覆盖推送对象。好文案必须了解产品、受众和活动,明白产品的突出点、用户的需求满足核心点,贴近受众心理。及时总结我们有哪些推送经验和教训,后续应当如何改进、提高;推送过程中要避免用户打扰,保证推送频率及内容质量。

(5) 构建用户自主运营的机制和规则。所谓用户自主运营是指运营人员建立一些机制和规则,用户通过遵守这些机制,利用这些规则,使得媒体的日常运营不再过多地依赖运营人员的引导,实现用户自主运营的目标。用户自主运营是一个网站或者产品运营的最高境界。

3. 内容运营的核心环节

(1) 规划选题范围。规划选题范围是新媒体运营的重要内容,运营人员要结合当代热点、新闻与话题,提前规划选题内容与范围,做好基础工作。

(2) 内容策划。内容策划可使内容设计更加具体与新颖。在策划内容时,运营团队要展开必要的思考与研究,讨论文章安排的细节与结构,从而完成内容策划工作。

(3) 创新媒体形式。内容策划工作完成后,工作人员应考虑相应媒体呈现形式。工作人员应分析内容形式与结构,适当在内容中添加视频、图片以及音频等,不断思考与研究媒体创新形式。

(4) 运营内容编辑。运营内容编辑主要包括撰写文章与海报等,在做好一切基础工作后,按照完整的思路与框架模式,合理编辑运营内容。

(二) 用户运营

所谓用户运营,就是"拉人",因为产品的生命周期就是用户"来—玩—走"的循环。虽然用户会自然增长,但真正有价值的用户仍需要定向"引入"。"引入"在用户类产品的运营中随处可见。如,小红书的美妆博主、知乎各领域的牛人、滴滴打车的司机、百度百科的权威编辑者、Keep 的健身达人、微博的名人、猫眼电影的影评人等。引入用户是用户运营的重要基本功,那么究竟如何引入用户呢？

1. 明确引入用户的类型

用户运营根据产品定位以及产品所处阶段确定引入用户的类型。比如，小红书初期定位是提供全球旅行购物攻略，那么根据定位就应该引入该领域中具有流量和话语权的名人、博主，以提供优质内容。再比如，知乎初期是从互联网领域切入的，所以首先与李开复等互联网意见领袖进行合作，后续再引入其他领域的大牛。当然，这里的"小红书潮人"和"知乎意见领袖"都要有一个明确的定义，即满足某类具体条件的人群。有了这个定义，就明确了引入用户的类型，完成了第一步。

2. 找到目标用户的聚集区

寻找目标用户最高效的办法是找到一两个潜在用户聚集区，列出目标用户名单，便于后续用同一种方式、在同一个平台引入目标用户。比如，医疗领域的媒体，寻找优质医生，可从三甲医院或好大夫网站寻找；法律领域的媒体希望引入律师用户，就应去知名法律网站上搜索律师列表。

3. 设计"拉新"的方式

找到用户聚集区之后，就要设计具有可行性的方案以赢得这些用户了。首先给用户设计一个"进入的理由"。其次通过恰当的方式将"进入的理由"传递给他们。所谓"进入的理由"，就是这个产品的价值，比如微博对于名人的价值，就是提升个人影响力的媒体平台，有多少用户在这个平台上关注着他；再比如滴滴打车对于出租车司机的价值，就是提升载客的效率，让司机在同样的时间内赚到更多的钱。这些价值都是很实在的，如果无法描述清楚平台价值，不仅会很难引入新人，甚至有可能是这个产品本身就有一定的问题而导致原有用户流失。至于将价值传递出去的方式，一般使用做活动或官方推荐的方式。比如，开微博会涨粉，再比如，出租司机只要使用滴滴打车，公司方就有话费奖励，而且每单还有补贴。

4. 保证"拉新"后的用户留存

具体留存用户的手段，从表象上说，就是平台引入时许诺了用户什么，从本质上说，就是平台的价值是什么。微博引入名人，表象上用户的收益是涨粉，本质上用户的收益是建立个人品牌，所以要及时推荐内容并保证涨粉。平台一步步教名人如何发微博更吸引人，关注名人的整体满意度。总之，要对引入的用户有侧重性地运营，要么给用户提供经济收益，要么帮助用户建立个人品牌，关注用户的操作数据和情感感受，才可能让用户留下。

（三）活动运营

活动运营是一种目标导向的行为，目标不同，活动的针对性应不同。而策划一次活动不是件轻松的事，因为活动周期短、反馈快、目标简单、功能纯粹，所以在活动中更容易暴露策划设计中的问题。究竟如何有效地策划一次活动呢？

1. 指导制订活动方案

在活动方案探讨过程中，常常会有新的奇思妙想，或者在原有基础上做进一步延伸，这其中有很大一部分都可能是非必要的、无关的内容，需要筛查剔除这些内容。以抽奖活动为例，说起来是非常简单的一个活动："一个转盘上面放几个奖品，用户点击一下有可能中奖，然后领取奖品"，但其实它的需求文档远远不止于此，并且之后还要再成倍数地扩散到交互、视觉、开发和测试，工作量大增。所以，在进行活动策划时，我们必须剔除任何非必要需求。

2. 指导制定量化指标

一次活动能承担的使命是有限的，一次活动应只有一个目的，只为达成一个指标，例如页面浏览量、参与人数、转化率、分享次数、新用户增长量，这些可能都是重要衡量指标。以世界杯竞猜活动为例，它的目的是促进用户活跃度，那其就该专注在参与人数上，把"拉新"这样的事情抛开。

3. 指导用户流程和交互页面设计

我们常常会陷入一种纠结："对我们有利的事情一个都不想放弃"，例如，让用户多分享、让用户下载客户端、让用户每天都来参与等，如果真要实现所有这些目标，很可能设计出一个冗长的用户流程，一个眼花缭乱的界面，得到一个无法衡量的结果。活动页面的参与转化率一向是非常低的，一个普通用户被推广文字和图片吸引，下意识地点击来到活动页面上，如果不能在第一眼明白此活动的目的，不能在几次点击后感觉到乐趣或价值，这个用户很可能就会流失。理想的流程和界面，是不需要用户阅读和思考的，盲目地点击几下之后用户就能完成最重要的部分，然后他再来决定是否要继续，是否要分享。以活动主页面为例，我们容易把所有重要信息和功能入口放在主页面，使得页面变得令人眼花缭乱，但其实页面空间有限，往往只适合突出一个功能键，如果想在一个页面突出 2～3 个信息或功能入口，很可能会让用户迷失，这时候必须懂得取舍。

三、新媒体推广

（一）推广渠道

1. 运营商

新媒体推广渠道

运营商包括中国移动、中国电信、中国联通。运营商的用户基数较大，渠道推广人员可以通过与运营商沟通合作将产品预装到运营商商店，好的产品还可以得到运营商的补助和扶植。市场部门要有渠道专员负责与运营商沟通合作，设计方案并进行项目跟踪。

2. 第三方应用商店

由于进入时间早,用户积累多,第三方应用商店成为很多 App 流量入口。全国有近百家第三方应用商店。渠道专员要准备大量素材、测试内容等与第三方应用商店对接。各应用市场规则不一,与第三方应用商店负责人沟通,积累经验与技巧至关重要。

3. 积分墙

积分墙是展示各种积分任务以供用户完成任务并获得积分的页面。用户在嵌入积分墙的应用内完成任务,该应用页面的开发者就能得到相应的收入。积分墙起量快,效果显而易见,大部分采用每次行动成本(Cost Per Action,CPA)计价方式,其价格一般 2~3.5 元不等。积分墙适合大型、有资金、需要尽快发展用户的团队。使用较多的积分墙有猎人和多米。

4. 社交平台

目前主流的智能手机社交平台,如微信、抖音、微博、小红书等,潜在用户明确,用户基数大,能在最短时间内最大限度地推广产品。这类推广基本采用合作分成方式,合作方法多样。

5. 换量

换量主要有两种方式。一是App 内互相推荐。这种方式可以充分利用流量,增加曝光度和下载量,量级不大,但曝光度不错,有内置推荐位的 App 可以相互进行换量,但这需要以一定的用户量作为基础。二是买量换量。如果自身无法给某一App 带量或者量很小,可以找网盟跑量,以换取应用商店优质的资源位或者折算成现金进行推广。

(二) 推广策略

1. 内容策划

内容策划前需确定受众定位,分析得出核心用户特征。

2. 品牌基础推广

新媒体推广策略

一是百科类推广,在百度百科、360 百科建立品牌词条;二是问答类推广,在百度知道、搜搜问答、新浪爱问、知乎等网站发布问答。

3. 论坛、贴吧推广

论坛、贴吧的推广一般以官方帖、用户帖两种方式发帖推广,同时可联系论坛管理员做一些活动推广。完成发帖后,应当定期维护好帖子,及时回答用户提出的问题,搜集用户反馈的信息,以便更新改进版本。

4. 社交平台推广

社交平台推广要紧跟时代热点,坚持内容创新,保证内容的时效性、真实性、有效性。微博推广须将产品拟人化,使它能讲故事,并结合其特性,坚持原创内容的产出。在微博上捕捉当周或当天的热点跟进,保持一定的持续创新力。同时,与业内相关微博账号,保持互动,提高品牌曝光率,必要时可以策划活动、转发微博等。

微信推广则需要注重内容定位,结合产品做内容聚合推荐,内容不一定要多,但是一定要精,并且符合微信号的定位,主要有三种方式:一是种子用户积累,初期可以给定一个关键绩效(KPI)指标,500个粉丝作为种子用户积累量的一个门槛,种子用户可以通过同事好友、合作伙伴推荐、微博引流、官网引流等建立种子用户群。二是小号积累,开通微信小号,每天导入目标客户群。小号导大号,通过小号的粉丝积累推荐微信公众号,将粉丝导入微信公众号。三是微信互推,当粉丝量达到一定预期后,可以加入一些微信互推群。

5. 公关传播

公关传播不是硬广告,学会用对的途径讲一个动人的故事非常重要。互联网时代人人都是传播源,公关传播就是要充分利用微博意见领袖、微信公众号、媒体网站专栏和社交媒体平台讲述一个好的品牌故事,而且,这些平台也会是用户对品牌产生UGC的最好渠道。在公司初创时,公关人员需要把公司每一个阶段的方向都了解透彻,然后学会向市场、投资人、用户传递有力的声音,这个声音不能生硬地广而告之,而应是抛出一个话题引起用户对所讲故事的兴趣,并将用户的兴趣引到产品上,进而形成行业的热议话题。具体有以下策略。

第一,让日常内容保持稳定的曝光度。营销者要定期做好传播规划表,根据公司和产品的变化来决定该向外界传递什么声音,恰当的表达和持续的内容产出会让公司的曝光度及行业的关注度逐渐提高。

第二,维护好已有的媒体资源,积极扩展新资源。对已有媒体资源,营销者仍应做好维护。公关人员还要及时嗅到媒体关注的兴趣点,为下一次的报道梳理做好充分准备。公关人员应有计划地拓展一些新的媒体资源,以为后续推广积累合适的渠道。

第三,选择合适的渠道。要实现推广的预期效果,就要确定合适的呈现方式,选择合适的渠道。比如,对产品的发声,选择科技类的新媒体,在行业内可能会引起更强的关注力。对事件话题性的新闻,选择大型门户类网站较好。

第四,做好对营销传播效果的评估。评估指标包括人群的覆盖率、点击量、阅读量、点赞量等。每一次的数据,都提示下一次的内容应该怎样才能做得更好。

6. 事件营销

事件营销需要体力和脑力的双重配合,这需要整个团队保持敏锐的市场嗅觉,此外还需要有强大的执行力,配合一定的媒体资源,事件才能以最快的速度推出去。事件营销的前提是团队成员需要每天接触和整合大量新鲜的资讯，养成随时记录下闪现的灵感创意并和成员们及时分享、碰撞的良好习惯。对于与产品有关的创意点、结合点，要及时进行头脑风暴，若方案确定可行，那么马上做出与之匹配的传播计划。

四、用户数据分析

认真分析每一条微博、微信、每一个渠道背后的用户数据，发现传播度高的内容背后的契合点和关联性，这样非常有利于官方微博、微信内容质量的提升，运营起来也更接地气。

1. 留存用户和留存率

留存用户和留存率通常反映了不同时期获得的用户流失的情况，分析这个结果往往是为了找到用户流失的具体原因。以 App 为例，刚开始用户会比较多，随着时间的推移会不断有用户流失，留存率随时间推移逐步下降，一般在 3～5 个月后达到稳定。其中阅读资讯、社交沟通、系统工具是留存率最高的三类应用。留存率提高了，才会有更多的用户留下来，真正使用 App 的用户才会越来越多。留存率分析有以下四种。

（1）次日留存。要结合产品的新手引导设计和新用户转化路径来分析用户的流失原因，及时修改和调整以降低用户流失率，提升次日留存率。通常，这个数字如果达到了 40%，就表示产品非常优秀了。

（2）周留存。在这个时间段里，用户通常会经历一个完整的使用和体验周期，如果在这个阶段用户能够留下来，就有可能成为忠诚度较高的用户。

（3）月留存。通常移动 App 的迭代周期为 2～4 周，所以月留存能够反映一个版本的用户留存情况，一个版本的更新，总是会或多或少地影响用户的体验，所以通过比较月留存率能够判断出每个版本更新对用户的影响。

（4）渠道留存。因为渠道来源不一，用户质量也会有差别，所以有必要针对渠道用户进行留存率分析。排除用户差别因素，再比较次日留存率、周留存率和月留存率，可以更准确地判断产品存在的问题。

> **知识卡片**
>
> 用户自某段时期开始使用应用，在一段时间之后，仍然还在使用应用的被认作是留存，这部分用户占当时新增用户的比例，即是留存率。
>
> 一定时期内的新增用户留存量通常会随着时间增长而不断减少。对留存做分析时，不应只看一个总体留存率数据，也要观测留存率下降的趋势。

> 对留存进行分析的最常用方法是以日为单元,观察某日的新增用户在随后每日的留存情况。留存虽可能受到多种因素的影响,如,应用质量、用户素质、应用运营等,但在推广渠道、应用版本既定的条件下,每天的留存趋势不会有很大差异,因此,即使只对一些典型日期做分析也非常有效。通常,用户随时间推移的留存会明显地出现三个时期。
>
> 流失期——用户新进入后的前几天是流失量最大的时期,留存率显著下降,是流失期。其中第一天的留存率被称为"首日留存率"。
>
> 蒸馏期——在经过几天大幅度流失后,用户留存会进入小幅度下降时期,这就如同蒸馏过程一般,因此称作蒸馏期。
>
> 稳定期——经过一段时间蒸馏后,用户留存会呈现出一种很稳定的态势,不会有明显的增减,可称为稳定期,这会保持较长时间。
>
> 在行业中,很多应用都很重视首日留存率这项指标,这是对应用质量的直接反映,这项指标还可以在一定程度上说明用户首次体验的满意度。若从总体来看应用的留存,应该看进入稳定期后的平均留存,这才是应用日留存率的真实水平。留存稳定期所保留下的用户,是最有价值的,他们提供了大量的流量,相对其他用户各项转化率也会更高。
>
> 另一个需要关注的问题是留存要经过多久进入稳定期。新媒体通常都会通过一些运营手段(如用户引导、每日奖励等)来减缓流失,如果留存趋势很快就进入了稳定期,留存也很低,就只能说明在运营方面做得实在太差了。

2. 活跃用户

用户每天既会不断新增,也会不断流失,如果单独只看每日活跃用户数,是很难发现问题的本质的,所以通常会结合活跃率和生命周期来看。活跃率是指活跃用户量除以总用户量,通过这个比值可以了解用户的整体活跃度,但随着时间周期的加长,用户活跃率总是在逐渐下降的,所以经过一个长生命周期(3个月或半年)的沉淀,用户的活跃率还能稳定保持在5%~10%,则是一个非常好的用户活跃的表现,当然也不能完全套用,得视产品特点来看。

总之,新媒体项目或产品运营是一个系统的过程,它包括项目开始前,对市场需求进行调研,设计产品,制订一系列完善的产品整体运营规划并执行;产品上线后,检测市场发展动态,进行数据跟踪分析,根据数据效果,推进产品的改进和营销策略的改变;顺利且有效地完成商务谈判,策划合作项目计划并有效执行之,为双方带来良好效益,且与合作伙伴维持长期友好的合作关系;对网络推广、渠道运营等情况跟踪、收集市场信息和竞争信息,提出推广运营思路,做出分析报告。

本章小结

本章主要从新媒体内容创新、新媒体语言创新以及新媒体运营创新三个维度论证了新媒体创意这样一个议题。对新媒体内容创新的论述,从机遇与挑战两方面展开。面临的机遇包括内容呈现的多终端化、内容产品的社区化以及内容生产主体的多元化,应对的挑战则包括信息源的不确定性、侵权现象的严重性等。新媒体的出现,在创新新媒体内容的同时也提高了语言传播的速度,扩大了语言传播的范围,丰富了语言传播的形式和内容。将新媒体运营看成一个系统的过程,从新媒体项目定位、新媒体运营、新媒体的渠道推广以及新媒体的数据分析等方面对其进行全面理解。

思考与练习

1. 简要说明新媒体内容创新的机遇。
2. 结合实际谈谈新媒体内容创新必须应对的挑战。
3. 新媒体在给内容产业带来机遇的同时,给政府管理带来了哪些挑战?
4. 新媒体时代的语言要求有哪些?
5. 新媒体项目或产品运营是一个系统过程,你如何看待这一点?
6. 结合实例谈谈新媒体推广渠道和推广策略。
7. 简述一下你对于"拉新、留存、促活"的理解。

参考文献

[1] 陈越.专业期刊如何打造"中心厨房"——《浙江经济》杂志融媒体转型初探[J].传媒评论,2019(12):83—85.

[2] 任琦.内部转型 外部扩张 孵化未来——全媒体转型的浙报实践[J].中国记者,2017(2):58—61.

[3] 王朝.突击+跨界+集成:新华社新媒体品牌栏目是这样创新的[J].青年记者,2020(16):35—36.

[4] 陈波,吴云梦汝.场景理论视角下的城市创意社区发展研究[J].深圳大学学报(人文社会科学版),2017(6):40—46.

[5] 孙梨梨,刘兴全,郑基银.韩国文化内容产业的发展及其对中国的启示[J].西南民族大学学报(人文社科版),2016(2):161—166.

[6] 王晓华.差异、多元共生与粤港澳大湾区的文化建构[J].广州大学学报(社会科学版),2018(12):40—46.

第七章　新媒体制作

> **学习目的**
> 1. 通过对数字媒体技术基本概念的学习,掌握相关定义及内涵。
> 2. 通过对数字媒体技术分类的学习,掌握数字媒体技术的内容。
> 3. 通过学习数字音频、图像、动画、游戏、影视剪辑和特效等的使用情况,理清数字媒体技术的应用范围。
> 4. 通过对数字音频、图像、视频及特效的学习,了解相应的制作常识。

数字技术的发展,对人类的生活方式产生了极其重大的影响,网络购物、网络视频、网络游戏给人类带来了数字生活的方便与乐趣,人类得以借助数字技术、计算机网络技术的产物如微博、论坛、X、QQ、Instagram、MSN 等社交媒体,进行彼此间的沟通交流与信息传递。

数字媒体技术是数字技术的重要组成部分,主要应用于摄影摄像、艺术设计、程序设计、数据库设计、网页设计、计算机图形图像处理、人机交互设计、动画设计、电视节目编导与制作、音视频信息处理、特效制作与非线性编辑等。[①]

第一节　数字媒体技术概述

一、数字媒体技术的内涵

数字媒体技术近年来发展迅速,一般认为,它是艺术设计和计算机技术跨学科结合的产物,与计算机产业、通信产业和大众传播业的发展密切相关。

数字媒体技术主要包括数字声音处理、数字图像处理、数字视频处理、数字动画设计、数字游戏设计、数字媒体压缩、数字媒体存储、数字媒体管理与保护、数字媒体传输等相关的技术。

多媒体技术是对文本、静态图像、动画、数字音频、数字视频综合交互处理的软件技术,是数字媒体技术的核心基础技术。从技术范畴上讲,数字媒体技

---

① [美]托马斯·A.奥汉年,[美]迈克尔·E.菲利浦斯.数字化电影制片[M].施正宁,译.北京:中国电影出版社,1998:6.

术是通过现代计算和通信手段,综合处理文字、声音、图形、图像等信息,将抽象信息转化为可感知、可管理和可交互的信息一种新兴技术。

数字媒体产业的迅猛发展得益于数字媒体技术的引领和支持。数字媒体技术本质上是融合了数字信息处理与生产技术、计算机技术、数字通信技术和网络技术等的交叉技术领域。数字媒体技术的研究内容如图 7-1 所示。

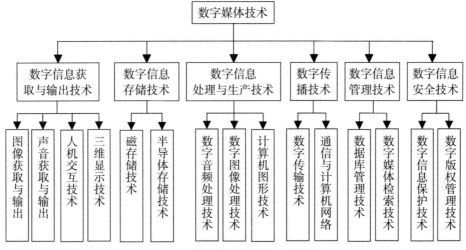

图 7-1　数字媒体技术的研究内容

数字媒体技术主要研究与数字媒体信息的获取、处理、存储、管理、安全、输出、传播等相关的理论、方法、技术与系统。由此可见,数字媒体技术是包括计算机技术、通信技术和信息处理技术等各类信息技术的综合应用技术,其涉及的关键技术及主要内容包括数字信息获取与输出技术、数字信息存储技术、数字信息处理与生产技术、数字传播技术、数字信息管理技术与数字信息安全技术等。

在技术层面,数字媒体技术的硬件设备主要包括传感设备和成像设备。而在软件方面,必须有程序编码、音频技术、视频技术、图像技术、通信技术、跟踪技术和版权保护技术的协作支撑,才能够完成一个优秀的新媒体制作,如表 7-1 所示。

表 7-1　数字媒体技术的运用①

硬件设备方面	传感技术（输入设备）	触觉感应技术	目前应用最广的一种形式,如各类电容、电阻触摸屏技术(手机触屏就是应用此类技术)	
		声音感应技术	感应区域内捕捉到声音后识别出来的技术,如各种语音控制系统	

---

① 张驰.数字媒体技术与展示设计[J].数位时尚(新视觉艺术),2011(06):119.

续表

硬件设备方面	传感技术（输入设备）	光学感应技术	在一定距离内，通过红外线捕捉或者捕捉光遮挡产生反馈的技术	各类信息的输入是数字媒体技术交互过程的第一环节
		动态感应技术	在感应区内对运动的形体发生感应，可以感应客流的变化等	
		温度感应技术	感应器对设定的温度起作用，即达到一定温度它就自动工作	
		红外感应技术	通过热释或者微波多普勒对人体产生感应	
		各种识别技术	例如指纹、二维码、芯片等的识别技术	
硬件设备方面	成像技术（输出设备）	投影技术	360°、180°环幕、球幕、雾幕、水幕与投影仪的配合	展示设计中表达的主要环节。近年来超大超尺寸的成像带来的无缝拼接技术也非常重要
		显示技术	液晶屏、LED、激光、全息、空间立体成像等	
计算机软件方面		程序编码（设定、控制、编码）	软件是数字媒体技术的核心和基础，包括信号的输入、处理以及反馈输出，控制程序和硬件设备的运行，直接影响展示的效果与功能	
		音频技术	音响音效的相关技术，主要涉及音频采样、压缩、合成处理等相关技术	
		视频技术	编码技术和视频剪辑制作技术等	
		图像技术	图像变换、图像编码压缩技术、图像增强和复原技术、图像分类识别技术、图像分割技术等	
		通信技术	网络通信技术等，可实现多个设备的无缝衔接，同步运行	
		跟踪技术	把各种传感器采集的信号传输给电脑进行复制的逻辑运算，得到运动轨迹，把运算结果传输给相关应用展示程序，是互动技术的基础	
		版权保护技术	以一定的计算方法实现对数字内容的保护，包括加密技术、数字水印技术和权利描述语言	

学习卡片

2021年12月，国务院印发《"十四五"数字经济发展规划》，明确指出建设数字中国，推动数字经济发展，并出台一系列扶持政策，包括财政补贴、税收优惠、科技创新支持等。2022年10月，国务院发布《国务院关于数字经济发展情况的报告》，进一步发展数字经济，发挥海量数据和丰富场景优势，促进数字技术和实体经济深度融合。

二、数字媒体技术的分类

数字媒体技术分为数字文本、数字音频、数字图像、数字视频、计算机动画（数字动画）、互动游戏（数字游戏）等相关的技术。

（一）数字文本

数字媒体技术的发展，首先需要解决的问题是如何把自然的文本转化为计算机文本并且进行计算机的结构化解读，生成计算机解读下的文本意义，归根到底是计算机识别、翻译自然文本的问题。

计算机中的文字和数值都是用二进制编码表示的，文字信息、数值信息、符号信息统称为文本信息。一般来说，文本信息主要由 ASCII[①] 码表所规定的字符集（由字母、数字、特殊符号等组成）和汉字信息交换码所规定的中文字符集中的字符组合而成，习惯上把前者称为西文字符，把后者称为中文字符。计算机处理文本信息的过程主要包括输入、编辑、存储、输出等。文本信息通常以扩展名为"txt""doc""docx"的文件存储在计算机中，可以长时间保存，也可以用专门的文字编辑软件 Microsoft Office Word、WPS Office 等进行排版编辑，为应用程序所共享或者传送给别的计算机。

现如今，数字文本技术主要应用在对文本的获取、处理、传输、存储、分类和挖掘上，其中最主要的是文本挖掘。

文本挖掘主要是对网络中信息内容、结构和用户的访问信息进行挖掘。文本本身是半结构化的或非结构化的，无确定形式并且缺乏机器可理解的语义。因此，需要通过文本挖掘技术提取有价值的知识。具体来说，文本挖掘通过分析自然语言描述的文本内容，发现潜在的信息模式和规律，进而帮助实现数据的深度挖掘和知识发现。

文本挖掘

文本挖掘在云媒体中占有非常重要的地位，正因为有文本挖掘，或者说 Web 挖掘的存在，才能让云媒体实现精准定向、主动推送信息，渠道复合，多媒体同步，以及监播系统可控。

（二）数字音频

数字音频是指用一连串二进制数据来保存的声音信号。数字音频的制作途径包括：一种是将现场声源的模拟信号或已储存的模拟声音信号转换成数字音频，另一种是通过数字化和在设备中创作出数字音频。它是随着数字信号处理技术、计算机技术、多媒体技术的发展而形成的一种全新的声音处理手段。这种声音信号在储存和电路传输及处理过程中，不再是连续的信号，而是

---

① ASCII：American Standard Code for Information Interchange，美国信息交换标准代码，是基于拉丁字母的一套电脑编码系统，主要用于显示现代英语和其他西欧语言。

离散的信号。它的主要应用领域是音乐后期制作和录音。

（三）数字图像

数字图像，又称数码图像或数位图像，是以二维数字组形式表示的图像。其数字单元为像元，或称像素或像元点，由数组或矩阵表示，其光照位置和强度都是离散的。数字图像是由模拟图像数字化得到的、以像素为基本元素的、可以用数字计算机或数字电路存储和处理的图像。

（四）数字视频

数字视频就是以数字形式记录的视频，区别于模拟视频。数字视频有不同的产生方式、存储方式和播出方式。比如通过数字摄像机直接产生数字视频信号，存储在数字带、蓝光盘或者磁盘等数字存储设备上，从而得到不同格式的数字视频，然后通过电脑或移动端中特定的播放器播放出来。

（五）计算机动画（数字动画）

计算机动画，又称计算机绘图，是利用计算机技术制作动画的技术，属于计算机图形学和动画学科的交叉领域。计算机动画技术能够通过计算机生成动态影像，模拟现实世界或创作虚拟世界中的各种场景和角色。计算机动画技术已经成为影视、游戏、广告等多个领域的重要内容创作技术。近年来，三维计算机图形学（3D图形学）在动画制作中得到了广泛应用，特别是在电影、电视和游戏等行业中，三维动画制作可以提供更真实和生动的效果。与此相比，二维计算机图形学（2D图形学）仍然在许多领域，尤其是传统动画和一些简约风格的动画制作中占据一席之地。

（六）互动游戏（数字游戏）

互动游戏的原理主要是通过感应系统感应玩家的动作，然后进行分析计算，从而执行相关的游戏命令。根据行业性质以及使用者习惯的不同，常见的互动游戏分为两类：家庭消费类互动游戏和商业互动游戏。

学习卡片

教育部公布的《2022年度普通高等学校本科专业备案和审批结果》中，有21所院校增设数字媒体艺术专业。2023年11月，教育部高等学校动画、数字媒体专业教学指导委员会2023年度全体工作会议在京召开，教育部高等教育司强调了要重视数字媒体相关人才的教育培养与选拔。

三、数字媒体技术在展示设计中的应用

传统的展示设计，其表现力虽然很充分，但受到空间、时间、材料、加工工艺的限制，不能随心所欲地实现信息传递，其手段相对被动。而数字媒体技术

的介入,使得展示设计的形态发生了转变,为展示空间提供了互动体验,开拓了展示设计的传播空间。

近年来,在展示设计领域,数字媒体技术的运用占据着越来越重要的地位,数字媒体设计的展示形式逐步替代以实物为主要载体、以图片或模型作辅助说明的传统展示形式。

(一)大屏幕投影技术的运用

在展示设计中,大屏幕投影技术是目前十分常见的一项技术,运用在人们的教育活动以及商业活动之中,成为展示相关信息的重要技术,有效地帮助观众更加直观地掌握所需掌握的内容以及知识。大屏幕投影技术的主要表现是将动态图、静态图、电影、动画等各种信息,通过多媒体技术和各种声影技术相结合,生动地投影在大屏幕之上,方便观众通过屏幕投影查看更多的信息。当前,大屏幕投影技术被广泛运用,大屏幕投影成为人们了解信息以及传播信息的一个重要方式。在教育活动中,人们运用大屏幕投影技术辅助授课,通过大屏幕投影书本上的知识,学生可以了解到更多通过互联网传播的知识,扩充知识量。在商业活动中,利用大屏幕投影技术,可以投影视频或者产品信息,最常见的是一些公共场合的灯光展示牌或大屏幕视频广告。大屏幕投影技术可以扩大广告的传播范围,增强广告的吸引力。总的来说,大屏幕投影技术能够给观众带来身临其境的感觉,使人能够在声、形、色、像帮助之下,高效获得所要了解的信息内容。

(二)虚拟现实技术的运用

虚拟现实技术主要是应用信息技术以及图文处理技术,跳出传统展示技术需要依靠灯光、展板或者其他辅助工具进行图片和文字的展现的束缚,实现在任何环境都能够展现所需信息。这是因为虚拟现实技术在展示设计中结合了传感器技术、计算机信息传播技术、多媒体技术以及数字信息图文处理技术,能够将虚拟的图文进行模拟展示,使信息展示更加仿真,传播更加迅速。当前虚拟现实技术在展示设计领域中实现了虚拟现实空间的建立,并且突破了时间和空间的束缚,为受众带来远程、全方位、多感官的信息收取体验。例如,目前我国多个影院实现了5D电影的放映,这种展示设计充分地让受众从触觉、视觉、听觉等多个层面出发,全方位、多层面地接收信息,从而产生身临其境的效果,使受众对信息的接收更加准确。

(三)多媒体展示技术的运用

当前日常生活的各个方面,特别是在教育活动之中,多媒体技术应用已经变得非常常见。这是因为信息技术以及多种视听设备和软件的开发为多媒体展示技术的运用提供了技术与环境基础,并推动着多媒体展示技术的进一步发展,使得多媒体展示技术成为当前比较常用的展示设计技术。多媒体展示技术应用的主要表现是利用视听设备或者影像设备对信息以及图像等进行直观的呈现,使观众能够更加便利地了解一些比较抽象的理论信息。从商业角度看,多媒体展示信息给予了参观者更加直观的商品展示方式,为商品广告带来了良好的展示技术。例如,在上海世博会的开展期间,空气投影体系和全息影像等相关的空间展示技术,为各种产品展示提供了良好的技术基础。

(四)地面投影技术的运用

地面投影技术目前主要应用在一些商店和商业街的宣传上,其主要目的是迎合观众的视角,使观众能够更加清晰地看到商店的宣传广告,或者跟随着这些地面标志去到目的地。主要的运用方式是利用投影机将文字、图片或者景观直接投影到普通的字面上或者地面区域,不同的地面投影技术能够呈现出不同的效果。比较先进的地面投影技术还可以与体感技术相融合,当观众走进投影区域时,所投影的景观图案或者文字会随着人物的走动或其他动作的进行而改变,呈现出各种丰富多样的图案以及形态,具有十足的趣味性。地面投影技术作为展示技术中的一种符合当代广告宣传以及其他信息展示需求的技术,能够使信息的受众更加直观、清晰、便捷地了解到信息内容,并按照信息的发送目的进行下一步的动作。

(五)互动电影技术的运用

互动电影技术同样需要运用到体感技术,主要的呈现方式是模拟电影中的各种动作以及形成对应的环境,使观众能够参与到电影节目以及电影环境之中,身临其境地去感受一些由信息技术和电子技术所呈现的影像。有一些互动电影技术甚至能够满足观众的触觉和嗅觉等方面体验的需求,为人们呈现出更加仿真的场景。

(六)电子沙盘技术的运用

电子沙盘技术在展示设计中的运用,主要是为了增加观众的体验感,运用模拟的方式给予观众更多的互动体验,并且结合电子沙盘的艺术性、技术性和演示性等多个方面的特点,给予观众更加愉悦、更加直观的信息传播与信息接收体验。电子沙盘技术在展示设计中的实际运用是通过体感技术与互联网多媒体技术的结合,运用多媒体显示屏呈现相关的信息,并且添加触屏功能。观众选择自己想要了解的信息,是通过触屏方式滑动屏幕选择信息,并在电子沙盘中增添语音以及灯光等其他要素。电子沙盘技术在展示设计中可使观众获得多感官的体验。在教育领域,运用电子沙盘可以实现教育形式的改革。电子沙盘中的触屏应用以及听觉、视觉等多方面的感知功能,可以让学生在学习时感受到多个感官角度的信息,加深学生对知识的印象,并且便于教师进行课程的教学。

第二节　数字音频和数字图像

一、数字音频和数字图像概述

(一)数字音频技术

数字音频技术是现代音频处理技术的核心,它涉及声音的捕捉、存储、处理、编辑和播放。与传统的模拟音频技术不同,数字音频技术将声音信号转化为数字信号,以数字形式对信号进行高效处理和存储。数字音频技术的广泛应用已深刻影响了音乐制作、电影配音、广播、电话通信、虚拟现实等多个领域。

数字音频技术的类型

1. 数字音频技术的定义

随着计算机技术的不断发展,数字技术凭借其在制作、存储、传播等各方面的优势,不断地渗透到音乐制作领域,为音乐的发展开拓出了新的道路,由此产生了数字音频技术。

那么,数字音频技术的概念是什么呢?数字音频技术是一种利用数字化手段对声音进行录制、存放、编辑、压缩或播放的技术,它是随着数字信号处理技术、计算机技术、多媒体技术的发展而形成的一种全新的声音处理手段,主要应用领域是音乐后期制作和录音。简单地说,数字音频技术指的是将模拟声音经抽样、量化和编码后得到一个用来表示声音强弱的数据序列,也就是说,数字音频其实就是一组有意义的有序数据排列。当要听音乐时,再由解码器读取这些数据,在数据经过编码、数模转换变成声波信号的逆向处理过程之后,美妙的音乐便传入人们耳朵。

相较于传统的音频处理方式,数字音频处理技术与计算机或多媒体设施的适配性更高,而且具有存储方便、快捷且容量大的特点。利用数字音频处理技术不仅能有效完成声音处理,更能最大限度地保证声音的真实性,对于音乐后期制作或录音等工作而言十分有利。同时,数字音频技术也大大简化了音频处理的流程,让声音编辑和处理变得更为简单高效。

2. 数字音频技术的主要特征

数字音频技术主要有以下特征。

(1)制作设备大众化、普及化

随着数字音频技术的不断发展,声音制作设备逐渐摆脱了传统的专业化束缚,进入了更加大众化和普及化的阶段。现在,计算机、手机、平板电脑等普通消费电子设备都具备了强大的音频制作和处理功能,使得越来越多的人可以轻松地进行声音创作、编辑和处理。

(2)记录和存储的数字化

数字音频是一种通过数字手段记录和存储声音的技术。常见的数字音频格式有 WAV、CDA、MP3 和 MIDI。WAV 是一种标准的数字音频文件格式,记录实时声音的取样数据,声音不失真,但存储空间较大。CDA 用于保存数字高保真音乐。MP3 是 MPEG 音频文件格式,压缩率高、数据量小、音质较好,非常适合日常使用。MIDI 文件非常小巧,因为它只使用字节进行描述,并不包含声音波形数据。存储设备有光盘、硬盘、MD(Mini Disc,数字音频唱片)、存储卡等数字介质。

(3)制作方式数字化

制作方式与过去相比发生了很大的变化,原来的手工操作现已被计算机代替,技术人员可以随心所欲地按照需要对声音进行编辑处理。计算机数字音频工作站是运用数字声音制作技术的集大成者,它能够通过各种软件采样、量化、编码声音信息,模拟各种硬件设备对声音进行录制、数字处理和非线性编辑,最后混音输出制作成 CD 唱片,大大提高了采编和混音的工作效率。另外,MIDI 制作技术的应用使作曲、配器、录音的全过程只需要一位音乐编导和一位录音师即可完成。

(4)传播方式的互动化和网络化

无线电技术给声音的传播插上了翅膀,使神话中的"顺风耳"变成了现实。电话、无线广播与无线通信的出现,使人们能听到千里之外的声音。卫星技术更是将声音传到世界各地,互联网使交流传播可以实时互动,整个世界变成了"地球村",国际上对数字音频的生产技术有统一的规范标准,增强了音频信息在全球范围内的有效流通和传播。[①]

数字音频技术的操作具体可以归纳为六个方面:数字录音、数字音乐创作、声音剪辑、声音合成、增加特效、文件操作。

(二)数字图像技术

1. 数字图像技术的含义

数字图像处理(Digital Image Processing)是指将图像信号转换成数字信号并利用计算机对图像进行去除噪声、增强、复原、分割、提取特征等处理的过程。[②] 数字图像处理的发展可以分为两个层次:一个层次是学科算法理论研究,多以数学为基础,如射影几何、各种空间变换(小波、曲波、剪切波等);另一个层次是学科横向拓展,将图像处理与其他学科相结合,如与模式识别相结合。

数字图像技术

---

① 郭华.数字音频技术的发展特点和前景研究[J].新闻研究导刊,2019(22):243.
② 胡志萍.数字图像处理技术研究进展[J].中国新通信,2020(24):72-73.

数字图像处理最早出现于 20 世纪 50 年代，当时的电子计算机已经发展到一定水平，人们开始利用计算机处理图形和图像信息。数字图像处理作为一门学科大约形成于 20 世纪 60 年代初期。早期图像处理的目的是改善图像的质量，并以人为对象，改善人的视觉效果。图像处理中，输入的是质量低的图像，输出的是改善质量后的图像，常用的图像处理方法有图像增强、复原、编码、压缩等。

首次成功应用图像处理技术的是美国喷气推进实验室（JPL）。1964 年，JPL 对航天探测器"徘徊者 7 号"发回的几千张月球照片进行了图像处理。这些处理包括几何校正、灰度变换、噪声去除等，并综合考虑了太阳位置和月球环境的影响。最终，计算机成功地绘制出了月球表面图，取得了显著的成果。此后，JPL 继续对探测飞船发回的近十万张照片进行更加复杂的图像处理，生成了月球的地形图、彩色图和全景镶嵌图，取得了卓越成就。这些工作为人类登月奠定了坚实的基础，并推动了数字图像处理学科的诞生。此技术在随后的宇航空间探测中，特别是在对火星、土星等行星的探测中，发挥了关键作用。

数字图像处理在医学上也取得了巨大的成就。1972 年，英国 EMI 公司工程师豪斯菲尔德（Housfield）发明了用于头颅诊断的 X 射线计算机断层摄影装置，也就是我们通常所说的 CT（Computed Tomography 或 Computerized Tomography）。CT 根据人的头部截面的投影，经计算机处理来重建截面图像，称为图像重建。1975 年，EMI 公司又成功研制出全身用 CT 装置，获得了人体各个部位鲜明清晰的断层图像。1979 年，这项无损伤诊断技术获得了诺贝尔奖，为人类做出了划时代的贡献。

与此同时，图像处理技术在许多应用领域受到广泛重视并取得了重大的开拓性成就，这些领域包括航空航天、生物医学工程、工业检测、机器人视觉、公安司法、军事制导、文化艺术等，图像处理成为一门引人注目、前景远大的新型技术。

从 20 世纪 70 年代中期开始，随着计算机技术、人工智能和思维科学研究的迅速发展，数字图像处理技术向更高、更深层次发展。人们已开始研究如何用计算机系统解释图像，实现类似人类视觉系统理解外部世界的效果，这被称为图像理解或计算机视觉。很多国家，特别是发达国家投入更多的人力、物力，取得了不少重要的研究成果。其中有代表性的成果是 20 世纪 70 年代末麻省理工学院的马尔（Marr）提出的视觉计算理论，这一理论在发表后的十多年中在计算机视觉领域占据了主导地位。图像处理虽然在理论方法研究上已取得不小的进展，但它本身是一个比较难的研究领域，存在不少困难，因人类本身对自己的视觉过程还了解甚少，因此计算机视觉仍是一个有待人们进一步探索的新领域。

促进数字图像处理技术发展的有两大动力。一是"算力"。随着可编程GPU的出现,以GPU为代表的新一代处理器处理能力的飞速发展,使得深度学习在数字图像处理中的应用得以实现。二是"数据"。随着数据采集端如智能手机发展和深度相机等的发展与普及,它们产生的海量图像数据为数字图像处理提供了丰富素材。

在真实世界,图像处理技术在制造业故障诊断、遥感图像处理、医学图像处理等领域都产生了巨大应用价值。面向虚拟世界和虚拟现实,混合可视媒体将成为新兴应用场景,带给人们更好的娱乐体验,释放人类的想象力。在真实世界和虚拟世界之间,增强现实、混合现实将虚拟信息与真实世界融合,增强人类在真实世界的体验。

2. 数字图像技术的主要特征

(1)处理信息量很大。数字图像处理的信息大多是二维信息,处理信息量很大。如一幅 256×256 低分辨率黑白图像,要求大约 64KB 的像素数据量,高分辨率的彩色 512×512 图像,则要求 768KB 像素数据量,如果要处理 30 帧/秒的电视图像序列,则每秒要求 500KB~22.5MB 像素数据量。因此,数字图像处理对计算机的计算速度、存储容量等要求较高。

(2)占用频带较宽。数字图像处理占用的频带较宽。与语音信息相比,数字图像占用的频带要大几个数量级。如电视图像的带宽约 5.6MHz,而语音带宽仅为 4KHz 左右。所以在成像、传输、存储、处理、显示等各个环节的实现上,数字图像处理的技术难度较大,成本亦高,这就对频带压缩技术提出了更高的要求。

(3)各像素相关性大。数字图像中各个像素是不独立的,其相关性大。就电视画面而言,同一行中相邻两个像素或相邻两行的像素,其相关系数可达 0.9 以上,而一般来说相邻两帧之间的相关性比帧内相关性还要大些。因此,图像处理中信息压缩的潜力很大。

(4)无法复现全部信息。由于图像是三维景物的二维投影,一幅图像本身不具备复现三维景物的全部几何信息的能力,很显然,三维景物背后部分信息在二维图像画面上是反映不出来的。因此,要分析和理解三维景物,必须做适当的假定或附加新的测量,例如双目图像或多视点图像。计算机在理解三维景物时需要知识导引,这也是人工智能研究中正在致力解决的知识工程问题。

(5)受人的因素影响较大。经数字图像处理后的图像一般是给人观察和评价的,因此受人的因素影响较大。由于人的视觉系统很复杂,受环境条件、视觉性能、人的情绪爱好以及知识状况的影响很大,图像质量的评价机制还有待进一步深入研究。另外,计算机视觉是在模仿人的视觉,人的感知机理必然影响着计算机视觉研究。例如,什么是感知的初始基元,基元是如何组成的,局部与全局感知的关系,优先敏感的结构、属性和时间特征等,这些都是心理学和神经心理学正在着力研究的课题。

二、数字音频和数字图像的制作与处理

(一)数字音频的制作与处理

1. 数字音频的制作

(1)声音的采集方法

① 使用计算机中的声卡,从麦克风中采集语音生成音频文件。如制作课件中的解说词就可采用这种方法。

② 利用一些软件光盘中提供的声音文件。在一些声卡产品的配套光盘中往往也提供许多 WAV、MIDI 或 VOL 格式的声音文件。

③ 用专门的软件抓取 CD 或 VCD 光盘中的音乐。抓取后生成声源素材,再利用声音编辑软件对声源素材进行剪辑、合成,最终生成所需的声音文件。

④ 利用录音软件录制。现在各大软件超市都推出了依附不同设备平台的种类繁多的录音软件,使用起来方便且快捷。这些软件都是借助调用设备上的麦克风进行声音的收录,然后对声音进行编辑。比如 ARWizard 就是一款可以实现混音的录音软件。

计算机中广泛应用的数字化声音文件有两类:一类是采集各种原始声音,经过数字化处理后得到的数字文件(也称为波形文件),还有一类是专门用于记录乐器声音的 MIDI 文件。

(2)数字音频处理常用软件

① Gold Wave。Gold Wave 是一种相当优秀的数码录音及编辑软件,除了附有许多效果处理功能外,它还能将编辑好的文件存为 WAV、AU、SND、RAW 和 AFC 等格式。Gold Wave 由音频编辑器和播放器组成,音频编辑器用于声音编辑和处理,播放器用于倾听编辑效果。它集音频录制和编辑于一体,功能强大,不仅可以很方便地制作 CAI 课件的背景音乐、音效,录制 CD,转换音乐格式等,还具有各种复杂的音乐编辑和特效处理功能。该软件不需要安装,只要运行程序文件夹中的可执行程序即可。

② Easy CD-DA Extractor(乐灵通)。Easy CD-DA Extractor 是 CD 转录、音频编码和 CD 刻录的工具。它能转换音频文件格式,具有先进的声音处理功能,能分割曲目清单并将它们编码为单独文件,支持 ID3、ID3V2 和其他格式的特定元数据。

③ Adobe Audition。Adobe Audition 是专门为音频和视频专业人员设计的,可提供先进的音频混音、编辑和效果处理服务。它工作流程十分灵活,使用非常简单,并配有很好的工具,可以制作出音质饱满、细致入微的高品质音效。

④ Sound Forge。Sound Forge 是 Sonic Foundry 公司开发的一款功能强大的专业化数字音频处理软件。它是比较全面的音频处理软件，具有强大的工具和效果制作等功能，能够以整合性的程序完成音频的编辑、录制、效果处理以及编码。它具有强大的效果制作功能，能够非常方便、直观地对音频文件（wav 文件）以及视频文件（avi 文件）中的声音部分进行各种处理，满足从普通用户到专业录音师的各种要求。

2. 数字音频处理技术的应用

（1）音频软件

使用音频软件处理采集到的音频，是数字音频处理技术的基础。在实际作业环节，数字音频处理技术的应用成效与音频软件的实用性和便捷性息息相关。为高效处理数字音频，相关工作人员必须确保音频软件的作用得到充分发挥。

基于多媒体计算机的音乐播放功能，可有效完成音频格式检验和音质判断工作。在使用数字音频处理技术时，技术人员必须先查验音频文件的格式，然后根据实际需要对所有文件进行格式转换以确保格式统一。而后，相关工作人员就可以利用音频软件或 FLASH 处理数字音频的节奏和节拍。为保证音乐处理的有效性，相关工作人员必须边听边处理，以便保障声音节奏和节拍的准确性、一致性和同步性。如果出现不同步问题则应该立即使用音频软件进行调整。比如，基于音频软件，调整音乐节拍速度或节奏强度，使音乐的旋律与节奏同步。在这一过程中，借助音频处理软件可对数字音频进行精细化处理，为提高音乐音质奠定基础。

（2）动态处理技术

数字音频的播放效果将会直接影响听觉效果，甚至还会对音频音质产生影响。在播放环节，相关工作人员可通过动态处理技术快速开展音频节奏和音量处理工作。依托该技术，可实现音频声音大小的动态化控制，在播放时提高音频音效的流畅度与和谐度，让其音质和播放效果都得到改善。

借助动态处理技术调节音频音量时，相关工作人员需要具有全局性思维，比如全面考量音乐风格和听众感受，有效调节声音振幅，保持音频与声波的和谐统一，这样才能为倾听者带来绝佳的听觉盛宴。在此环节，必须确保音频的一致与和谐，要利用动态处理技术规避声音振幅不合理问题，通过动态化控制呈现高品质音效。

（3）单轨音频处理技术

为有效提升音质和音效，音频处理人员应该灵活应用数字音频处理技术。比如根据音乐作品的要求，使用单轨音频处理技术调节音乐节奏和节拍，以避免音乐骤然加速或减速的情况发生。因此，在实践中相关工作人员必须先明确音乐的风格和实际处理要求，再对音频节奏、节拍以及音量大小情况进行分析,然后借助单轨音频处理技术开展针对性处理。需要注意的是,在处理音频的过程中必须持续播放音频。利用单轨音频处理技术,能大大提升音频中声音衔接的柔和度和自然度,从而增强音效。[①]

(4) 多轨混音技术

使用数字音频处理技术时常常面临声音混合要求,混合多元化声音可大大提升音频的音效和听觉体验。在此环节,相关工作人员往往需要应用到多轨混音技术。此时,需在多媒体计算机当中导入音频文件,并利用数字音频处理技术和多轨混音技术进行声音混合,完成各种混音处理,比如结合音乐风格,调整音量、声调、音轨、节拍和声音振幅。而后,相关工作人员应该根据混音效果判断是否需要进行二次调整。若不存在杂音、跑调、节拍错误,则表示音质良好且播放效果好;若存在杂音,则需要再次进行混音处理,让音乐的混音衔接自然。总之,运用多轨混音技术可以显著提升音乐融合的有效性,提高混音效果并呈现出理想的音乐播放效果。

(二) 数字图像的制作与处理

1. 数字图像的制作

(1) 图像的采集方法

图像的采集有很多种方法,如用数码相机拍摄、用扫描仪从印刷品和照片上获取等,这些都可以将原始的模拟图像数字化,从而得到数字图像。根据实际的需要,可以灵活地运用各种方法采集所需要的图像素材。数字图像的格式有 BMP、GIF、JPEG、JPEG2000、TIFF、PSD、PNG、SWF、SVG 等。其他非主流图像格式有 PCX、DXF、WMF、EMF、FLIC(FLI/FLC)、EPS、TGA 等。其中,GIF、JPEG 和 PNG 应该是最为大众所熟知的格式。

图像处理

案例 7-1 《永不消逝的电波》彩色 4K 修复

2021 年 10 月 6 日,由中央广播电视总台央视频 5G 新媒体平台与中国电影资料馆联合完成的我国首部黑白转彩色 4K 修复故事片《永不消逝的电波》在全国院线正式上线。该片由八一电影制片厂于 1958 年出品,是中华人民共和国第一部讲述党的隐蔽战线英雄人物的经典影片。这部讲述革命英雄故事的黑白影片原拍摄于 1958 年,是以胶片拍摄的,因为年代久远,63 年后电影胶片存在着灰尘、污垢、霉斑、掉色、图像抖动、划痕、闪烁、

---

① 朱江毅,文丛.刍议数字音频处理技术在多媒体计算机中的应用[J].信息记录材料.2020(12):213-214.

> 噪声、变色、模糊等各种问题。
>
> 　　该片修复团队把我国拥有自主知识产权的人机交互式 AI 上色技术与传统修复手法相结合,在 7 个多月的时间里对原片 16.5 万帧的黑白影像逐帧进行修复。修复过程主要分为四个阶段:物理修复、数字修复、艺术修复和上色修复。物理修复主要是清除画面杂质。数字修复则是整个修复过程中工程量最大的环节,在对胶片进行数字化扫描后,运用 4K 数字化技术逐帧处理霉斑、掉色、图像抖动、划痕、闪烁、噪声、变色、模糊等各种问题。每位修复师每天至少需要点击鼠标两万次,一帧的修复时间短则几秒,长则几个小时,甚至几天。艺术修复遵循"修旧如旧"原则,力求将影片最大限度地还原成当时的面貌,如片中人物服装的色彩、皮肤的颜色等,都要结合电影的原本风格进行修复。上色修复则是通过 AI 和人工上色技术将黑白影像转换为彩色影像。

（2）数字图像处理常用软件

① Windows"画图"。Windows"画图"是指 Windows 操作系统自带的画图工具,打开操作:开始→程序→附件→画图。

在画图软件界面的左侧列有 16 个功能按钮,将鼠标箭头指向任何一个功能按钮都会自动显示提示文字,告知每个按钮的基本功能,主要有"直线""矩形""椭圆""橡皮擦""文字"等功能。

② Photoshop。Photoshop 是专业的图像处理软件。该软件包含图像编辑、图像合成、校色调色及特效制作等功能。

图像编辑是图像处理的基础,Photoshop 可以对图像做各种变换,如放大、缩小、旋转、倾斜、镜像、透视等,也可进行复制、去除斑点、修补、修饰图像的残损等。

图像合成则是将几幅图像通过图层操作、工具应用合成完整的、传达明确意义的图像,这是美术设计的必经之路。Photoshop 提供的绘图工具让外来图像与创意很好地融合,使天衣无缝的图像合成成为可能。

校色调色是 Photoshop 中深具威力的功能之一,可方便快捷地对图像的颜色进行明暗调整和色偏校正,也可在不同颜色之间进行切换,以满足图像在网页设计、印刷、多媒体等不同领域的应用。

特效制作在 Photoshop 中主要通过滤镜、通道及工具的综合应用来实现,包括图像的特效创意和特效字的制作。油画、浮雕、石膏画、素描等常用的传统美术形式都可借由 Photoshop 特效完成,而利用 Photoshop 制作各种特效字则是很多美术设计师热衷于研究 Photoshop 的原因。

> **学习卡片**
>
> 1987年,Photoshop 的主要设计师托马斯·诺尔买了一台苹果计算机用来帮助他完成博士论文。与此同时,托马斯发现当时的苹果计算机无法显示带灰度的黑白图像,因此他自己写了一个程序 Display。而他的兄弟约翰·诺尔此时在导演乔治·卢卡斯的电影特殊效果制作公司 Industry Light Magic 工作,约翰对托马斯的程序很感兴趣。两兄弟在此后的一年多把 Display 不断修改为功能更为强大的图像编辑程序,经过多次改名后,在一个展会上接受了一位参展观众的建议,把程序定名为 Photoshop。此时的 Display/Photoshop 已经可以进行色阶、色彩平衡、饱和度等方面的调整。

③ Corel Draw。这是加拿大 Corel 公司的矢量图形制作工具软件,给设计师提供了矢量动画、页面设计、网站制作、位图编辑和网页动画等多种功能,还为专业设计师及绘图爱好者提供简报、彩页、手册、产品包装、标识、网页及其他工具。Corel Draw 提供的智慧型绘图工具以及新的动态向导可以充分降低用户的操控难度,使用户更加容易而精确地创建物体的尺寸和位置,减少点击步骤,节省设计时间。

④ Illustrator。这是 Adobe 系统公司推出的基于矢量的图形制作软件。作为一款非常好的图片处理工具,Illustrator 被广泛应用于印刷出版、海报书籍排版、专业插画、多媒体图像处理和互联网页面的制作等领域,也可以为线稿提供较高的精度和控制。

除了上述几款软件外,移动设备的专用图像处理软件,包括 Ezgif、Smart Resize、Waifu2x 等,也越来越受到大众的关注。它们功能相对简单,技术要求不高,容易上手且效果多样,深受一些用户的喜爱。

2. 数字图像处理技术的应用

随着计算机技术的发展,图像处理技术已经深入人们生活的方方面面,其中,在娱乐休闲上的应用尤为深入人心。图像处理技术在娱乐中的应用主要包括:视频播放与数字电视、数码相机、计算机游戏等。

(1) 视频播放与数字电视

家庭影院中的 VCD、DVD 播放器和数字电视,大量使用了视频编码解码等图像处理技术,而这些技术的发展也推动了视频播放与数字电视向高清晰、高画质方向发展。

(2) 计算机游戏、电子游戏和网络游戏

计算机游戏、电子游戏和网络游戏的画面是近年来游戏发展最快的部分之一。从1996年到现在,游戏画面的进步简直可以用"突飞猛进"来形容。随着图像处理技术的发展、硬件性能的提升和游戏引擎的不断优化,过去只能在科幻作品中看到的画面效果,如逼真的光影、动态环境、复杂的人物动画等,今天已经成为普通游戏体验的一部分。

(3) 数码相机

所谓数码相机,是一种能够进行拍摄,并通过内部处理把拍摄到的景物转换成以数字格式存放的图像的特殊照相机。与过去的相机不同,数码相机并不使用胶片,而是使用固定的或者是可拆卸的半导体存储器来保存获取的图像。数码相机可以直接连接到计算机、电视机或者打印机上。

(4) 艺术设计

随着计算机技术的发展,艺术设计领域得到了极大的拓展和创新。许多传统的艺术设计工作如今都离不开计算机技术的支持,图像处理技术应用于艺术设计,逐渐衍生出一门新的艺术形式——计算机美术。

(5) 机器视觉

机器视觉是人工智能正在快速发展的领域,主要进行三维景物理解和识别,是尚处于研究之中的开放课题。机器视觉主要用于军事侦察、危险环境作业的自主机器人、邮政、医院和承担家庭服务的智能机器人,装配线上进行工件识别、定位的自动操作机器人和太空机器人等。

(6) 电子商务

在电子商务中,图像处理技术也大有可为,如身份认证、产品防伪、水印技术等。此外,还可用于提升用户体验,增强平台安全性和智能化水平。

(7) 航空航天

数字图像处理技术在航天、太空领域得到了广泛的应用。通过对载人航天器或者太空卫星上的图像进行数字图像处理,我们能清晰地观看到宇宙世界的景象和众多太阳系行星的图像。这极大地推动了航空航天事业的发展,也为未来人类的航空航天事业打下了坚实的基础,提供了必要的技术手段支持。

(8) 军事领域

现代化的军事发展越来越依赖计算机技术,远程打击和电子战越来越受到军事理论家们的推崇。数字图像处理技术可以对军事基地和地形结构进行图像的传输和处理,能为军队提供某地区全方位的地形结构和军事设施分析,以便进行有效的军事打击。数字图像处理技术愈来愈有利于军事现代化的发展,为我国的国防安全做出了突出贡献。

此外,图像处理技术在生物医学工程、通信工程、工业工程等方面的运用也非常广泛。总之,图像处理技术已在国家安全、经济发展、日常生活中扮演了越来越重要的角色。

第三节 数字动画和数字游戏

一、数字动画和数字游戏概述

数字动画和数字游戏是数字媒体领域两种重要且广受欢迎的内容形态，它们在文化传承领域发挥着越来越重要的作用。在数字媒体技术的驱动下，大众文艺娱乐日趋多元化，随着数码特效技术的不断创新，出现了 Flash 动画、三维动画、全息动画、网络游戏、手机游戏等崭新的形式。动画电影和数字游戏作为两大成熟的产业形态，二者有着众多的契合点，从 20 世纪 80 年代起，形成了不断融合的态势。[①] 此外，数字游戏和数字动画与教育相结合也越来越被大众所接受和认可，二者已经成为文化传承的新兴重要载体。[②]

（一）数字动画和数字游戏的定义与特征

1. 数字动画的定义与主要特征

（1）数字动画的定义

动画，广义上是通过影片制作和放映，由原本静止的对象转化而来的动态影像。动画是集绘画、漫画、电影、数字媒体、摄影、音乐、文学等众多艺术门类于一身的艺术表现形式。动画不仅仅受小孩子喜爱，也为很多成年人提供了休闲娱乐。

数字动画又称计算机动画，是采用计算机的图形与图像处理技术，借助编程或动画制作软件生成一系列的静止图像，然后连续播放静止图像，从而产生动态影像效果的数字艺术。计算机图形学的发展带来了数字动画的新变革，当代数字动画是艺术与高端科技联手创造的前沿艺术。当代数字动画的应用范围很广，可以通过华丽炫目的效果给人们带来新的视听享受，同时这一技术还应用于真人电影的摄制中，成为电影的重要组成部分。数字动画在影视特技、电视片头、科学教育、游戏、虚拟现实以及军事等各个领域发挥着越来越重要的作用。

在当今的动画创作领域中，数字技术的应用已经变得越来越普遍，其优势和独特性也变得越来越明显。

[①] 陈欢.动画电影与数字游戏间的互动与融合[J].当代电影,2016(09):189－192.
[②] 何威.中国数字游戏对外传播的现状、路径与思考[J].对外传播,2021(2):44－47.

> **学习卡片**
>
> 从二维到三维,从平面印刷、网页设计行业到三维动画,影视特效行业,随着技术的不断提高,计算机图形(Computer Graphics,CG)应用的领域不断扩大,现今更是形成了一个可观的经济产业。中国第一部全三维动画电影——由环球数码制作的《魔比斯环》在2006年成功上映,这奠定了中国CG影视的第一步,随着CG不断发展,衍生出很多CG影视公司,拉动了整个产业的发展和就业。在这短短十几年,CG以高端科学技术为依托,以无限的创意为内容,彻底颠覆了传统的视觉时代,开辟了流光溢彩的图像新时代,CG动画给影视和游戏强国带来了十分可观的经济利润。可以说,CG已经在美国和日本等国形成了一种产业,深刻影响着他们的经济和文化发展。

(2) 数字动画的主要特征

易用性:传统动画由专业人士或专业影视制作机构制作。由于Flash等软件简单实用,众多动画爱好者能够熟练掌握和运用这类软件,因此数字动画很容易实现个体化制作。

跨媒介性:数字动画可以在网络、手机或其他终端得到广泛传播,便于用户存储和阅读,并在社交平台转发。

虚拟性:数字动画有无限的表现力,凡是实拍技术能呈现的内容,皆能通过动画来复制,而实拍技术不能实现的凭空想象的影像,更是数字动画表现的强项。如虚拟的角色形象,虚拟的时间空间和虚拟的故事情节,都能借助虚拟技术得以完美再现。

艺术性:数字动画能够将复杂的故事、情感与主题通过创新的视觉语言传达给观众,塑造出比现实世界更具吸引力和表现力的叙事。突破了现实世界的局限,展现出极为丰富的艺术表现力。

2. 数字游戏的定义与主要特征

(1) 数字游戏的定义

数字游戏是指依托于计算机软硬件技术和设备开展的数字化的游戏活动。随着互联网在全世界的普及,文化产业迅猛发展,游戏产业作为文化产业的重要组成部分,已成为全球发展最快的行业之一。[①]

从所依附的数字平台类型的角度看,数字游戏涵盖了电脑游戏、网络游戏、电视游戏、街机游戏、掌上游戏等类别。这些游戏都有着类似的原理——

---

① 何威.中国数字游戏对外传播的现状.路径与思考[J].对外传播,2021(02):44—47.

在基本层面均采用以信息运算为基础的数字化技术。

数字游戏作为目前综合性最强的一种互动艺术形式,具有鲜明的时代特征,它是在现代科技的发展下,逐步衍生出来的一种融合了数字技术、电影、文学、绘画、设计、心理学、传播学等多学科的现代综合艺术形式。它不仅像传统电影、电视艺术那样给人们带来了视听感受,更重要的是玩家还需通过与游戏的充分互动才能获得对游戏作品的完整体验。在产业分类中,数字游戏也属于动漫业的一部分。

(2) 数字游戏的主要特征

仿真性:计算机游戏脱胎于真实世界,它是对现实生活进行抽象与艺术化加工后得到的一个具体化的社会模型。游戏的仿真性使得玩家能对游戏的画面或是内容产生一种信任感,这种信任感能帮助玩家在游戏中实现各种任务,闯过层层关卡。

互动性:互动性包括选择与参与,是数字游戏区别于其他艺术形式的最大特点。数字游戏与电影可以有相同的剧本和相同的表现方式,甚至连一些模型都是通用的。但是互动性使得数字游戏明确地区别于电影,也正是互动性给游戏带来了极强的生存空间。玩家进入游戏可以自主地进行判断,做出决定。

目标性:数字游戏都会设定明确的目标吸引游戏者的注意。游戏的目标有着严整的体系,在游戏的每个阶段,都有具体的目标,这种目标清楚、单一、但有一定的难度。这种目标性使得玩家能够明确自己的方向和行动步骤,从而提高游戏的参与度与黏性。目标的清晰性和难度的逐步提升,也保证了游戏的平衡性和玩家的投入感。

趣味性:游戏最大的特点是具有趣味性,具有吸引力。趣味性一方面是游戏的内容有趣,另一方面是游戏进展过程充满悬念和新奇感。数字游戏的组织形式往往灵活多样,不断激发游戏者猎奇的欲望。程序的控制使游戏可以实现非线性的跳转,游戏过程充满了不确定因素,往往能使游戏者欲罢不能。

相对于传统游戏,数字游戏具有跨媒介特性和历史发展性等优势,"数字游戏"这个称谓具有兼容性,是许多种不同媒介的集合。数字游戏在商业上的巨大成功和发展前景使得游戏行业本身受到越来越多的关注。[1] 2015 年以来,中国抓住互联网移动端的发展机遇,大力发展科技企业,逐渐形成了以腾讯科技为代表的中国数字游戏产业。

(二) 数字动画和数字游戏的发展

1. 数字动画的发展简史

传统的动画制作方式在发展过程中产生了很多问题,如生产效率低、动画

---

[1] 李晨.中国数字游戏产业在中东地区的近年发展研究[J].齐齐哈尔大学学报,2021(12):41−45.

质量差、艺术风格单一等。数字技术的不断发展,给动画带来了一场前所未有的数字革命,产生了很多新的动画制作软件和制作方式。在当代,我们处处可以看到数字技术的神奇魅力,例如有展现活灵活现恐龙众生相的《侏罗纪公园》,还有《阿凡达》的潘多拉世界,为人们创造了梦幻般的视听奇观,把观众带入了从未想象过的梦幻天堂。

日本拥有发达的动画产业,素有"动漫王国"之美誉,是全球最大的动漫输出国。据称,日本动漫产品的产量占世界产量的60%,在电视节目中播出过日本动画片的国家超过100个。日本动漫产业体系完善,产业链各环节分工明,形成了规模效应。日本的动画游戏产业每年能创造几百兆亿日元的产值。

美国动画产业的发展缘于美国在信息技术领域的领先地位。在以硅谷为首的IT技术高度发展的近20年里,计算机图形(Computer Graphics,CG)、三维动画(3D Animation)软件和后期特效处理与制作软件的巨大发展给好莱坞电影产业带来了前所未有的生机,一大批软硬件及系统集成与开发的IT企业如雨后春笋般成长起来。

美国SGI(Silicon Graphics)公司是斯坦福大学一批研究人员在研制出具有很强的图形计算能力的计算机后,于硅谷成立的IT企业,该公司所生产的SGI图形工作站专门针对可视化计算、仿真与虚拟现实应用、三维动画制作等应用领域,是计算机图形领域具有最强处理能力的世界知名企业。在好莱坞电影公司的动画制作和视频特技领域,SGI图形工作站几乎垄断性地占据着这些电影制作公司的制作车间,从20世纪80年代末期到21世纪初的十几年时间里,SGI成了高端图形处理能力的代表,但昂贵的价格使一般的商业用户望而却步。

随着一批有影响力的特效制作和后期非线性编辑软件如Discreet Combustion、Digital Fusion、Shaker、Autodesk Flame等的问世,影视频编辑的后期特效也越来越精彩,以2018年上映的好莱坞动作特效大片《复仇者联盟3:无限战争》为例,这部影片充分展现了特效技术给影视作品带来的帮助。[①]

中国动画从20世纪20年代开始萌芽,至今已有百年历史,中国动画在全球政治经济环境的影响下,经历了较为曲折的发展历程。[②] 动画制作也从传统手绘方式逐步进入数字动画制作时代。中国国产动画的初创,是由万氏兄弟完成的。从1926年中国第一部动画片《大闹画室》诞生,到各种水墨动画、剪纸体裁、木偶体裁,再到现代数字动画,这些作品构成了丰富多彩的中国动画发展史。但是,20世纪80年代末,中国的动画开始走向衰落,"中国学派"逐渐在世界动画行

---

① 殷铭.影视后期特效的运用及发展研究[J].戏剧之家,2022(5):166—168.
② 陈赞蔚,尹江南.中国动画百年发展与变化探析[J].当代动画,2022(4):8—15.

业竞争中颓靡,这一时期中国荧屏上几乎都是美国和日本的动画片。进入 21 世纪,中国动画开始逐渐苏醒,伴随着计算机软件技术的普及,数字化动画制作技术革命悄然兴起,快速占领了整个动画制作领域,成为时代的主流。[①] 经过努力,中国如今也拥有了一批相当出色的数字动画作品,比如《西游记之大圣归来》《白蛇:缘起》《哪吒之魔童降世》《姜子牙》《长安三万里》等。

> **学习卡片**
>
> 2022 年中共中央办公厅,国务院办公厅印发的《"十四五"文化发展规划》中提出要推动文化产业高质量发展,加快发展数字出版、数字影视、数字演播、数字艺术、数字印刷、数字创意、数字动漫、数字娱乐、高新视频等新型文化业态,改造提升传统文化业态,促进结构调整和优化升级。

> **案例 7-2 《白蛇:缘起》**
>
> 《白蛇:缘起》是由追光动画和华纳兄弟共同制作的动画电影,在使用计算机动画技术呈现场景的视觉真实感的同时,融入水墨画的美学表达方式。在运用三维软件模拟"水漫金山"场景中浪花的真实感的基础上,结合超出物理真实的奇幻效果的表达,展现了技术算法与传统美学融合的表达路径。

2. 数字游戏的发展简史

西方国家的计算机的普及和信息高速公路的建设略早于中国,这使得西方数字游戏及教育数字游戏的设计研究也比中国先行一步。从游戏萌芽阶段的 2D 游戏、2.5D 游戏到较成熟的 3D 游戏,游戏业界不断革新。

自 1952 年电子游戏被发明以来,电子游戏的内容和形式一直随着电子科技的进步和社会审美观念变化而变化。不过,最初的电子游戏仅以人机对抗或人人对抗为主,并没有鲜明的地域特色。

20 世纪 60 年代至 70 年代的十年中,计算机技术得到飞速发展。计算机开始向小型机发展,成为未来个人计算机普及的雏形。计算机软硬件技术的提高为数字游戏的出现提供了可能。1961 年,第一款真正在计算机上运行的交互游戏诞生在第一台小型机 DEC PDP-1 上,这款游戏成为游戏史上第一款真正意义上的数字游戏——《太空大战》(*Space War*)。

整个 20 世纪 70 年代是计算机软硬件技术和电子游戏这种新兴的娱乐方式探索发展的年代。计算机图形图像技术也在 20 世纪 70 年代形成。对于数

---

① 孙立军.中国动画史[M].北京:商务印书馆,2018:278.

字游戏来说，20世纪70年代是启蒙探索时期。街机游戏成为20世纪70年代的主导，推进了数字游戏在硬件界面应用方面的发展，1971年第一款街机游戏《电脑空间》(Computer Space)开启了数字游戏商业化的大门。

20世纪八九十年代是数字游戏界面的普及发展时期。经过近二十年的探索与研究，数字媒体技术已日趋成熟，且以极快的速度融入大众的生活中。数字游戏已经不仅仅是少数人的娱乐，而是完全走出实验室成为大众娱乐。

21世纪是数字游戏界面的兴盛时期。数字媒体进入了跨媒体发展时期，各种媒介相互融合的趋势越来越明显。科技创新催生的新媒介形态、产业与版权串联下的跨媒介叙事、媒介融合背景下的影像创作对话，引发多种媒介形态协同发展。[①]

数字游戏的多元化、复杂化直接影响了游戏的可玩性。玩家在如此庞大的游戏世界中依靠的就是手中的控制设备和游戏中的信息反馈。因此，数字游戏界面设计在这一时期显得尤为重要，也有了更为多元化的发展。

学习卡片

《2023年中国游戏产业报告》数据显示，2023年中国移动游戏市场实际销售收入总额为2268.6亿元，同比增长17.51%，占中国游戏市场总收入的74.88%；客户端游戏市场实际销售收入为662.83亿元，同比增长8%；网页游戏市场销售收入同比下降10.04%，仅有47.5亿元，连续8年下滑。可见数字游戏的结构发生了显著变化。

二、数字动画和数字游戏的制作与处理

（一）数字动画和数字游戏的常用软件

1. 数字动画制作软件

数字游戏

目前，数字动画的前期制作软件主要有 Autodesk 3ds Max、Autodesk Maya、Flash、Harmony、Toon Boom Studio 等，建模辅助软件有 Z Brush 等，中期制作软件有 Adobe Photoshop、CS、Boujou 等，后期合成软件有 Permier、AE、Combustion 等，音频制作软件有 Adobe Audition 等，动作流编辑软件有 Endorphin、Motion-Builder 等，建模辅助软件有 Poser、Maya、Softimage XSI 等，场景效果制作软件有 VUE，还有大量的视频、音频格式转换压缩软件。

数字动画制作软件的出现和发展使得动画制作变得更加高效、灵活和创意性强。通过这些软件，动画师不仅能够快速实现复杂的动画效果，还能节省

---

① 刘洪琛，孙立军.影视剧与游戏跨媒介融合的三重路径[J].电影文学，2021(19):56-63.

大量的时间和资金,使得动画产业得以快速发展。现代的动画制作从传统的手绘、拍摄胶片到数字化、自动化,经历了巨大的变革,推动了整个行业的创新和进步。

2. 数字游戏制作软件

一款游戏的问世,需要经历多个阶段,从策划到程序开发,每个环节都需要不同的专业软件工具支持,以下是游戏制作过程各阶段常用的软件工具。

游戏策划是游戏开发的核心,游戏策划师需要掌握 Office 系列软件、Mindmanager 等思维导图软件。游戏原画设计需要良好的手绘、素描功底,最常用的软件就是 PS。游戏 UI 设计需要 PS、AI、DW、FL、axureRP、HTML、CSS 等软件。游戏场景设计需要 PS、Maya、3ds Max 等软件。游戏角色设计需要 Maya、Bodypaint 等软件。游戏动画设计需要 Character Studio、Maya 等软件。游戏特效设计需要 3ds Max、Illusion 等软件。游戏程序开发需要 Unity、Unreal Engine、CryEngine、Blender、Eclipse 等软件。

(二)数字动画和数字游戏技术的应用

1. 数字动画技术的应用

近年来,随着科学技术的发展,数字动画的应用领域日益扩大,并由此带来一系列社会效益和经济效益。现阶段数字动画主要应用于以下五个领域。

数字动画应用

(1)电影业。数字动画在电影业的应用,其一是动画影片的制作,如《海底总动员》《花木兰》等脍炙人口的二维和三维动画影片都是计算机创造出来的动画。其二是数字特效,即"电脑特效",比如《最终幻想》《终结者》等,很多都采取了大量的三维动画技术。随着中国电影业的不断发展,必将更多地采用数字动画技术。

(2)电视片头和电视广告。在当今时代,广告在人们生活中可谓是无孔不入。数字动画能制作出精美神奇的视觉效果,创作出精美绝伦的广告作品。当然最重要的是创意,只要人们的头脑能想出来,数字动画就能制作出来。

(3)科学计算和工业设计。利用数字动画技术,可以将科学计算过程及计算结果转换为几何图形或图像信息在屏幕上显示出来,以便观察分析和交互处理。在一些重大的科学研究和工程设计中,比如航空、航天、大型水利工程等,利用数字动画技术进行模拟分析,可减少重大损失,从而达到提高设计可靠性的目的。

数字动画技术在工业设计方面也越来越受欢迎,它为设计人员提供了一个崭新的电子虚拟环境,同时还可以利用光照渲染,从不同的视角观察表现,比如利用 3D 技术设计汽车模型。

(4)教育领域。在教育方面,数字动画能够将复杂的自然现象、科学过程等动态演示出来。通过数字三维或二维技术,教师可以进行实验仿真,模拟复杂的物理、化学、生物实验,提高学习的互动性和参与感。

(5)过程控制及系统环境模拟。使用者利用计算机图形来实现、控制或管理对象之间的相互作用。例如:石油化工、金属冶炼、电网控制的有关人员可以根据设备关键部位的传感器送来的图像和数据,对设备运行过程进行有效的监视和控制;机场的飞行控制人员和铁路的调度人员可通过计算机产生的静态或者动态图形的运行状态信息,分别有效、迅速、准确地调度、调整空中交通和铁路运输。

2. 数字游戏技术的应用

(1)影视业。数字游戏与影视艺术互通,因此在跨媒体合作上是正确可行的。数字游戏和影视艺术跨媒体合作的意义,在于强大的媒介联盟力量可以强化游戏机制,使虚拟世界显得更加真实,从而促进数字游戏的内源性开发和影视艺术的多元化延展,实现游戏与影视跨媒介共赢。[1] 如《生化危机》《终结者》,这些都是数字游戏和影视艺术相结合的成果。

(2)动漫业。数字游戏,特别是手机游戏,推动了国产动漫的创作创新和市场拓展。在部分风靡全球的经典游戏被改编成影视剧的背景下,人们不禁开始思考并深刻认识到国产动漫广阔的发展空间。[2]

(3)社会文化空间。当代社会的视觉文化是指依托各种视觉技术,以图像为基本表意符号,并通过大众媒介进行传播的一种直观感知并以消费为导向的视像文化形态。数字游戏作为一种集视觉效果、音乐音效、对话剧情和互动操作于一体的复合型艺术形式,往往以最新的数字技术为支撑,以视觉效果来吸引眼球。数字游戏的互动性包括玩家与计算机的互动、玩家与游戏的互动以及玩家与玩家的互动。这些超越时空和社会环境的互动,既可以让玩家获得全方位的情感体验,又可以彼此进行超越文化背景的情感交流,从而构建互动的社会文化空间。[3]

(4)教育领域。数字游戏为语言学习者构建了身临其境般的虚拟世界,提供了语言交流和跨文化互动的机会。以语言学习为目的而设计的数字游戏可以通过恰当的语言输入、表达、互动和反馈,创造一个有利于语言学习的环境。与其他技术支持的语言学习方式相比,数字游戏因具有挑战性、趣味性和互动性,能更有效地激发学习者学习语言的兴趣和内在动机。在第二语言学习方面,数字游戏为第二语言学习者提供了开展语言练习的情境与个性化的

---

[1] 许洺洺.数字游戏设计影视艺术绪论[D].长春:吉林大学艺术学院,2013.
[2] 钱若云,王玉红.手机游戏将成为国产动漫的新推动力[J].包装世界,2013(01):91.
[3] 唐润华,叶元琪.符号·故事·互动:数字游戏讲好中国故事的三重叙事模式[J].现代传播(中国传媒大学学报),2023(10):43—51.

学习体验,使学习者可在在多种社会情景中练习第二语言,增加了语言学习和应用的机会。已有研究发现,数字游戏应用于语言教学有利于提升第二语言学习者的学习投入,增强词汇使用与跨文化交流等方面的能力。[①]

总之,数字游戏覆盖面大、传播范围广、内容多样,已经成为现代人不可或缺的生活内容。数字游戏本身所拥有的文化特征与社会功能将逐渐显现,数字游戏也必将成为人们所喜爱的主要娱乐方式之一。

第四节 数字影视剪辑和特效

一、数字影视剪辑和特效概述

(一)数字影视剪辑和特效的定义与特征

1. 数字影视剪辑的定义与主要特征

(1) 数字影视剪辑的定义

数字影视剪辑是影视后期制作流程中的一个重要环节,是由剪辑师将前期拍摄的视觉素材与声音素材重新分解、组合、编辑并构成一部完整影视作品的过程。目前,国际上均采用影视剪辑的说法来表述影视后期制作过程。[②] 电影拍摄中,镜头与镜头之间的转换表达和时空效果是影视剪辑中要处理的最基本的问题。数字影视剪辑采用 AE、Combustion、DFsion、Shake、Premiert 等合成软件,以及 3DMAX、MAYA 和 Softimage 等三维软件对前期素材进行非线性编辑。剪辑结果可以马上回放,大大提高了效率。

如今,数字技术在不断发展和完善。新技术的广泛使用,提高了剪辑软硬件设备的工作效率,降低了人力资源成本,给影视作品带来了更高的价值。

(2) 数字影视剪辑的主要特征

数字影视剪辑在技术和工作流程上与传统的胶片剪辑有很多不同之处。以下是数字影视剪辑的主要特征。

非线性编辑:数字影视剪辑的一个显著特征是非线性编辑,即剪辑师可以在时间轴上的任何位置进行素材的剪切、编辑和调整,而不受素材原始顺序的限制。

数字化素材:影视素材以数字形式存储在计算机上,可以通过计算机系统进行编辑、处理和存储,而不再需要胶片或磁带。

---

① 郑春萍,徐畅,张娴,刘涵泳.近十年数字游戏应用于语言教学的系统性综述[J].现代教育技术,2021(06):41-42.

② 卢子丹.影视剪辑中的时间调度问题分析[J].科技传播,2014(03):31.

实时预览:编辑人员可以在编辑过程中实时预览编辑结果,以便及时调整和修改。

多轨编辑:数字影视剪辑的一个显著特征是非线性编辑,即剪辑师可以在时间轴上的任何位置进行素材的剪切、编辑和调整,而不受素材原始顺序的限制。

特效和过渡:数字剪辑软件提供了丰富的特效和过渡效果,编辑人员可以通过这些工具增强影片的视觉效果和吸引力。

色彩校正:数字剪辑软件通常配备了强大的色彩校正工具,可以对影片的色彩进行精细调整,以达到所需的视觉效果。

多平台兼容:数字剪辑软件通常支持多种输出格式和分辨率,可以轻松将文件导出到不同的平台和设备上进行播放和传输。

版本控制和备份:数字剪辑过程中可以轻松创建和管理多个版本的编辑项目,并进行备份和存档,以便在需要时进行回溯和恢复。

这些特征使得数字影视剪辑相比传统的胶片剪辑更加灵活、高效和具有创造性。

2. 数字影视特效的定义与主要特征

(1) 数字影视特效的定义

数字影视特效技术是一种以影像后期数字化处理为基础的成像技术。实拍影像大都被视为影像构成的图像素材,而非银幕影像最终的成品。银幕最终影像是由不同的图像合成,并非一次拍摄而成。

数字影视特效是利用计算机图形图像技术实现数字影视的特殊听觉和视觉等感官效果。比如,电影《独行月球》中赤大袋鼠"刚子"的制作团队花费8个月时间,结合剧本中的角色设定完成特效方案设计,又用11个月时间完成数字化制作,把跨学科、跨领域的知识充分吸收和转化,创作出高水平的数字影视特效。

(2) 数字影视特效的主要特征

集成性:数字影视特效不仅集成了多种媒体,还集成了多种技术,包括计算机技术、通信技术、电视技术和其他音像处理技术。在同一个文件中把来自多个通道的信息统一获取、组织、存储和合成,使得文字、图像、声音等各种媒体信息能在播放时同步地作用于人们的听觉、视觉等感官,从而取得最佳的效果。

交互性:这是数字影视特效的关键特征之一。在数字合成系统中,用户可以借助交互活动控制信息的传播,甚至参与信息的组织过程,对感兴趣的画面或内容进行记录或者专门研究。

数字化:数字影视特效是建立在计算机基础上的,而计算机只能识别由0、1组成的二进制数据。在多媒体系统中,所有的多媒体信息都用数字信号表示。

实时性:随着数字影视特效的发展,数字合成系统已经具备对多媒体信息进行实时处理的能力。具体应用如可视电话、电视会议、远程医疗等,使得千里之外的人物与场景犹如近在咫尺。

多维性:数字影视特效具有信息处理范围的空间扩展和放大能力,它能将输入的信息变换加工,增强输出信息的表现能力,丰富显示效果。这种信息空间的多维性使得信息的表达方式不再单一,有声有色,生动逼真。

非线性:传统的信息传递为线性模式,其读写方式大都采用章节页的框架,学习知识循序渐进。多媒体的非线性特点表现在数字特效技术借助超文本链接,把内容以一种灵活多变的方式表达出来,处理有制作需求的视频素材,得到理想的效果,采用在视频中添加特效的方式,改善素材的外观和呈现方式。[1]

案例 7-3　IMAX 系统

IMAX(即 Image Maximum 的缩写)是一种能够放映比传统胶片更大和更高解像度的电影放映系统,整套系统包括以 IMAX 规格摄制的影片拷贝、放映机、音响系统、银幕等。标准的 IMAX 银幕为 22 米宽、16 米高,但完全可以在更大的银幕播放,而且迄今为止不断有更大的 IMAX 银幕出现。IMAX 影院的特征包括以下九个方面。

1. 银幕巨大,一般的 IMAX 电影院的银幕高度达到从四层楼到八层楼不等。

2. 观众可以更靠近银幕。

3. IMAX 电影院所有座位的范围分布在整个 IMAX 银幕的高度内。

4. IMAX 银幕几乎消除了小格式三维系统的不舒适感和边界轮廓,涂有高性能金属涂层的银幕有微小的弧度,略向观众倾斜,使观众仿佛身临其境。

5. 座位倾斜度比传统电影院大,球形幕的放映厅倾斜度达 23°,让观众能够面向银幕中心。

6. 电影院内采用大坡度的座位设计,使每个观众的视野无阻碍。

7. 配备较好的音响系统,一般称为 IMAX 六声道超级音响系统,当中包含有超低音频道。

8. 带有专门设计的声源均衡喇叭系统,让影院内每个地方的音量和音质尽量相同,观众无论坐在哪里都能享受同样质量的音响效果。

---

[1] 王小划.电视编辑后期处理技巧与艺术[J].电视技术,2022,46(06):122-125.

9. 采用特殊的 IMAX 放映机,放映机内特制的弧光光源耗电功率为 15 千瓦。

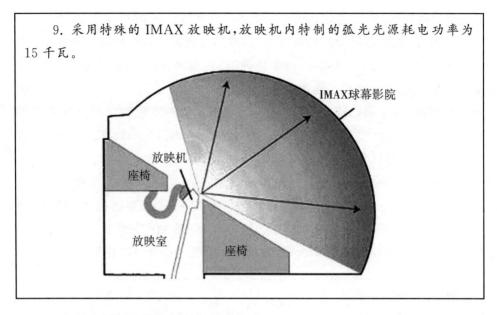

(二) 数字影视剪辑和特效的发展历程

1. 影视剪辑的发展简史

在电影诞生之初,影视剪辑完全依赖手工操作,剪辑师将整段拍摄胶片剪开,再根据影视拍摄需要将有关联的部分通过胶水进行粘连。这个过程需要剪辑师依靠自身丰富的剪辑经验以及对影视作品的深刻理解,将大量的拍摄素材通过最优的取舍、选择、分解、组接,制作成一个内容连贯、画面流畅、主题鲜明、寓意明确且极具艺术感染力的影视作品。

随着技术的不断发展,影视剪辑也逐渐从纯手工过渡到半机械化。在完成影片拍摄后,剪辑师将原始素材制作成样片,再在样片的基础上进行剪辑制作。在这一阶段的影视制作中,手摇四联套片机作为一种常用的影视剪辑用具,大大提高了影视剪辑工作效率。但由于此种剪辑方式对样片后期剪接点的修改造成了一定的不便,便诞生了"斯坦贝克"剪辑机,通过电力驱动来代替手摇,在一定程度上改善和提高了剪辑修改效率。[①]

随着数字时代的到来,数字化剪辑技术的出现及应用对影视制作产生了革命性的影响。在数字剪辑技术的作用下,人们可以通过对胶片的数字化扫描,将其制作流程转移到计算机电脑当中,通过计算机编辑软件对影片进行编辑。同时在数字合成技术的作用下,影视剪辑也逐渐从镜头之间的剪辑过渡到以帧为单位的剪辑,并最终发展为对不同图层、像素之间的剪辑,使影视画面变得更为细腻也更具视觉效应,能够大大满足观众的审美需求。

---

① 周长笃.数字时代影视剪辑现状及优化对策[J].青年记者,2020(20):70.

2. 数字影视特效的发展简史

20世纪50年代中期,计算机图形学知识首次被运用到科学模拟以及视觉艺术创作领域。20世纪80年代,随着个人计算机的普及、相关艺术专业软件的开发,专业艺术家与计算机专家之间联系逐步加强,以交互式为特点的动画艺术开始崭露头角,同时数字影视技术也引进中国影视制作中。到20世纪90年代中后期,大型电影厂、各省级电视台纷纷引进国外最新数字影视软硬件设备,电影制作公司也逐渐接触到数字影视特效合成技术。进入21世纪,三维动画技术已经基本成熟。如今,动画师已经可以利用三维动画技术来进行数字绘画、数字建模、搭建虚拟场景及渲染等。传统的绘画、雕塑、摄影、摄像等视觉艺术创作已经可以被三维动画艺术家们在计算机上完成。数字影视技术既能满足观众的审美与感官需求,又能促进影视的商业化与艺术化的紧密衔接。[1]

随着《哥斯拉》等好莱坞商业电影广泛应用数字影视特效并取得惊人效果,数字影视特效技术在国内也开始受到影视制作行业的关注。国内从事影视数字后期特效制作的公司相继出现,但其业务范围多集中在广告制作领域,由于规模和技术限制,有能力从事电影特效制作的公司相当有限。到了2000年,上海电影制片厂和中影集团分别依托自身资源相继成立了电脑特效制作中心和华龙电影数字制作公司(现为中影数字制作基地后期特效部)。前者参与制作了中国第一部真正意义上使用数字影视特效制作的影片《紧急迫降》。此后,采用数字特效制作的电影比例逐年增加,数字特效技术逐渐在中国电影产业中得到广泛应用。

二、数字影视剪辑和特效的制作与处理

(一)数字影视剪辑和特效的常用软件

1. 数字影视剪辑软件

(1) ED。ED,即Edius,是日本Canopus公司的优秀非线性编辑软件,专为广播和后期制作环境而设计,特别针对新闻报道、无带化视频制播和存储。ED拥有完善的基于文件的工作流程,提供了实时、多轨道、多格式混编、合成、色键、字幕和时间线输出功能,且因其迅捷、易用和可靠的稳定性而为广大专业制作者和电视制作人所广泛使用,是混合格式编辑的绝佳选择。

(2) Adobe Premiere。由Adobe公司推出,简称"Pr"。目前这款软件广泛应用于广告制作和电视节目制作中,可以提升创作能力和创作自由度,是一款易学、高效、精确的视频剪辑软件。Premiere提供了采集、剪辑、调色、美化

---

[1] 李咏纹.三维动画技术在影视广告中的应用[J].电视技术,2023(01):85-88.

音频、字幕添加、输出、DVD刻录这一整套流程上所需的功能,并和其他Adobe软件高效集成,足以完成在编辑、制作、工作流上遇到的所有挑战。

(3) Real Media Editor。可用来合并、分割、提取视频片段,以及修改Real媒体信息,操作非常简单易用,支持预览,由于支持分割合并后保存时不需要再对视频文件进行重新编码压缩,因此速度非常快,往往几十秒就可保存一个几百兆大的新文件。其不足之处在于不支持文件拖放,没有"撤销操作"功能,无法合并码率不同的文件。

2. 数字影视特效软件

比较普及的特效软件如 Maya、Premiere、After Effects、Cooledit、3D MAX,可以制作现实生活中依靠人力难以完成或成本昂贵的特殊视觉效果。

数字特效制作

(1) 3D MAX。3D Studio Max,常简称为 3D MAX 或 3ds Max,是基于PC系统的三维动画渲染和制作软件。开始被运用在电脑游戏中的动画制作,后更进一步参与影视片的特效制作,例如《X战警Ⅱ》《最后的武士》等。

(2) Maya。Maya 是美国 Autodesk 公司出品的世界顶级的三维动画软件,应用对象是专业的影视广告、角色动画、电影特技等。Maya功能完善,工作灵活,易学易用,制作效率高,渲染真实感强,是电影级别的高端制作软件。国外绝大多数的视觉设计领域都在使用 Maya,在国内该软件也是越来越普及。

(3) After Effects。即 Adobe After Effects,简称 AE,是 Adobe 公司推出的图形视频处理软件,适用于电视台、动画制作公司、个人后期制作工作室、多媒体工作室等从事设计和视频特技的机构。

(二) 数字影视剪辑和特效技术的应用

1. 数字影视剪辑技术的应用

数字影视剪辑技术的应用广泛,涵盖了电影、电视、网络视频制作、广告、短视频制作等多个领域。

(1)电影和电视制作。数字影视剪辑在电影和电视制作中扮演着至关重要的角色。剪辑师应用专业的视频编辑软件,如 Adobe Premiere Pro、Final Cut Pro(FCPX)、Avid Media Composer 等,对影片进行剪辑、调色、音频处理等后期制作,以确保最终作品的质量和视觉效果。

(2)网络视频制作。随着互联网的发展,网络视频制作成为数字影视剪辑的另一个重要应用领域。剪辑师使用各种视频编辑软件,如 Sony Vegas Pro、Filmora 等,对视频进行剪辑、添加特效和背景音乐,以适应网络平台的播放需求和观众的观看习惯。

(3)广告制作。广告制作也是数字影视剪辑的一个重要应用领域。广告公司利用专业的视频编辑软件,如 DaVinci Resolve 等,对广告素材进行剪辑、特效处理和色彩调整,以制作出吸引人的广告作品。

(4)短视频制作。在短视频时代,数字影视剪辑软件如小影、乐秀视频剪辑等 App 被广泛用于制作短视频。这些软件提供了丰富的剪辑功能、特效和背景音乐,使得即使是初学者也能轻松制作出高质量的短视频。

(5)教育和培训。数字影视剪辑还在教育和培训领域发挥着重要作用。应用视频剪辑软件,教育工作者可以制作教学视频,将复杂的概念以直观、生动的方式呈现给学生,提高教学效果。

(6)自媒体创作。自媒体创作者使用数字影视剪辑软件进行视频内容的创作和编辑,如抖音官方推出的剪映 App,提供了全面的剪辑功能,支持变速、多样滤镜效果及丰富的曲库资源,使得自媒体创作者能够高效地制作出高质量的视频内容。

2.数字影视特效技术的应用

数字影视特效技术的应用领域,主要包括影视产业、电视节目制作、广告制作、游戏开发、虚拟现实(VR)和增强现实(AR)。

(1)影视产业。数字影视特效技术在影视制作中的应用尤为显著,它能够创造出现实中难以拍摄的场景,如爆炸、外星世界等,应用计算机图像生成技术,可为观众带来视觉上的震撼和惊艳。例如,工业光魔(Industrial Light & Magic,ILM)作为电影视觉特效领域的巨头之一,自 1975 年由乔治·卢卡斯(George Lucas)创立以来,一直在数字化视觉特效方面发挥着重要的作用。

(2)电视节目制作。数字影视特效技术和计算机技术在视频特效领域的应用成果,如数字视频效果,使得电视节目制作者能够对节目内容进行更充分的艺术再创造,制作气氛活泼、艺术完善、寓意深刻的电视片。

(3)广告制作。数字影视特效技术使得广告制作更加丰富多彩,能够创造出各种视觉效果,吸引观众的注意力,提升广告的吸引力。

(4)游戏开发。在游戏开发中,数字影视特效技术被用于创建逼真的游戏环境和角色,提供沉浸式的游戏体验,使得游戏更加吸引人。

(5)虚拟现实(VR)和增强现实(AR)。数字特效技术为虚拟现实和增强现实应用提供了技术支持,使得用户能够体验到虚拟世界或现实世界的增强,从而提供全新的互动体验。

综上所述,数字影视特效技术的应用领域广泛,不仅在影视产业中占据重要地位,还在电视节目制作、广告制作、游戏开发以及虚拟现实和增强现实中发挥着重要作用。

数字影视剪辑和特效技术的应用不仅提升了影视作品的视觉效果和艺术表现力,还极大地推动了影视制作流程的数字化和工业化进程,为中国影视产业的快速发展和创新提供了强大的技术支持。

本章小结

本章主要对数字媒体技术的概念内涵和主要应用进行阐述,并将之与传统媒体技术进行简单比较,得出二者的异同。本章还对数字媒体进行了分类,分别简要阐述数字音频和数字图像、数字动画和数字游戏、数字影视剪辑和数字影视特效的发展历程、定义、制作和应用等。

思考与练习

1. 什么是数字媒体技术?数字媒体技术有哪些类型?
2. 什么是数字音频、数字图像、数字动画、数字影视剪辑和特效?
3. 数字音频、数字图像、数字动画、数字影视剪辑和特效的应用是什么?
4. 数字图像处理的目的是什么?
5. 电影特效制作的工艺流程是什么?

参考文献

[1] 张瑀竹.关于数字媒体艺术在现代展示设计中的应用研究[J].数码世界,2020(2):97.
[2] 唐一为.数字媒体艺术在展示设计中的应用研究[J].数码世界,2020(2):89.
[3] 于锐.数字音频技术在广播电视领域的应用[J].数字技术与应用,2020,38(02):38-39.
[4] 徐起超.数字音频技术在影视传媒后期处理中的应用[J].数字技术与应用,2018,36(07):68+70.
[5] 李德伟,裴震宇.数字图像处理的关键技术及应用[J].电子技术与软件工程,2018(06):65.
[6] 王潇.虚拟现实技术在三维动画制作中的应用[J].信息与电脑(理论版),2017(2):86-87.
[7] 赵伸.融媒体背景下的影视剪辑技巧[J].新闻研究导刊,2019,10(14):91+93.

第八章 新媒体产业

> **学习目的**
> 1. 了解新媒体产业的概念、特征及其发展历程。
> 2. 掌握新媒体产业的价值链、产业链的构成及其核心产业。
> 3. 了解国内外新媒体产业政策。
> 4. 掌握新媒体产业的商业模式。

本章介绍新媒体产业的经济特征、发展历程、价值链与产业链,阐述美国、日本、中国和欧洲国家的新媒体产业政策,并对新媒体产业的商业模式进行探讨。

第一节 新媒体产业概述

一、新媒体产业的概念

(一) 新媒体产业的内涵

先进性、互动性和广泛性是新媒体产业的主要特点。先进性体现在技术进步方面,是产业产生和发展的主要推动力,互动性体现在用户可以参与新媒体内容生产与传播,广泛性体现在新媒体的传播状态为多点对多点。

> **知识卡片**
>
> 中国互联网络信息中心(CNNIC)发布的《第 53 次中国互联网络发展状况统计报告》显示,截至 2023 年 12 月,中国网民规模达到 10.92 亿,互联网普及率为 77.5%。我国数字经济蓬勃发展,新媒体营销受众面大,人群结构多样,基本能实现全民覆盖。新媒体产业作为文化创意产业的重要组成部分,是第三产业的重要分支,也是国民经济发展不可分割的有机成分。

新媒体产业是指以数字技术、计算机网络技术和移动通信技术等新兴技术为重要依托,以网络媒体、手机媒体、移动电视、楼宇电视等新型媒介为主要载体,从事内容策划、生产、营销、流通、传播和消费的新型传媒产业,是文化创意产业的重要组成部分。

(二) 新媒体产业的构成

媒体有两大构成：渠道和内容。而新媒体作为一个产业，还应加上媒体运营的商业模式，没有商业模式，媒体是无法在市场经济中存活的，更谈不上产业发展。新媒体产业的渠道、内容和商业模式，三者缺一不可，那么三者的关系又是怎样的呢？

传播渠道是由媒介技术支撑的。20世纪媒介理论家、思想家马歇尔·麦克卢汉认为，媒介可以指任何一种能延长人的能力的技术。这种技术决定论至今仍然让媒介技术的发明者们兴奋不已。比如数字电视，如果只是视频图像清晰度的提高和传输节目套数的增加，那么它就是一种新的媒介技术而已。如果基于数字技术这一平台开发出互动电视、手机电视等，那就是不同于传统电视的一种新的媒介形态和传播载体了。只有构成媒体的基本要素有别于传统媒体，才能称得上是新媒体，否则只是传统媒体的升级和改造。

以分众传媒为例，它开创了新的传播渠道——楼宇电视，很快吸引了众多广告商的目光，似乎创造了一个新媒体的"分众神话"。然而，如果楼宇电视仅仅是强制占用观众空余时间，而没有提供有价值的内容，那么它所传递的信息便可能沦为噪声，反而成为令人避之不及的"侵扰性"媒体。在一个传播渠道过剩、内容稀缺的时代，缺乏内容的媒介仅是一个传播载体，无法形成有效的产业价值。因此，这种设置在商务楼宇、飞机列车、医院学校里，以液晶电视播放屏为主要形式的，缺乏内容的大小"分众"的发展必然会遭遇瓶颈。因此，内容是划分传播渠道与传播载体的重要标志。

新的媒介形态需要匹配新的传播内容。例如车载移动电视，它播出的节目乍一看与传统电视节目差不多，都是一种视听传播形式。其实不然，在公交汽车上嘈杂的环境里，谁又能听清楚电视荧屏里的声音呢？视听传播其实已变成了视觉传播，因此，它的内容定制也应有所改变。新的媒介形态必定对应新的受众群体、新的接收行为和新的媒介环境。

目前，许多传统媒体纷纷进军新媒体领域。但是，如果这些新媒体还是依托传统媒体的内容供应，看起来是节省了运营成本，却没有根据新媒体特性开发新的内容产品，没有满足受众新的市场需求，那么它的增值和盈利空间也就十分有限。由于没有新的商业模式，这样的新媒体经营难以长久。因此，只有同时具备新渠道、新内容和新商业模式，才能真正形成新媒体产业，否则就依然停留在传统媒体的延伸上。

二、新媒体产业的经济特征

新媒体产业是在信息产业、互联网产业、电信产业等新兴技术产业发展的基础上,结合内容产业、大众媒体产业等传统文化产业形成的一个新兴产业。在数字信息技术的推动下,数字内容通过更多的传输渠道,传播到广泛的数字信息终端产品中,使得更多的受众能够接收到数字内容。这些生产、销售、传播内容产品以及提供技术、网络和终端设备服务的企业汇集成新媒体产业的群体。因此,新媒体产业就不可避免地延续了相关产业的特点。新媒体产业与大众有着广泛而密切的互动、与政府职能部门有着重要而紧密的关系,因此深受社会文化和政府决策的影响。新媒体产业在其成长过程中逐渐形成了自己独立的经济特征。

（一）外部性经济特征

外部性是指经济主体(包括企业或个人)的经济活动对他人和社会造成的非市场化的影响。经济外部性又分为正外部性和负外部性。正外部性是指某个经济行为个体的活动使他人或社会受益,而受益者无须花费代价;负外部性是指某个经济行为个体的活动使他人或社会受损,而该个体却没有为此承担成本。

新媒体产业具有明显的外部性经济特征。一方面,新媒体产业依赖电信行业的网络架构和渠道资源等。另一方面,新媒体产业的发展也影响了包括电信行业在内的其他产业和社会文化的方方面面。例如,电视剧、电影以及网民博客等,影响社会舆论和社会文化。当新媒体中的某种思想形成潮流后,往往会对整个社会,尤其是青少年群体的价值观、人生观、世界观产生深远的影响。

当新媒体产业的外部性经济特征日益显著之时,往往会导致新媒体产业出现企业合并或企业分离的经济现象。渠道和内容已经成为新媒体产业的两条腿,于是,渠道运营商联合内容提供商发展内容产业,内容提供商联合渠道运营商拓宽渠道的案例层出不穷。例如,渠道运营商中国电信在21世纪初就看到了新媒体产业的外部性经济特征,先后联合内容提供商在全国各地区开展互联星空业务,充分利用中国电信的用户、网络平台、营销网络、客户服务和宣传渠道等资源,营造新媒体产业良性发展的生态环境,积极推动新媒体产业的可持续发展。作为中国最大的内容提供商,中国广电集团也积极兴建广电网,构建自己的渠道网络。新媒体产业的从业者以自己原有的核心业务为中心,不断联合新媒体产业的相关外部经济主体,拓展外部业务,使自己站稳脚跟。这些都是企业积极顺应新媒体产业正外部性经济特征而做出的经济行为。

新媒体产业的负外部性经济特征源于体制转型中的问题。处于媒体产业链上的经济主体都经历了由事业体制转化为企业体制的过程。改革进程中,出现了这样一些情况,一部分属于公共领域的内容被商业化运作,使得消费者的基本权益得不到保障,而另一部分应该完全商业化的内容却没有得到有效的商业运营,致使传媒企业经营不善,得不到应有的利润回报。这都是新媒体产业负外部性经济特征的表现。如要从根本上解决这个问题,就要进一步深化传媒经济体制改革。

(二) 长尾经济特征

长尾理论可以被简单地概括为一句话:"我们的文化和经济重心正在加速转移,从需求曲线头部的少数大热门(主流产品和市场)转向需求曲线尾部的大量利基产品和市场。"(见图 8-1)

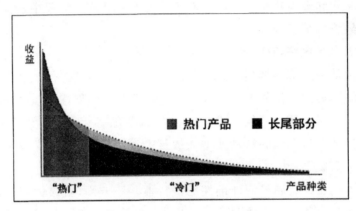

图 8-1 长尾效应示意图

长尾理论认为,由于成本和效率的因素,商品生产成本急剧下降,以至于个人都可以进行生产,并且商品的价格急剧降低,几乎任何以前看似需求极低的产品,只要进入市场,都会有人消费。这些需求和销量不高的产品共同占据的市场份额可以和主流产品的市场份额比拼,甚至大于主流市场。因此,企业需要关注的不仅仅是那个代表畅销商品的头部,更要重视那条代表冷门商品、经常被人遗弃的长尾。

新媒体产业不仅具备长尾经济特征,还具备实践长尾经济的现实基础。首先,新媒体产业具有一次性生产投入大、再次生产成本极低甚至可以忽略的特点。其次,新媒体产业利用无处不在的网络渠道可以把小众群体集合在一起,使提供相应小众产品的企业找到受众和客户并进行针对性营销。这就构成了长尾经济的现实基础。

新媒体产业的长尾经济特征还表现在社会舆论的导向层面上,无数弱势群体的小众、非主流民意也有了发声渠道(如博客、播客等),有助于消解社会舆论片面化、一面倒的弊端。当然,这同时也造成了恶意炒作非主流舆论、混淆大众视听、左右公众价值判断的恶劣现象,这就要靠政府职能部门对各种民意进行调节和规范引导,以保持社会舆论健康发展。

(三) 规模经济特征

规模经济是指在一定的经济水平上,随着企业生产规模的扩大及产出增加,生产单位产品的平均成本逐步下降的经济现象。新媒体产业相对于传统媒体产业呈现出规模经济特征。首先,随着技术和社会文化的不断进步,不同的人群对新媒体产业的各种相关产品都产生了需求。这就奠定了新媒体产业规模经济的市场基础。其次,数字技术的发展和数字标准的制定,使新媒体产生的产品在制作、传播过程中有了统一的形式,这就为新媒体产业的规模经济特征创造了基础条件。最后,在需求不断扩大、技术标准统一的前提下,新媒体产业链上集聚了不同的企业群,使新媒体产业的分工不断细化、标准化,这就形成了新媒体产业规模经济特征的现实基础。新媒体产业的规模化生产提升了新媒体企业的组织化程度,提高了企业的运营效率,从而加速了新媒体的产业化进程。

(四) 范围经济特征

范围经济是指由产品生产的范围(即品种)而非规模(即数量)带来的经济。当一个企业同时生产多种产品时,其总成本低于单独生产每种产品的成本之和,这一经济现象被称为范围经济。换句话说,范围经济体现了产品多样化所带来的成本节约。如果把两种或更多品种的产品合并在一起生产比分开来生产的成本要低,或者说当一个企业生产多种产品的利润比只生产一种产品的多个企业的利润总和还要大时,我们就可以说该产业构成了范围经济现象。那么,在条件允许的情况下,该产业的从业者就应该选择多种产品进行生产,从而获得更大的投资回报。

新媒体产业就表现出了明显的范围经济特征,这与其产业结构密切相关。新媒体产业的产品源(如数字音乐、电视剧等)通过集成处理后,可以通过多种媒体渠道出现在不同的媒体平台上,在各种形式的终端设备进行传播,从而为消费者提供个性化服务。从业者生产多种产品所付出的成本主要集中在内容集成这一环节,却能够从多种传播渠道、终端和服务上获得利润,从而实现成本的有效分摊和收益最大化。例如,曾经热播的《爸爸去哪儿》,首先以综艺节目的形式出现在电视媒体中,由于受到了广泛关注,又接二连三地出现了《爸爸去哪儿1》《爸爸去哪儿2》的影院版,相关的DVD光盘、视频点播、游戏甚至是服装、文具、家居用品等衍生品也受到了广大消费者的喜爱。《爸爸去哪儿》的运营商对其中任何一种产品进行营销也都会提升该剧其他形式产品的价值。通过多种产品的相互促进,节目和衍生品的总收入得到了显著提升。

可见,在范围经济的效应下,企业在产品研发、生产、营销方面的成本可以降到最低,不同产品之间还可能相互产生积极的影响,共同提升每种产品的价值。企业还可以在更大程度上利用企业内部市场的合理配置、整合资金和人力资源,以降低管理成本。企业在采取多元化生产的方式后就能构建多条产业链,这不仅可以减少企业的经营风险,也会扩大企业的发展空间,对企业的长远发展十分有利。

因此,在条件成熟的情况下,处在新媒体产业链上的各种角色都会主动利用范围经济效应,以达到降低成本、扩大收入的目的。但是,企业在追求利润最大化的同时,往往会过度地扩大经营范围,不断进军新的产品领域,形成庞大的集团企业。此时,国家就必须出台相应的政策或者用经济手段进行调节干预,以保护自由竞争、防止垄断、维护产业平衡和可持续发展。

三、新媒体产业的发展现状

(一)互联网广告高速增长

市场经历2022年的结构化调整与资源优化配置后,再次呈现出增长态势,中国互联网广告市场韧性十足。

1. AI技术深度应用,互联网广告市场规模呈现两位数增长

近年来,中国互联网广告行业呈现出多元化、创新化和智能化的特点,尤其在人工智能(AI)技术的应用方面。当前,随着新技术的发展,特别是AI技术日益成熟,互联网广告行业正在经历一场技术驱动的变革,AI技术已深入互联网广告的各个环节。AI技术的应用不仅提升了广告投放的精准性和效率,还推动了广告内容创意和个性化发展,这预示着互联网广告业将迎来新一轮技术升级和业务模式创新。人工智能的发展将推动互联网广告产业链的重新塑造。

2. 字节跳动强势增长,互联网广告版图正在重塑

2023年中国互联网巨头竞争格局略有调整,拥有抖音、今日头条等热门应用的字节跳动超越阿里与腾讯,成为广告营收第一大公司。字节跳动保持强劲的增长势头,全年广告收入实现了23.76%的增长率。同时,字节跳动也是2016年以来第二个广告收入规模达1000亿元以上的公司。从广告业务收入规模的增速来看,快手、美团均实现了20%左右的增长,而拼多多更是2023年全年增速超50%,较2020年已完成翻倍,并大有进入200亿元俱乐部、赶超京东和美团的趋势。

3. 小程序游戏和短剧兴起,成为互联网广告新增长点

2023年,中国国内小程序游戏市场收入达到200亿元,同比增长高达300%。这一增长得益于小程序游戏的多样化变现模式,包括内购付费、广告变现、混合变现和新兴起的短剧成为互联网新增长点。小程序游戏和短剧作为新兴的互联网广告媒介,不仅在广告投放方面展现出巨大潜力,而且成为重要的流量入口。它们的兴起改变了传统广告行业格局,为广告投放者提供了新的机会,也带来了一定的挑战。

（二）游戏产业增速提升

中国游戏产业年会大会发布的《2023年中国游戏产业报告》指出，2023年用户消费意愿和能力有所回升，游戏新品集中面市并有爆款出现，与长线运营产品共同撑起收入增长。

1. 网页游戏继续萎缩，移动游戏收入增幅明显

在细分市场领域，移动游戏实销收入增幅明显，收入继续占据主导地位；客户端游戏实销收入持续升高；网页游戏继续萎缩。此外，电竞游戏产品收入增长，主要在于头部电竞游戏基本盘稳定，还有新兴电竞游戏品类和自研新品推出，赢得玩家青睐，为市场带来显著增量。

2. 二次元移动游戏市场增幅明显

得益于用户群体付费意愿较高且支付能力较强，头部产品盈利能力尤其令人瞩目，少数新品的表现也异常强劲。二次元市场集中度较高，而收入主要集中于头部产品，非头部产品的营收水平并不理想。

（三）在线直播产业快速发展

1. 直播行业快速增长

目前，我国直播行业平台主要有淘宝、快手、欢聚时代、虎牙、陌陌、斗鱼、六间房和企鹅电竞等，其中淘宝、快手是直播电商的典型代表，而欢聚时代、虎牙、陌陌、斗鱼则是游戏直播中的佼佼者。

2. 创新能力强

在线直播覆盖更多场景，短视频平台大力扶持直播业务。一方面，泛娱乐直播平台覆盖了音乐、舞蹈、综艺、游戏、户外、美食等场景；另一方面，短视频平台强势进入直播业务，不仅能完善自身的视频流内容生态，又能打破自身的业务边界，进入新业务领域。

"直播＋电商"模式大行其道。2019年，在线直播平台陆续推出"直播＋"节目，发展最快的则是"直播＋电商"模式，尤其是淘宝、快手等平台的赋能和助力，使得直播电商的商业价值快速变现。

直播电商供需两侧伴随行业演变已产生些许变化。从供给侧看，品牌商开始多平台布局直播电商业务，且店播趋势凸显；从需求侧看，消费者在形成购买决策时，会考虑多重因素，品牌商精准捕捉消费者需求的难度增大。

（四）大数据产业前景乐观

进入数字经济时代，数据成为驱动经济社会发展的新生产要素。近年来，大数据相关技术、产品、应用和标准快速发展，逐渐形成覆盖数据基础设施、数据分析、数据应用、数据资源、开源平台与工具等板块的大数据产业生态。数据资源的大规模聚集，奠定了数字经济发展的坚实基础。"十四五"以来，大数据产业步入"集成创新、快速发展、深度应用、结构优化"的新阶段，数据要素市

场建设、技术集成创新、产业知识化转型成为发展重点，大数据深度赋能经济社会高质量发展的成效愈发显著。大数据技术服务在支撑数字经济发展中起到了重要作用。大数据产业对存储、计算、网络、终端信息采集等的需求，支撑了计算机通信和其他电子设备制造业的发展，间接促成了数字产品制造业、数字产品服务业的繁荣。

（五）电竞产业生态规模良好

电竞是一种新型数字科技与文化娱乐的融合体，吸引了大量年轻群体的关注，成为新型的文化生活方式，既挤占了传统的电影、电视、休闲娱乐的时间和空间，又与旅游、酒店、商业服务融合创新发展，其产业价值逐步体现出来，成为投资界关注的重点领域。中国电竞产业链包括上游、中游、下游等产业环节。上游产业链主要是电子游戏，包括电视游戏、电脑游戏、手机游戏等类型，或主机游戏、客户端游戏、移动游戏等类型；中游产业链为电竞赛事及相关产业，包括电竞俱乐部、电竞场馆及电竞赛事等；下游产业链是电竞相关产业，包括电竞直播、电竞广告、电竞设备、电竞文创品等相关衍生产业，以及电竞酒店、电竞旅游、电竞教育等融合产业。

第二节 新媒体产业的价值链与产业链

按照美国著名战略管理学家迈克尔·波特（Michael Porter）的理论，产业由相关的产业集群组成，而这些产业集群形成一个链式结构，我们把它叫作产业链。产业链的基础是价值链，新媒体能否形成产业链，关键看它的价值链有没有形成。而产业链的协同创新可以提升整个新媒体价值链的综合竞争力。

企业价值链是指企业通过特定生产经营活动优势创造价值的一系列价值活动，产业链则强调产业间的技术经济关联，关注企业间的资源和供应关系。

产业链的形成是一个从需求到技术，以生产和价值导向为基础的企业合理空间布局的复杂过程。产业内外部主要因素发生变化必然导致产业链发生演化。新媒体产业作为一个融合的产业，从传媒产业这个角度来看，是传统媒体产业链的拓展，从电信产业的角度来看，是传统电信产业链的拓展，从新媒体产业链成员角度来看，是通信产业和传媒产业融合的产物。

一、新媒体价值链的构成

新媒体价值链包含资源供应、内容产品生产以及市场渠道三大价值链环节。这也是新媒体企业的生产经营活动和价值创造的主要范畴。数字化技术将原来相对独立的传媒、通信和信息技术三个领域价值链更紧密地联系在一起。例如：信息技术需求很大程度上是由通信激发的，传媒内容则可以通过

IT 终端和平台得到更快、更广的传播。这三个市场条件的变化,特别是数字化的出现,加强了三个价值链间的结构连接,而且三个市场越来越趋于满足同类用户需求。传媒、通信和信息技术市场融合过程可以分为两个阶段。第一个阶段,出现了通信与 IT 领域之间的价值链活动。商业企业利用通信把各个计算机连接起来,进行数据传输,后来又用于电子数据交换。1993 年以来,因特网按指数级飞速发展,越来越多的公司与因特网连接起来,结果,通信和 IT 领域的价值链越来越融合。第二个阶段,传媒、通信和 IT 领域的价值链日益融合。这一过程表现为两个趋势:一是媒体内容的传输不再是广播网络(有线电视网络、卫星和地面无线网络)的专营领域,传统的通信网络也可以介入内容传播,广播网络也能提供通信服务。二是 IT 终端领域的竞争也发生了新的情况,所有三个领域的终端(电视、电话、计算机)可用来接收或操作不同的信息、娱乐和通信服务。

二、新媒体产业链的构成

新媒体产业链主要包括内容提供商与应用服务提供商、设备供应商、系统集成商、网络运营商、终端厂商、最终用户和数字版权管理提供商等上下游环节,具体如下。

新媒体产业链构成

(一)内容提供商与应用服务提供商

内容提供商是丰富专业基础信息的拥有者,在新媒体产业链中的主要角色是开发和提供内容,并将其提供给服务提供商。应用服务提供商在产业链中的根本作用是开发和提供应用服务。通常,应用服务提供商具有电信运营商接入通道,为用户提供服务,内容提供商为应用服务提供商提供内容。应用服务提供商的主要职责是利用自己的网络接入平台对内容提供商所提供的内容进行整理,并提供给电信运营商。内容提供商与应用服务提供商起初是作为一个整体共同参与到产业链中的,但随着专业分工的日益细化,逐渐分裂成两个独立环节。这样一来,内容提供商可以更加专注于内容的创作、整理,而应用服务提供商在整个产业链中负责新媒体产品的策划与运营,具体包括市场调查、新媒体产品的市场定位、市场细分,新媒体产品品牌策划及产品组合,新媒体产品内容组织制作、产品推广方案的制订执行等。

5G 产业链的形成使得内容提供商与应用服务提供商成为新媒体产业链中的关键要素。内容提供商与应用服务提供商逐渐形成了竞合关系。内容提供商与应用服务提供商的合作关系主要体现在,他们是产业链中上下游之间两个相互关联的主体,相关性越强,产业链的紧密程度也越强,资源配置效率也越高。竞争关系主要体现在,5G 时代,内容提供商和应用服务提供商不满足于发展现状,出现业务竞标、角色取代等现象,内容提供商与应用服务提供商处于合作与竞争并存的关系中。

(二) 设备供应商

设备供应商主要提供新媒体产品生产过程所需的"硬件"。设备供应商在新媒体产业链中主要分为两类:一类主要提供新媒体产品制作、加工所需要的硬件设备,一类提供负责传输新媒体产品所需要的网络设备。

(三) 系统集成商

系统集成,指的是将一个组织机构内的设备、信息和技术进行整合,形成一个高效协同的整体系统,它分为设备系统集成和应用系统集成。其中,设备系统集成商又称硬件系统集成商,应用系统集成商也即行业信息化方案解决商。设备系统集成商进一步细分为智能建筑系统集成商、计算机网络系统集成商、安防系统集成商(安防工程商)等。

(四) 网络运营商

网络运营商包括互联网网络运营商、电信运营商、有线电视网络运营商,它们为新媒体产品的发布搭建专门的业务平台,提供相应的网络服务,设计各种增值服务产品,通过互联网、通信网络将新媒体产品提供给用户。

(五) 终端厂商

终端厂商生产电子阅读器、智能手机、电脑等多媒体智能终端设备,供用户接收和使用新媒体产品。终端设备需要满足以下三方面的要求:第一,硬件方面的要求是处理能力强大、有足够的储存空间、屏幕大、待机时间长。第二,操作系统的要求是基于网络标准统一开放的软件运行环境,兼容不同操作系统的软件平台,具有良好的用户体验。第三,应用软件的要求是针对数字内容产品特点开发专门应用软件,统一终端访问结构,充分发挥网络功能。

(六) 最终用户

新媒体网络的交互性特点使消费者既是信息的接收者又是内容的提供者。一方面,随着数字技术、网络技术和移动通信技术的发展,用户的需求越来越趋于多样化,他们越来越希望突破时空的限制,随时随地接触媒体,因此,如何满足用户需求,为他们提供满意的服务与产品成为新媒体产业链的终极目标。另一方面,基于交互技术、搜索技术的数字媒体,也对受众的技术使用、掌握以及文化素质水平提出了新要求。最终用户是最终利润来源,如何吸引更多的用户并逐渐提升用户体验,是产业链各个环节都必须考虑的问题。

(七) 数字版权管理提供商

数字版权管理提供商通过使用数字版权管理技术提供视频内容加密服务。以 IPTV 为例,用户在接收节目后,不能直接解码收看,必须由数字版权管理系统进行授权后,才能进行解密和解码,这样有利于保证内容在通过 IPTV 平台进行发布时不会遭到内容盗版和业务盗用。

三、新媒体产业链的核心领域

新媒体产业主要包括数字影音产业、数字出版产业、数字动漫产业、数字游戏产业以及数字体验产业这五大核心领域。

(一) 数字影音产业

数字影音产业是一个包含多个领域的综合性产业,包括数字电影、数字音乐、数字电视、数字广播、IPTV 和移动增值服务六个子产业。数字影音的产业链由原创内容、内容制作、交易、传输与发行、播出等环节组成。

(二) 数字出版产业

数字出版是以互联网为流通渠道,以数字内容为流通介质,以网上支付为主要交易手段的出版传播方式,主要包括电子出版和互联网出版。数字出版是一个朝阳产业。

数字出版产业以作品内容及其版权资源为源头,以数字图书馆、网上电子书店为渠道,通过电脑、手机、掌上电脑、专用电子阅读器等阅读设备,为受众提供服务。在数字出版产业中,技术提供商贯穿数字图书的出版、发行、阅读全过程。著作权人、内容提供商、技术提供商、网络传播者及用户构成了数字出版产业链的主体。

(三) 数字动漫产业

数字动漫以动画、漫画为表现形式,以内容创意为核心。数字动漫产业包括动漫图书、报刊、电影、电视、音像制品、舞台剧和基于现代信息传播技术手段的动漫新品种等动漫直接产品的创作、开发、生产、出版、传播和销售。除此之外,还涉及与动漫形象有关的服装、玩具、电子游戏、主题公园等衍生品的生产和经营。

数字动漫产业是文化创意产业中极具发展潜力的产业之一,其价值链条长,与其他产业关联度高,辐射带动效应强。数字动漫产业链见图8-2。

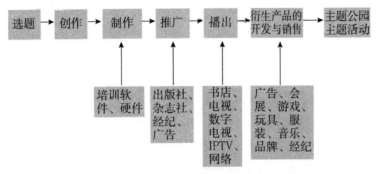

图 8-2 数字动漫产业链

(四)数字游戏产业

游戏产业主要指游戏的开发、出版、分销、零售等,相关游戏包括网络游戏、PC游戏、手机游戏、游戏机游戏等。现在发展最快的是数字游戏,包括网络游戏和手机游戏。数字游戏产业链见图8-3。

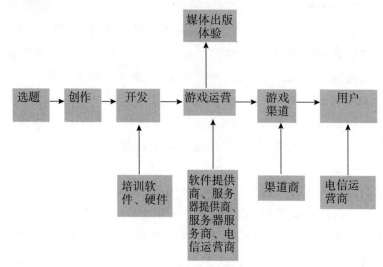

图8-3 数字游戏产业链

(五)数字体验产业

数字体验的核心是虚拟现实(VR)技术。数字体验有三大特点:沉浸感、交互性和构想性。目前,国内数字体验产业的发展已经从初步发展阶段逐步迈向了成熟阶段,涌现出一批具有自主研发能力的领先企业和数量可观的行业客户。

四、新媒体产业存在的问题与发展路径

随着产业内部分工不断向纵深发展,价值创造活动通常由多个企业协同完成。从产业链这一角度来观察新媒体产业的发展,可以看出新媒体产业链相对传统传媒产业链更长,且产业链上下游企业的依附关系更为紧密。总体来说,现阶段的新媒体产业链分为四个关键环节,即内容创意、内容制作、生产复制、交易传播。产业内部的分工与合作不但大大提高工作效率,还扩大了价值增值流量。四者紧密联系,为新媒体产业循环发展提供了良好的环境。根据国际文化创意产业发展经验来看,各环节对新媒体产业价值贡献呈现出明显的哑铃形分布特征。内容创意环节和交易传播环节各占产业链价值的45%和40%,也就是说这两个环节对新媒体产业的贡献率达到85%的比重,两者成为新媒体产业发展和聚集的关键环节。内容为王的趋势将更加明显,内容创意上的收入将约占整个产业链产值的一半。

(一)新媒体产业存在的问题

综合各方面看,中国的新媒体产业发展面临的问题并不少,主要集中于以下三个方面。

1. 文化创意产业的内容不足,原创水平低

当前中国新媒体产业发展原创能力弱,作品内容少,质量不高。以动漫产业为例,内容提供商在与网络服务商的博弈中处于劣势,内容提供商利润收入低下,动漫产品销售价格低廉,制作公司因此陷入"卖得多,赔得多"的困境,不得不压缩成本以减少亏损,从而造成动漫产品质量下降,内容不足。

2. 销售渠道不畅,产业链不闭合

新媒体产业链中,渠道是关键。只有销售和播出的渠道畅通,内容创意和产品制作才可能有雄厚的市场与需求基础。现阶段,由于市场销售渠道还存在多方面问题,因此,许多制作公司虽然有优秀的产品,但因市场价格不合理,无法盈利,导致影响力和知名度得不到提升,最终形成恶性循环。

3. 产业基础设施不完备

良好的基础设施是新媒体产业链健康运行的重要保障,新媒体产业的发展依赖网络通信、公共技术服务平台等产业基础设施的完善,而国内的产业基础设施还有待升级完善。

(二)新媒体产业的发展路径

1. 加大资金投入,丰富融资形式

资金是新媒体产业发展的要素,也是目前发展的瓶颈。一方面,需要政府加大公共财政方面的投入。另一方面,也需要广泛吸收一些社会资本,形成新的投资主体。企业本身也要利用各种方式增强融资能力。

2. 加强对原创内容和渠道的培育与建设

在新媒体产业发展过程中,对原创内容和市场渠道、传播平台的培育至关重要。只有内容丰富了,产业才有源源不断的源头活水;只有拥有明确而稳定的市场需求和畅通的市场渠道,新媒体的内容才有可能实现自身价值。在原创内容的培育方面,要注重人才培养以及良好社会文化环境营造。在渠道建设中,一是要与传统媒体相结合,构建良好的渠道;二是要开拓新渠道,充分发挥新媒体数字化、信息化的特点,构筑完整的产业链条。

3. 加大对产业基础设施的扶持力度

新媒体产业对基础设施需求不同,差异化、多样化的需求使得产业基础设施建设具有较高的技术门槛和经营风险,社会资本难以独立完成。因此,更需要政府承担建设责任,为新媒体产业链创新驱动提供良好的技术平台。

4. 创新新媒体产业的集群模式

新媒体产业的出现和发展必然会引起管理的变革,打造新媒体产业的集

群模式可以分两步实施。第一步,针对新媒体对网络的依赖性,着力建设以便捷的网络通信设施和强大的公共服务平台为核心的产业基础设施,为区域甚至全国的新媒体企业服务,实现企业业务在公共服务平台上的"虚拟聚集"。第二步,从建筑形态到公共基础设施,全方位打造符合新媒体特色的国际化产业集聚区,吸引企业入驻,从整体上提高产业联动效应。

5.科学制定新媒体产业政策

针对目前出现的新媒体产业政策滞后性和差别性等问题,可以加强相关研究,以及时提供鼓励扶持和规范引导新媒体产业发展的政策,有效兼顾新媒体产业公共服务性企业与商业性企业的平衡发展。

第三节　新媒体产业政策

一、美国的新媒体产业政策

(一)战略性地促进新媒体产业的发展

美国着重促进新媒体视频产业发展,尤其是该领域里的中小型企业,它们是新媒体技术和市场的重要增值区域。不过,政府行为的重心放在提供统一、持久的行业标准(比如三网合一的技术标准)、提供方便的资本市场准入条件(比如引入更灵活、多元的风险投资),以及提供跨产业、跨区域的多方战略合作(比如技术开发商和内容提供商共同开发手机视频传播平台)上,同时有意识地减少直接干预。

将手机视频作为战略性新媒体产业扶持对象,充分利用政府、企业、高校的优势资源,重点进行手机视频用户的行为和消费偏好研究,并在研究过程中将成果直接嵌入技术研发的终端产品或内容产品的创新之中。

将网络视频内容的搜索引擎技术作为战略性的新媒体产业扶持对象,由政府动员相关企业联合立项,利用高校作为研究和实践基地,研究成果可作为新一代手机电视的核心知识产权。

(二)前瞻性地利用新媒体升级政府治理模式

美国有计划地通过新媒体将政府的某些特定职责释放到相关网络社区,把一些高品质的网络社区纳入听政议政的常规范畴,定位在为社区媒体创造和提供更好的生存与发展空间上,有效倾听并采纳社区媒体的民意。

充分开发政府资源,建立由政府主导的多元化公益社区媒体,免费、高效地提供公共信息服务,并借此持续完善政府思维模式和行为模式。比如利用政府平台建立"二手物品的捐赠社区",将仍然可以利用的旧家具、旧家电、旧书籍等各类物品定期或不定期通过以网络为主的既定渠道,免费送给或低价卖给那些有需要的人,以传播和实践"绿色环保"的理念。在纽约,就有许多个人和非营利机构利用各类社区媒体在做类似的事情。

鼓励和支持有影响力的民间社区媒体,吸引并欢迎它们关注政府行为,有效地将各类政府信息渠道接入其中,实现无缝传播,借此形成与众多民间社区深入对话与沟通的能力。

二、欧洲的新媒体产业政策

欧洲各国在新媒体产业的发展中十分注重政府规制和市场机制相互配合,不断改变、调整与规范关于传媒业的管理模式和政策法规。可见,实现传媒产业的结构变迁与加快新媒体的产业化进程,完全依靠市场机制并不现实,还需要对新媒体进行规制。

欧洲新媒体规制特征

目前,视听新媒体产业创新正在重构全产业链,从内容生产到集成分布,从传输网络到接收终端,从业务模式到广告发布方式,都呈现出强大的创新能力,为用户提供了更加丰富多元、品质优良、量身定制、满足个性需求、方便快捷、随时即处可待的视听节目服务。总体来看,欧洲国家新媒体规制的主要政策有如下三个方面。

(一)依法治理,设独立监管机构

欧洲各国政府非常重视为新媒体管理和规制提供法理支持,与时俱进,及时研究、出台和完善引导新媒体发展的法律法规。由于新媒体规制涉及多个行政机构,存在多头管理与重复管理等问题,欧洲各国政府在立法的基础上成立相对独立的新媒体监管机构,明确一个专门的监管主体负责新媒体发展的监管工作,旨在构建多元合作、多方配合的新型新媒体管理模式,充分发挥自主协调管理、规制功能。

(二)尊重传统,注重内容规制

沿袭欧洲自由主义的传播理念,推行市场调节下的规制传统,是欧洲各国规制体系的特色。欧洲各国政府倾向于将新媒体的服务和内容纳入已有的传统媒体规制的范围,期望规制促进新媒体创新发展和公平竞争。

(三)强调新媒体产业的经济属性与公共利益属性的协调兼顾

兼顾新媒体的商业性与公共性的双重属性历来是欧洲各国政府规制的重要范畴。随着新媒体的快速发展,产业壁垒出现,这意味着不能完全依靠市场机制作用来实现传媒产业结构变迁与产业化进程。欧洲各国强调对利益集团政策引导,倾向保护和发展新媒体公共利益。

三、日本的新媒体产业政策

（一）政府的积极推动与倾力支持

日本政府早在20世纪90年代就提出了"建设高度信息化社会"的国家战略，并很快演变成日本的"IT立国"战略。

在日本政府发布的"IT新改革"战略中明确提出，将促进传媒业和通信业结合、建设网络社会的目标作为日本国家的信息化产业政策之一，这为日本信息通信业跨行业合作和产业链构建提供了充足的政策保障。日本移动运营商NTT DoCoMO和KDDI的手机电视业务始于2003年，在新媒体的冲击下，日本主流的媒体如NHK等相继开设了手机电视频道，通过本土研发的支持"oneSeg"功能的移动电话向用户提供手机电视服务。与此同时，日本各大媒体以内容提供商的身份，积极地与通信运营商展开合作，共同推广手机电视业务。由于日本采取的是全国统一制式、统一资源分配、统一开播的方式，手机电视在短时期内得到了迅速发展。目前，日本国内有实力的企业已经具备了同时提供互联网、移动、固话以及视频服务的能力。NTT DoCoMO、KDDI、NHK、TBS电视台及朝日电视台等企业之间不断加强合作，于2008年组建了民间组织"日本IPTV论坛"，该组织统一了日本IPTV业务标准，并承诺用户不需要购置专用终端就可自愿接收IPTV服务，还可以根据自己的意愿更换提供服务的公司，以此来促进IPTV的普及。

（二）打破分界而治的产业现状，促进三网融合

2008年，日本政府讨论制定融合法，试图统一日本《广播法》《电气通信事业》等相关现行法律，打破分界而治的产业现状。

日本的《灾害对策基本法》《气象业务法》和《放送法》规定：日本媒体既是可独立采访灾害情况的新闻报道机构，同时也是"灾难应急行政一体化"的防灾机构。以日本影响力最大的公共传媒NHK为例，NHK始终保持着"我的方式传播"的媒体第一价值，在多渠道传播中保持了独立性和公信力，即便在大灾难来临时也不曾改变，能够准确、迅速地播放灾害警报、避难指示、灾害时的劝告等，表现出一流媒体的社会担当和新闻专业主义精神。

日本政府还通过增加公共投资、制定税制优惠、规则改革等相关政策措施推动新媒体产业的发展。以"创新基地税制"为例，为了加强日本国内创新基地的区域竞争力，打造优质的营商环境，2024年，日本建立了"创新盒子税制（创新基地税制）"。对于企业在国内自主研发的知识产权（专利权、AI程序著作权），其版权收入和专利转让收入的30%免缴企业所得税，适用期限为七年。

四、中国的新媒体产业政策

文化产业是战略性新兴产业,而新媒体产业又是文化产业的核心产业,因此,要采取政策措施大力扶持新媒体产业发展。为此,中国已相继出台了一系列政策措施来推进新媒体发展和加速新媒体的产业化进程。

(一)法律制定与修改为文化产业奠定了坚实基础

文化法律的制定与文化法规的集中修改,为推动文化产业发展奠定了坚实的法律基础。

2016年11月,第十二届全国人民代表大会常务委员会第二十四次会议表决通过《中华人民共和国电影产业促进法》,这是中国文化产业领域第一部专门法,它的实施开启了电影产业的法治化监管。同年12月25日,第十二届全国人大常委会第二十五次会议表决通过《中华人民共和国公共文化服务保障法》,鼓励和支持社会力量参与公共文化服务,这对培养未来的文化生产者和消费者,有极为重要的作用。

(二)数字创意产业进入战略性新兴产业

2016年,《"十三五"国家战略性新兴产业发展规划》提出,以数字技术和先进理念,推动文化创意和创新设计等相关产业加快发展,促进文化科技深度融合,相关产业相互渗透,推动数字创意在医疗、展览展示、地理信息、公共管理等领域应用。2018年,国家统计局发布《战略性新兴产业分类(2018)》,明确将数字创意产业纳入战略性新兴产业。2020年,国家发改委、科技部、工信部、财政部联合发布《关于扩大战略性新兴产业投资 培育壮大新增长点增长极的指导意见》,鼓励数字创意产业与生产创造、文化教育、旅游体育、健康医疗与养老、智慧农业等领域融合发展,激发市场消费活力。

(三)融合型文化产业政策密集出台

文化产业影响力系数大,对其他产业渗透性强的特点,决定了文化产业可以增加其他产业的文化内涵,提高其文化附加值,促进其他产业转型升级。2016年2月,《国务院关于印发中医药发展战略规划纲要(2016—2030年)的通知》提出发展中医药文化产业。同年5月16日,国务院转发文化部等部门《关于推动文化文物单位文化创意产品开发若干意见的通知》,提出促进文化创意产品开发的跨界融合。2020年,《文化和旅游部关于推动数字文化产业高质量发展的意见》提出推动线上线下融合,扩大优质数字文化产品供给,促进消费升级,积极融入以国内大循环为主体,国内国际双循环相互促进的新发展格局。

融合型文化产业政策的出台,拉开了文化产业全面步入经济发展主战场的序幕,文化产业有望成为经济发展新常态下经济转型升级的新动力。

总而言之，不断出台的文化产业政策措施为中国新媒体产业发展提供了有力的政策保障，正促使中国新媒体产业加快适应市场变化和时代发展的需求。

第四节　新媒体商业模式

新媒体具有互动性、原创性、分众性特点，但传播模式先进并不代表商业模式先进，若缺少商业模式的支撑，传播模式也将难以为继。传统媒体和新媒体的商业模式存在着根本性的区别，随着新媒体的快速崛起，其商业模式受到重点关注。

一、新媒体商业模式的发展演变

新媒体发展的一个基本命题是，新的技术必然催生新的媒体。从 20 世纪 90 年代至今，互联网经历了"技术工具—媒介—媒体化"的演进过程。有学者以技术逻辑为路线，研究互联网作为一种技术兴起到成熟媒体形成的内在演进过程，也有学者以互联网发展为历史线索，描述中国网络媒体从无到有、从边缘到主流的发展脉络。在这些研究成果的基础上，我们可以将目前中国新媒体商业模式发展归纳为 Web 1.0 时代商业模式、Web 2.0 时代商业模式和 Web 3.0 时代商业模式。

（一）Web 1.0 时代的商业模式

1994 年，互联网技术在中国逐步得到应用，传统媒体相继借助网络进行内容的延伸和拓展。在早期，传统媒体作为最强大的媒体牢牢地掌握着社会的话语权和舆论监督权，电视和报刊等的影响力还颇为强大，在你播我听的时代里，媒体的受众很难有渠道发表自己对社会新闻和节目的观点和看法。中央电视台央视网从 1994 年以来承担的任务更多是提供已播出节目的文字稿上网和收视指南（节目预告），为网友们提供简单的查询和搜索服务。而在 Web 1.0 时代，互联网提供的检索、查询和互动（留言板、论坛等）功能为媒体和受众之间架起了一座沟通的桥梁。在 20 世纪 90 年代初期，英国广播公司、纽约时报等传媒先行者也开始尝试传统媒体向互联网媒体的过渡和转移，进行媒介融合的尝试与探索。

Web 1.0 时代主要是一种新旧媒体间的相互试探合作，并没有太多地注重双方能够产生的商业模式。互联网媒体跟传统媒体之间的合作主要是依靠内容引进、约稿和开设专栏等，传统媒体只是多了一项内容输出平台，其根本的注意力还是放在内容平台的打造和深化上，两者的商业模式主要是各自内容平台的广告价值。这个时期的广告基本上是硬性的产品广告和品牌广告等，商家的广告投放在这个阶段还是倾向于强势的传统媒体，网络广告只被当作一种延伸和补充，占据着很小的分量。

(二) Web 2.0 时代的商业模式

这个时期随着互联网技术不断的发展和强大，出现了许多如 RSS 技术、博客技术、SNS 社交网络系统、在线视频等崭新的快捷应用，传统媒体也开始看到日益强大的互联网的影响力。互联网平台可以给用户提供更加丰富的体验，而且能使传统媒体聚集新的资源，产生新的内容，扩大节目的影响力。国内典型的 Web 2.0 网站主要包括博客网、DoNewsIT 社区、百度贴吧、新浪博客等。

Web 2.0 时代的核心是用户贡献内容和创造价值，互联网崭新的技术使得信息的融合变得越来越容易。互联网媒体也开始在这个时期着力打造自己的原创内容和品牌节目，在平等互补的前提下，电视台与网站两个平等的主体之间在"台网互动"上有了无限创新的可能。以央视网为例，2008 年北京奥运会，通过视频版权售卖、视频转播、广告代理、内容定制、赛事冠名、专题制作、线下活动、原创节目制作等多种形式，获得了超过 2 亿元的收入，使这个之前以图文为主、暮气沉沉的传统电视台网站开始焕发出自身的生命力并形成持续的生长价值。

Web 2.0 时代的主要特征是更加强调以用户为核心的理念，为用户提供增值服务，除了 1.0 时代能够实现的模式外，其商业模式还主要包括：①广告，如搜索广告、分类广告、植入式广告、LBS 精准广告等。②增值业务，包括短信、彩铃、彩信付费下载等。③虚拟货币，在许多社区构建个性设置、设置付费道具、提供虚拟服务等。

Web 2.0 的商业模式是牢牢围绕着用户的"黏着力"而展开的，在用户数量突破一定规模后就会滚雪球式地自然膨胀。网站提供个性化的用户体验，拓展用户的人际交往面，甚至帮助用户实现一些商业目的，这些价值能很容易地转化为"潜在的商业价值"。但 Web 2.0 时代最显著的特征——用户贡献内容，也给版权问题埋下了隐患。

(三) Web 3.0 时代的商业模式

从技术等微观层面去理解，Web 3.0 是 Web 2.0 技术的升级，Web 3.0 能够实现更加"智能化的人与人、人与机器的交流"功能的互联网模式，从这个角度上讲，它有别于通常意义上的互联网。

Web 3.0 时代新媒体商业模式特征

从宏观层面去理解，Web 3.0 是一个全新的网络时代，它弱化了互联网行业的边缘，利用强大的、无处不在的网络将各种传统行业纳入其中而焕发出新的生机与活力，"人们可以通过因特网轻松实现自己的社会分工，这是新一波的全球化,正在抹平一切疆界,让整个世界变平了,从而缩成了微小"①。Web 3.0 的主要特征有三点。

(1) 信息的自由整合与有效聚集。Web 3.0 时代利用新的互联网新技术将用户的信息进行整合,提取内容信息的特征,使信息检索更加方便快捷,用户更加依赖于大数据的处理和应用。

(2) 信息内容的多屏互动。Web 3.0 时代打破了互联网模式的限制,更方便和快捷地打通各种屏幕,从而使得不同终端兼容,实现了计算机、电视、手机、平板电脑、机顶盒以及其他各种专用终端的互联互通。

(3) 贴近用户的人性化体验。Web 3.0 时代的人性化体验进一步把用户的偏好作为设计产品和商业模式的主要考虑因素,愈加成熟的技术应用对用户的特征行为进行挖掘、整理和分析,帮助互联网用户快速、准确地搜索到感兴趣的信息,避免了大量信息带来的信息过载和搜索疲劳。

Web 3.0 是以用户的个性化需求为导向,将互联网各种海量的信息以某种组合方式结合起来,根据用户的兴趣、爱好、需求构建的信息平台,再反过来吸引客户贡献回报。如果用营销的概念来理解,Web 3.0 就是一个精准营销的时代,以微内容的自由整合与信息聚合技术推进发展,根据用户在网络空间留下的痕迹、数据和符号来准确掌握众用户的兴趣、爱好、习惯等特征,以期达到精准营销的目的。

Web 3.0 时代,用户参与网络平台内容的贡献不再是免费创造,而是形成一种互动的沟通,可以让自己的贡献得到价值的回馈。并且随着互联网大数据技术的不断成熟和发展,商业应用也越来越普及,让用户不再淹没在数据和信息的海洋里,能更加精准快捷地得到自己需要的信息。大数据技术的发展也使各种商业应用服务不再局限在一个单维的角度上,对于信息的捕捉、分析和归纳有了更加准确和广泛的信息流,信息交叉验证也增强了网络信息的可靠性。同时,Web 3.0 实现了网络与智能终端的连接和并用,伴随着移动互联网的便捷和迅猛发展,用户可以通过各种移动终端享受网上的应用和服务。Web 3.0 时代商业模式特征主要表现在以下三点。

(1) 整合营销。指将互联网上的搜索营销、SNS 社交营销、博客营销、事件营销和口碑营销等结合在一起的一整套打包营销模式,可以使集成传播的效应和效果最大化。

(2) "威客"营销。它的理念是将企业或者个人的工作任务在互联网上进行发布和传播,通过网络的庞大传播效应,征集志愿者来给出解决方案,由企

---

① [美]托马斯·弗里德曼.世界是平的[M].何帆,肖莹莹,郝正非,译.长沙:湖南科学技术出版社,2006:5—6.

业或者个人根据任务完成的情况给予酬劳和奖励,是一种让用户提供服务并给予回报的营销模式。

(3) 大数据营销。在这种模式下,商业企业通过收集大量用户的数据再经过科学运算和分析处理,预测用户的购买倾向,根据客户的需求定制产品、计划、流程,是有针对性的营销手段。"大数据"时代的精准营销是 Web 3.0 的典型模式,这种营销模式可以帮助商业企业更好地找到目标客户、降低整体的营销成本、提高产品服务、分析客户需求,从而大大增加受众对平台的黏性和依赖度。

案例 8-2　国外媒体融合的发展现状

一、技术改革

智媒时代,5G 的发展为 VR(虚拟现实)带来了巨大的发展机遇,"新闻在场感"成为未来发展趋势,让麦克卢汉口中的"媒介是身体的延伸"得到证实。VR 新闻最重要的是能使新闻"景观化",带给用户沉浸式体验。

国外媒体很早就开始了 VR 新闻实践。2013 年,美国《得梅因纪事报》报道了《丰收的变化》(*Harvest of Change*),它利用 VR 生动地表现出艾奥瓦州当地私家农场的历史、现状,由此引申到美国近年来的农场和社会变迁。

后来,VR 在新闻传播中的应用逐渐增多。2015 年,《纽约时报》独立研发了一款名为 NYT VR 的应用软件。为了推广该软件,《纽约时报》和 Google、通用电气等公司合作,免费发放了 100 个由纸版叠成的虚拟现实头套——Google Cardboard,这一项目被认为是"VR＋新闻"的正式起步。之后,《纽约时报》上线了专门的 VR 新闻频道——VR360,引起全球的广泛关注和学习。《纽约时报》还积极探索 VR 的商业模式,将其应用到广告领域。2015 年起,美联社也开始与 VR 制作公司 RYOT 合作,在 NYTVR 上发布了关于寻找家园、儿童难民、总统大选等专题的多篇 VR 新闻报道。

2016 年 2 月,美联社又与芯片制造公司 AMD 达成合作,推出美联社 VR 门户网站,在已发布的网站雏形中包括纪录片、娱乐新闻等类型的作品。2016 年被称为 VR 技术元年。这一年美国广播公司上线了 ABC News VR,这可能是全世界第一家利用虚拟现实技术报道新闻的电视台。路透社与三星合作,开始了 VR 新闻报道的研究。谷歌也推出了 VR 眼镜和应用平台 Daydream。同年,在里约热内卢奥运会期间,加拿大广播公司(CBC)和美国全国广播公司(NBC)都使用了 VR 技术,给观众带来了不一样的体验。

2017年,BBC发表了《VR新闻:新现实?》的研究报告,公布了美国和欧洲VR新闻的发展现状。围绕场景时代的五种技术力量:移动设备、社交媒体、大数据、传感器和定位系统,国外媒体集团已开始积极布局。

二、平台搭建

平台型媒体(Platisher)概念由乔纳森·格利克(Jonathan Glick)提出,是他在2014年将Platform(平台)和Publisher(出版商)合并后发明的新词汇,指那些既拥有媒体的专业编辑权,又拥有面向用户的平台的数字内容实体。平台型媒体的实质是将算法技术与专业的编辑运作结合起来,打造一个包含了各种规则、服务和平衡力量的良性开放平台。这样的平台往往能够吸引大量用户的注意力。移动终端、社交平台、搜索引擎、流媒体网站等相关公司凭借着算法推荐、大数据技术已经拥有了大量的用户基础,有着领先的技术优势和零编辑成本。但这些高科技公司缺乏高质量内容生产的基础,不具备内容优势。在这样的情况下,媒体和平台合作成为媒体融合的一个新突破口。

在2011年推出的Snapchat是一款主打图片分享、"阅后即焚"功能的分享社交软件,已经成为深受美国年轻人喜爱的社交软件和流行风向标。大量传统媒体为了挽回流失的用户,开始在Snapchat上注册账号。2015年,Snapchat推出了"Discover"服务,吸引了大量媒体入驻。美国版"今日头条"——Buzzfeed(嗡嗡喂),是一款内容导向型的新型媒体,它充分利用互联网优势,开创出全新的新闻传播模式——新闻聚合。Buzzfeed从许多新闻资源中筛选出合适的新闻拉到自己的平台,早期因为宠物视频火爆,后期也开始推送购买信息。

平台性质更强的数字化媒体有脸书、谷歌、推特等,都属于大型互联网平台。它们以强大的搜索引擎为起点,后涉及新闻传播领域。这些平台规模巨大,用户群体庞大,吸引传统大量媒体入驻,几乎所有的传统媒体都在这些平台上有自己的官方账号。

二、新媒体商业模式的发展趋势

媒体打造泛内容的生态平台,以内容为初始红线,将用户、需求、资源、服务进行内在整合,打破内容和经营的明显界限,通过社群服务来实现价值变现,完成了新媒介环境下商业闭环的生成和运营。生态平台实现了用户之间基于兴趣和社交的连接,保证了内在的有机活力;实现了用户和信息、服务的连接,满足了用户场景化的需求;实现了流量和资源的高效聚集,完成了价值变现的目标。在生态平台中,可能还有流量吸附广告的现象,但这方面的营收不再是主要支柱,而是衍生的收益。媒体通过社群的运营,推进生态平台的建设,促进各类资源的有机连接,实际上是为用户提供场景化需求的解决办法,从而将媒体融合推向深入。

(一) 推动生态平台建设

1. 建立满足不同主体多维需求的平台型媒体是必然选择

传统媒体在移动互联时代遇到的最大问题之一就是渠道失灵,传播的"最后一公里"遭遇"肠梗阻",无法像从前那样有效连接用户。当线性的、单向的、标准化的渠道难以完成正常的传播功能,建立更具辐射意义的、更能满足不同主体多维需求的平台型媒体成为必然的选择。这也必然带来媒体运营模式的变迁。

移动互联改变了人们生活世界的时空束缚,摧毁了诸多行业有形和无形的围墙,使得跨时空、跨边界的需求和服务得以连接,原来互不相干的行为可以进入同一场景之中。媒体不再是一种单纯的形态,而是与诸多行业融为一体,泛媒体化的发展成为一种必然。用户的消费需求与阅读需求、信息场景与生活场景常常糅为一体。传播即生活,生活即传播,不再有截然的界限和森严的壁垒。

平台型媒体是一个开放式平台,上面有各种规则、服务和平衡的力量,通过向所有的内容提供者、服务提供者开放,使得机构和个人的独到价值都能够得到尽情地发挥。这种新型的传播生态打破了传播与社交、内容与服务的区隔,促进媒体平台与用户之间实现各类需求和服务的全面深度连接。

媒体平台以内容为入口,建立与用户的初始连接;以社交为纽带,活跃与用户的即时连接;以服务为根本,深化与用户的生活连接。在这样的循环与交互中,媒体与用户的连接由弱转强、由浅转深,形成深入、稳定的关系网络,各种要素聚集,形塑社群化的生态平台。在这种全新的媒介生态下,原先以广告为中心的商业模式,必然转向以服务为核心的价值变现方式。

移动互联的世界中,平台匹配用户需求,无法再按传统的行业类型来分割,而是需要以场景来理解边界。这不是传统经济的多元化产业发展,而是服从和服务于社群运营的需要。

媒体需要突破传统的思维局限,拓宽与各类资源的对接,尤其是根据细分人群的需求分析、梳理具有共同特征的需求方向,提供深入、持续、有竞争力的服务产品。这样的社群服务特征,决定了媒体需要聚焦垂直细分的领域,构建生态性的泛媒体平台,有效整合资源,形成场景化的服务能力和产品服务体系,为特定人群提供精准的服务。在这一平台上,信息产品依然是核心的服务支撑,但一定不是全部,平台不会把自己局限在狭窄的服务空间,而要根据特定人群共同的场景需求,提供多种服务产品。

2. 从规模经济走向范围经济,是生态平台建设的价值取向

从规模经济走向范围经济,这是媒体调整商业模式的需要,也是生态平台建设的价值取向。多品种、小批量、定制化,这就是范围经济的特征。在移动互联时代,可能媒体服务的人群并没有增加太多,但如果针对这个人群提供的服务产品更加丰富,服务更加深入,收益能力就会提升,所以此时主要考量的就是服务的精准和深入。

(二) 建设生态平台商业闭环

从信息传输渠道转向泛媒体生态平台,这是媒体转型发展的必然之路。但并非所有媒体都能顺利完成这样的飞跃。能不能更换逻辑,能不能改变"玩法",至为关键。建设生态平台商业闭环,媒体需要在理念、架构、路径等方面进行自我改革,彻底摒弃传统的思维惯性,按照移动互联网的运营逻辑,真正沉下心重构媒介世界。

媒体需要明确平台定位。进入移动互联的时代,以大众传媒覆盖所有人的思维难以延续。在以用户为中心的逻辑下,媒体要清晰地把握具体的目标用户定位,只有聚焦细分人群才有可能真正把人群组织起来,建构起主题明了的社群。新媒体发展的一个重要策略就是确定较为清晰的用户标签。如 B 站强调"二次元"人群,抖音瞄准的是"普通人做网红梦",今日头条的主要读者是"爱看新闻的中年大叔"。有了准确的用户画像,才能确定媒体产品的主要方向。在此基础上,共同的兴趣更容易激发这些目标人群的社交欲望和交流兴趣,从而推动社群的生成和活跃。从"大而全"到"小而精",这是媒体定位的根本性调整,只有走出这一步,媒体建设生态平台才有可能。

媒体需要建设数据库。按照用户需求来设计内容产品和服务产品,这是社群运营的基本导向,但不能理解成简单地亦步亦趋,而应该是在洞察用户整体需求的基础上,进行有针对性的分析和引导,研发契合用户特质的产品。对用户爱好的数据分析,就成为重中之重了。这个数据不是用户基本信息的数字档案,这种账单式的记录没有太大的意义。只有用户互联网行为的即时化数据,才能真正折射出用户的行为习性和兴趣指向,才具备分析的价值。所以媒体需要下决心接纳移动互联网的技术优势,在互联网的平台上进行社群的建设和管理,逐步积淀用户的互联网运行轨迹,形成精确的用户数据库。

媒体需要开放的理念。商业闭环并不意味着封闭运行,恰恰相反,只有秉持开放的理念,以开阔的胸怀与外部资源对接,吸纳更多的相关要素,才能更好地为社群提供服务。如果没有足够的资源支持,平台也就名不副实,难以保证对用户的服务质量。媒体需要克服单纯依赖信息内容的渠道心态,主动接驳与用户人群相关的资源,丰富社群的生态要素,开发更多的服务产品,全面提升满足用户的能力。

媒体需要核心服务产品。普通的产品,很难让人留下印象,更难积累品牌的价值。进入网络时代,信息不对称的概率越来越低,一般功能性的产品可替代性强,优势在下降,用户的体验成为更重要的考量指标。媒体的优势在于创意,这一长处要在服务产品的设计上体现出来,在尊重用户需求的前提下,以有创意的产品来改善用户的体验。

媒体需要切入公共服务。在建设服务型政府的过程中,政府开始注重与社会力量共同推动公共服务体系的完善。新媒体应当主动融入政府的公共服务体系之中,在社区养老服务、城市文化服务等方面争取项目共建、承建的机会,把社群的运营与城市公共服务体系的运营有机结合,从而为服务产品的完善和商业价值的变现创造更大的空间。

(三)以客户需求为导向

随着新的传播技术和媒介的涌现,读者的阅读习惯和趋势发生了质变。根据CNNIC发布的《第53次中国互联网络发展状况统计报告》显示,截至2023年12月,我国网民规模达10.92亿人,较2022年12月增长2480万人。互联网普及率达77.5%,较2022年12月提升1.9个百分点。我国手机网民规模10.91亿人,较2022年12月增长2562万人,网民中使用手机上网的比例为99.9%。网民数量的增长也意味着新媒体建设需重视用户需求。

新媒体"自利"是建立在"他利"基础上的。对受众而言,产品内容必须持续创新,而目前新媒体内容创新能力较弱。根据相关调研,手机电视运营商大多只是将电视电影相关内容搬到手机上,且时长超过了受众所能接受的平均时限20分钟。因此,未来新媒体需在产品内容创新上发力,新媒体商业模式将更注重客户的注意力价值。

知识卡片

新旧媒体商业模式和盈利模式的比较

一、商业模式的比较

(一)传统媒体"两次售卖"的商业模式

新旧媒体商业模式和盈利模式的比较

"两次售卖"模式,即当传媒产品通过采编人员的采写和编辑后,经过两次售卖才能形成自己的价值和创造新的价值。传媒商品第一次售卖给客户受众,第二次售卖是把传媒企业所具备的传播功能售卖给广告主,广告主看重的是传媒企业的高质量受众和传媒企业所具备的公信力和影响力,也就是传媒企业所具有的传播功能的大小。

传统媒体借以获得传播功能的第一次售卖——发行所需成本巨大;由于报纸多是"倒挂发行",即发行是亏损的。这就导致传统媒体只能采取分众式模式,即在用户选择上重点选择某些经济发达的地区和收入较高的商业人士。

在传统媒体的商业模式下,媒体和读者之间以及广告主和读者之间都是相对割裂的,媒体很难精确地掌握读者的特征和偏好,广告主就更不能清晰地了解媒体读者和广告客户的需求。

(二)新媒体"免费+收费"的商业模式

科学技术的进步,在网络技术产品的效能大幅度提高的同时,其成本却在快速下降。在这种情况下,网络经济就有其鲜明特点:先期成本相对较低,逐步趋向于零。网络媒体采取的"免费+收费"模式,即交叉补贴的模式,也就是说付费的给不付费的提供补贴:一方面,同质化的信息变得免费,而客户定制信息则变得昂贵,另一方面,第三方给获得免费信息和服务的用户付费。

二、盈利模式比较

传统媒体的盈利模式主要有如下四种:一是发行收入,由于情况不同,各国以及不同类型的媒体发行收入占总收入的比例悬殊,例如,日本报纸的发行收入占总收入的50%左右,美国的占20%~30%,而中国都市类报纸一般不超过10%,当然党报尤其是中央级党报发行收入占总收入比例较高。二是广告收入,这部分收入是市场化报纸的主要收入源,一般占60%以上,又较多依赖房地产、汽车等少数行业。三是增值服务收入,如举办的大型论坛、活动以及发行公司的物流配送收入。四是版权输出收入,这一块目前收入较少,占比例低。

新媒体的盈利模式有如下三种:

一是以内容生产为核心的用户付费型盈利模式。这种模式以"创意和创新"为核心,依托原创优质内容打造差异化的、具有竞争力的核心产品,并根据用户需求提供个性化的产品营销服务,通过用户流量获利。芒果TV依靠湖南卫视雄厚的内容资源,建设独有传播渠道,通过用户付费、版权分销等方式取得丰厚利润回报。《歌手》《女儿们的恋爱》等大热的综艺节目经芒果TV分销给爱奇艺、优酷、腾讯等平台,进一步获得收益。

二是以平台为依托的资源聚合型盈利模式。湖北广电的"长江云"融合平台研发了"政务大厅""民生""群众满意度评价"等关联应用,能够为用户提供152项通用政务和民生服务。南方报业传媒集团在"南方+"客户端给地方政府免费做接入口,提供对接的平台,开通了交党费等政务功能。河北长城新媒体集团依托技术和平台优势,调整产业经营结构,2021年以大数据产品及服务、大型活动、融媒建设、网站技术运维和服务等为主要内容的新媒体收入占到集团总收入的三分之二。

> 三是以产业链延伸为引领的融合拓展型盈利模式。一方面,依托原创内容开发衍生品,延长产业链条。湖南卫视亲子真人秀节目《爸爸去哪儿》,除去节目时段的广告收入,其衍生品有湖南广电旗下的天娱传媒制造的同名电影,在当年获得7亿元的票房收入,还有芒果互娱公司制作的同名手游,累计总下载量3.2亿次,开启了中国电视综艺节目手游开发的先河。北京卫视的文化创意类真人秀节目《上新了!故宫》,对故宫IP进行创新运营,每期推出一个独家设计的文创衍生品,通过文创把用户资源、线上流量与广告营销结合起来,实现消费落地,商业变现。另一方面,融合跨界,将媒体产业内外的多个行业构成一个互相配合的系统,以产业链的形式整体运作,从而达到规模化、集群化的营销目标,即通过系统营销获取利润。

总而言之,基于以上对新媒体商业模式的分析,笔者对新媒体商业模式的发展方向提出以下观点:第一,新媒体将建立起信息流、资金流、物流"三流合一"的网络交互式平台商业模式,以获得持续发展。第二,在技术推动和产业融合下,传统媒体和新媒体将更多地参与到商业模式创新中,并将促使媒体形态更加多元化。第三,以消费者为核心,把消费者需求作为新媒体发展的新思路,设置广泛多样的接触点,吸引目标消费和持续关注。第四,针对"碎片化"的市场环境,可以通过"做平台"来整合市场,通过特许授权方式让第三方开发高利润周边产品,从而引导消费。

本章小结

新媒体是以数字技术为支持、相对于传统媒体而言的新型媒体,而新媒体产业则是包括了渠道、内容和商业模式在内的产业体系,是文化创意产业的重要组成部分。新媒体产业的经济特征包括外部性经济特征、长尾经济特征、规模经济特征、范围经济特征。对于新媒体产业的发展现状,本章对互联网广告、游戏产业、在线直播产业、大数据产业、电竞产业五个领域进行了详细梳理。

从全球视野和国家发展战略高度来看,如何发展好新媒体产业是当前和未来文化传媒领域的重大问题之一。本章阐述了美国、欧洲、日本等发达国家的典型性新媒体产业政策,并在此基础上对我国新媒体产业政策进行思考。

本章在对新媒体产业的商业模式的相关问题进行探讨时,首先将新媒体Web 1.0时代、Web 2.0时代和Web 3.0时代的商业模式及特点进行了归纳,并在充分认识市场、竞争和技术的基础上,从生态平台建设、生态平台商业闭环以及用户需求导向三个方面分析了新媒体商业模式的发展趋势。

思考与练习

1. 简述新媒体产业的内涵与经济特征。
2. 新媒体产业链的核心产业有哪些？
3. 简述新媒体产业的发展现状与发展趋势。
4. 结合欧洲国家的新媒体产业政策，谈谈欧洲国家新媒体规制的特征。
5. 简述美国和日本新媒体产业的发展政策。
6. 对比阐释新旧媒体的商业模式与盈利模式。

参考文献

[1] 张金海,林翔.网络媒体商业模式的构建[J].现代传播(中国传媒大学学报),2012(08)：92—96.

[2] 周笑.美国新媒体产业最新发展趋势研究[J].电视研究,2011(06):75—78.

[3] 肖赞军.西方传媒业的融合、竞争及规制[M].北京:中国书籍出版社,2011.

[4] 宫承波,翁立伟.我国新媒体产业模式创新思路探析[J].当代传播,2012(03):56—59.

[5] 喻国明,张小争.传媒竞争力：产业价值链案例与模式[M].北京:华夏出版社,2005.

[6] 崔保国,徐立军,丁迈.中国传媒产业发展报告(2021)[M].北京：社会科学文献出版社,2021.

[7] 白玉芹,张芸.媒体深融背景下传媒业新型盈利模式分析[J].青年记者,2022(05)：62—64.

[8] 芒果超媒.2021年度业绩预告[EB/OL].(2022-1-21)[2024-05-20].https://vip.stock.finance.sina.com.cn/corp/view/vCB_All BulletinDetail.php?id=7799817.

[9] 康振海.河北传媒发展报告(2021)[M].北京:社会科学文献出版社,2021.

[10] 喻国明.互联网是一种"高维"媒介——兼论"平台型媒体"是未来媒介发展的主流模式[J].新闻与写作,2015(02):41—44.

[11] 谭熙.探索国际数字化新闻传播领域新兴力量发展道路[J].中国传媒科技,2020(06):47—49.

第九章 新媒体版权

> **学习目的**
> 1. 了解国内新媒体版权保护的发展阶段及现状。
> 2. 掌握避风港原则和红旗原则。
> 3. 掌握跟踪新媒体版权保护的发展动态。
> 4. 了解新媒体版权侵权新现象及其争议与共识。

随着人类文明的不断进步和科学技术的飞速发展,尊重、保护知识产权已经成为全世界普遍遵守的价值准则,通过立法或行政手段对知识产权进行保护逐渐成为世界范围内的普遍做法,其必要性和重要性也得到了普遍认可。然而,信息技术的飞速发展却使传统的知识产权保护面临新的严峻挑战。一方面,计算机技术、通信技术等推动了新媒体产业的迅速扩大,新媒体内容日渐丰富;另一方面,这些技术也使新媒体内容的非法交换、复制变得非常简单,新媒体版权问题也日渐凸显。

新媒体内容的侵权与盗版严重危及版权所有者的利益,而过度的版权保护也严重损害了广大用户的利益,阻碍了新媒体产业的扩大和发展。因此从不同方面对新媒体版权进行合理的保护和管理将对新媒体产业健康、有序发展产生积极影响。

第一节　新媒体版权的发展现状

新媒体逐步成为大众获取知识资讯、休闲娱乐的重要渠道。但与此同时,新媒体侵权盗版现象日益严重并呈现出新的特点。

新媒体环境下版权保护的变化

一、中国新媒体版权保护发展

2004年11月,中国第一家专业视频网站——乐视网成立,拉开中国视频新媒体发展的序幕。受国外视频分享网站的影响,国内类似网站数量猛增,视听节目的提供方式以"网友上传"为主。然而,个人在享受方便快捷、丰富内容的同时,往往容易忽视音视频著作权问题,许多网站也因追求经济利益,不重视内容审核和版权保护,以致盗版侵权现象时有发生。

2007年起,中国新媒体发展进入成长阶段,2010年全年网络视频市场规模达31.4亿元。这一阶段,前期过快发展引发的版权问题逐渐凸显,视频网站之间因侵权引发的纠纷和口水战不断涌现。据国内主要视听网站所在地的法院——北京市海淀区人民法院统计,2007年至2011年10月,该法院共审理涉及视听网站著作权纠纷2264件。其中,视听网站作为被告的有1419件,作为原告的有275件,另有570件原被告都是视听网站。

2011年以来,中国新媒体发展逐渐达到成熟阶段。各网站的内容不论是数量还是质量都有了很大的提高,网络原创自制和网络独播权成为各大网站的优势和法宝。视频网站成为内容生产制作机构后,更加注重打击侵权盗版和版权保护。

2013年11月13日,优酷土豆集团、美国电影协会、万达影业等10家机构联合发布《中国网络视频反盗版联合行动宣言》,表示联合对抗日益严重的网络视频盗版和盗链行为,并向法院起诉百度、快播。这成为中国网络视频行业有史以来涉及企业最广、索赔金额最高的一次反盗版行为。

2013年11月29日,北京市海淀区人民法院就优酷土豆集团诉百度盗版案件做出一审判决。百度侵权事实成立,法院要求其立即停止侵权行为,承担部分诉讼费用,并赔偿原告损失。这标志着法院对盗版商业模式的直接否定,对视频反盗版联合行动的积极肯定,推动了中国网络版权保护的进程。

2019年11月,知识产权保护工作的纲领性文件——《关于强化知识产权保护的意见》出台,明确至2025年完成知识产权保护"两步走"的总体目标,并在强化制度约束、加强社会监督共治、优化协作衔接机制、健全涉外沟通机制、加强基础条件建设、加大组织实施力度六个方面对知识产权保护提出具体要求。

2020年11月,《中华人民共和国著作权法》(以下简称《著作权法》)第三次修订审议通过,自2021年6月1日起施行。在互联网迅速发展的背景下,新修《著作权法》针对网络传播中的新情况进行了响应和调整,对作品认定、侵权赔偿、行政执法、著作权集体管理组织的运行等方面做出新规定。据《2020年中国新媒体版权保护研究报告》数据显示,在"剑网2020"专项行动期间各级版权执法监管部门共删除侵权盗版链接323.94万条,关闭侵权盗版网站(App)2884个,查办网络侵权盗版案件724件,调解网络版权纠纷案件925件。相关部门都在积极完善相关的规章制度,为新媒体版权保护与发展保驾护航。

二、新媒体侵权盗版的特点

第一,侵权盗版趋于隐蔽。由于新媒体的无形特点,视听节目作品即使被侵权人擅自使用，也不会影响制作人的正常使用。新媒体传播速度快、范围广、易删除，没有时间和地域的限制，使网络侵权行为很难被发现、认定和取证。

第二，侵权盗版涉及面广。随着移动互联网视听服务、IPTV、互联网电视的爆炸式发展，侵权行为不仅涉及 PC 网页，还全面涵盖了 PC 客户端、移动客户端、电视盒子等诸多领域。侵权客体也从单纯的热播影视剧扩大到综艺类节目、网络自制剧、体育赛事等方方面面。对权利主体、侵权行为主体和侵权方式等的定性成为新的课题。

第三，侵权盗版形式多样化。随着 P2P、云存储等新技术的应用，侵权的形式和盗版的技术也不断更新，主要有三大类。一是盗链，服务提供商本身不提供服务内容，而是通过技术手段绕过其他有利益的最终用户界面，直接在自己的网站上向最终用户提供其他服务提供商的服务内容，骗取最终用户的浏览和点击率，大量无偿使用他人的版权资源，盗用他人的存储和带宽资源。二是客户端式盗版，将视频以聚合和嵌套的形式放在客户端播放器上，使用户下载包含侵权影视作品的客户端。三是 P2P 盗版，2014 年 1 月，北京市海淀区人民法院对视频网站"2345rb.com"和"星际 s 电影"利用 P2P 技术，通过播放器盗版网络视频一案进行宣判，法院认定上述两个网站的负责人张某侵犯著作权罪，判处有期徒刑 6 个月，罚金 2 万元，这是国内首例个人利用 P2P 技术侵犯知识产权获刑责的案件。

三、新媒体版权面临的困境

中国新媒体版权保护方面已经初步形成了比较完善的权利保护体系。除了通过《著作权法》(第三次修订)第十条第十二项明确了信息网络传播权这项专有权利，还采用行政法规的方式对其加以保护，也尽力使国内的立法框架与国际接轨，特别是与《世界知识产权组织版权条约》和《世界知识产权组织表演和录音制品条约》接轨。同时，通过法律规范版权行政部门的执法行为。另外，技术保护措施也是中国为新媒体版权保护采取的有效措施之一。尽管如此，中国新媒体版权保护仍然存在问题与挑战。

（一）媒体自律问题

2005 年 1 月，由 80 余家互联网企业组成的互联网协会网络版权联盟签订了《中国互联网网络版权自律公约》。2010 年 1 月，由新华网等 101 家网站组成的互联网版权工作委员会签订了《中国互联网行业版权自律宣言》。2013 年 2 月，由搜狐、腾讯等 24 家媒体组成的网络版权维权联盟签订了《中国网络版权维权联盟自律公约》。2014 年 2 月，由人民网、新华网、央视网、移动、联通、电信组成的手机移动互联产业联盟签订了《手机媒体移动互联网信息安全和版权自律行业公约》。2014年4月,由氧气听书、浙江电子音像出版社等单位联合全国听书作品版权各方权利人以及广大听书作品作者和播音者,发起建立国内首个"中国听书作品反盗版联盟",向音频盗版侵权行为宣战,推进听书行业的正版化进程。2014年8月,9家中央级媒体组成了新媒体版权联盟。2020年4月28日,《视听表演北京条约》正式生效。该条约于2012年6月26日在北京缔结,它是一项旨在保护表演者权利的国际版权条约。按照条约规定,表演者对其表演享有专有权,对表演的录制品享有复制权、发行权、出租权、提供权及广播和向公众传播的权利。2020年12月21日,百位影视从业者联名发布致媒体公开信《抄袭剽窃者不应成为榜样!》,对网络平台、电视台将具有抄袭劣迹的编剧、导演列为节目导师、嘉宾,一味追捧收视率和流量而漠视抄袭剽窃行为的行业环境展开批判,呼吁严厉打击、惩处抄袭剽窃的违法行为,构建文明健康的中国影视环境。2020年12月31日,于正和郭敬明两人在微博正式为其抄袭行为道歉。

由此可见,新媒体版权保护问题已经逐渐成为各媒体关注的问题之一,这些自律公约对提升媒体的版权意识发挥着积极的作用。

案例9-1 "冯提莫"等主播唱《小跳蛙》营利侵权,斗鱼平台遭判赔

北京麒麟童文化传播有限责任公司(简称麒麟童公司)合法取得歌曲《小跳蛙》在全世界范围内的著作财产权,依法享有该歌曲的词曲著作权之表演权。"冯提莫"等12名主播以营利为目的,2016年至2019年期间,59次在斗鱼直播间演唱《小跳蛙》,并与在线观看粉丝实时互动,接受粉丝巨额打赏礼物,获得巨大的经济利益。直播完毕后,其形成的相应直播视频仍在互联网传播,供所有用户点击、浏览、播放、分享、下载。麒麟童公司将武汉斗鱼网络科技有限公司(简称斗鱼公司)的侵权行为上诉北京互联网法院。原告认为,斗鱼公司作为斗鱼网站的著作权人及开发运营者,与其主播未经许可,在直播活动中以营利为目的多次演唱涉案歌曲,严重侵害麒麟童公司对涉案歌曲依法享有的词曲著作权之表演权及著作权法第十条第十七项规定的其他权利。原告请求法院判令赔偿麒麟童公司经济损失11.8万元,并赔偿律师费1.2万元。

被告斗鱼公司对主播在其直播间演唱涉案歌曲的行为侵害了麒麟童公司的著作权不持异议,但提出其仅为技术服务提供者,不应成为承担责任的主体。

一审法院北京互联网法院经审理认为,主播系涉案直播行为的直接实施者,斗鱼公司并未直接实施网络直播行为,但如果其明知或应知直播主播

实施了侵权行为,仍提供技术支持等帮助行为的,应与直播主播承担连带责任。本案中,斗鱼公司在应当意识到涉案直播行为存在构成侵权较大可能性的情况下,未采取与其获益相匹配的预防侵权措施,对涉案侵权行为主观上属于应知,构成侵权,应承担相应的民事责任。因此,一审法院判决斗鱼公司赔偿麒麟童公司经济损失3.74万元及合理开支1.2万元。

斗鱼公司不服一审判决,上诉至北京知识产权法院,要求撤销一审判决,改判驳回麒麟童公司的一审诉讼请求。

北京知识产权法院经审理认为,网络直播平台的服务方式多种多样,应当根据平台的服务类型确定其性质和法律责任。实践中,网络直播平台的服务方式主要包括平台服务方式和主播签约方式。

二审时,麒麟童公司主张斗鱼平台存在三种侵权行为:一是网络主播在斗鱼平台直播时形成被诉侵权视频;二是被诉侵权视频的存储及播放平台虽非斗鱼平台,但被诉侵权视频带有"斗鱼"水印或"斗鱼"房间号;三是斗鱼公司签约主播在斗鱼平台及其他网络平台发布直播的被诉侵权视频。

针对前两种被诉侵权行为,斗鱼平台作为网络服务提供者,对主播的直播行为没有直接的控制力和决定权,应当适用一般注意义务。鉴于斗鱼公司对网络主播的侵权行为不具有明知或应知的过错,不应当承担间接侵权的法律责任。针对第三种被诉侵权行为,因斗鱼公司与签约主播系劳动关系或者具有特殊的收益分成约定,故斗鱼公司应当承担直接侵权的法律责任。

北京知识产权法院认为斗鱼公司的部分上诉请求成立,撤销一审判决,改判斗鱼公司赔偿北京麒麟童公司经济损失2.9万元及律师费支出1.2万元。

(二)新技术、新业态对现行《著作权法》提出挑战

1. 人工智能生成内容的著作权认定

随着新媒介技术的发展,大量人工智能生成内容涌入传播领域,法学界对此类内容的版权规制尚未有定论。目前关于人工智能生产内容的著作权讨论可分为四个方面:人工智能的主体资格问题、人工智能生成物的作品资格问题、人工智能生成物的权利归属问题、人工智能生成物的侵权问题。

区块链技术在数字版权保护中的应用

2. 体育赛事直播与网络实时转播侵权行为的规制

当前体育赛事直播侵权形态包括嵌套、跳转、主播盗播等形式,从趋势上看,互联网媒体平台侵权主体正从视频平台向用户转变,侵权传播技术则在向新兴技术转变。目前我国对体育赛事直播与实时转播的版权问题尚在研究讨论之中。

(三) 新型侵权行为难以认定与规制

1. 影视解说的侵权认定与"合理使用"的界限

2019年1月,我国发布了《网络短视频平台管理规范》(以下简称《规范》)《网络短视频内容审核标准细则》,明确了网络短视频平台的版权保护责任,并对平台的内容审核提出要求。《规范》指出"网络短视频平台不得未经授权自行剪切、改编电影、电视剧、网络电影等各类广播电视视听作品",但对大量UGC内容中的作品使用行为却未有明确规范。从现实来看,对影视解说模式的版权监管难度较大。

2. "融梗"与抄袭的边界

热播电影《少年的你》被人指控其改编的小说"融梗"了日本作家东野圭吾的作品,小说的人物关系内核以及故事场景都有多处相似。"融梗",是指抄袭别人的故事桥段、情节模式,现多见于文字作品中。在法律中,对"融梗"问题并无明确规定。

3. 问答类作品的侵权认定与版权保护

问答类作品版权保护的难处在于问答类内容的维权难度较大,其独创性难以判断,大规模内容侵权行为长期存在。

(四) 跨境侵权打击难度加大

移动互联网发展使得影视侵权产业形成了"播放器App+第三方云储存空间+社交软件传播链接+广告联盟利益分成+境外服务器"的完整侵权产业链条。其中,随着国内版权监管力度的加大,侵权网站转而将服务器设置在境外,逃避国内监管,这给打击网络侵权盗版增加了难度。

第二节 避风港原则与红旗原则

什么是网络侵权的"避风港原则"和"红旗原则"?

由于中国对知识产权的保护起步较晚,版权保护意识较低,在2006年《信息网络传播权保护条例》出台之前,只有2001年经修订的《著作权法》和最高人民法院的相关司法解释对制作权人的权利进行保护,并且规定,对于信息网络传播权的具体表现形式和保护方式由国务院另行规定。此外,个别网络服务提供者在利益的驱使下忽视了对版权人利益的保护,使网络扩大了侵权人对权利人的侵害。在此背景下,避风港原则和红旗原则对中国的数字版权保护及相关立法产生了深远影响。

一、避风港原则

"避风港原则"是指在发生著作权侵权案件时,在 ISP(网络服务提供商)只提供空间服务,并不制作网页内容的情况下,如果 ISP 被告知侵权,则有删除的义务,否则就被视为侵权。如果侵权内容既不在 ISP 的服务器上存储,又没有被告知哪些内容应该删除,则 ISP 不承担侵权责任。后来避风港原则也被应用在搜索引擎、网络存储、在线图书馆等方面。避风港原则包括两部分,"通知+移除"。

避风港原则最早来自美国 1998 年的《数字千年版权法》(又译为《千禧年数字版权法》,即 DMCA 法案)。美国当时规定避风港旨在为互联网服务提供者提供侵权豁免,防止其承担过重的责任而影响互联网业发展。避风港原则的使用减少了网络空间提供型、搜索链接型等类型互联网企业的经营成本,从而刺激了这些互联网企业的发展壮大。

我国互联网企业在 20 世纪末同样处于发展壮大的关键时期,新浪、百度、搜狐等网站均创建、成长于这个时期。2001 年中国著作权法进行了修订,在修订过程中,网络著作权以及网络侵权的问题已经开始大量出现,如何平衡著作权人与网络服务企业之间的利益成为立法者需要考虑的问题,我国也是在这个时候引入了避风港原则。

我国对"避风港原则"的借鉴,主要体现在《信息网络传播权保护条例》(以下简称《条例》)的相关条款中。《条例》分别针对网络服务提供商能够享受的避风港待遇及免责条件做出了规定。这些网络服务提供商包括网络自动接入或传输服务提供者、网络自动存储服务提供者、信息存储空间出租服务提供者、搜索引擎服务提供者等。2019 年实施的《中华人民共和国电子商务法》(以下简称《电子商务法》)第四十二条也引入了"避风港原则",设定"通知+必要措施"的规则,即电子商务平台在收到相关通知和初步证据后,采取删除、屏蔽、断开、终止交易等必要措施,并通知电子商务平台上的商品经营者。首先,《电子商务法》将"通知-删除"规则的适用从信息网络传播权扩大至电子商务领域的知识产权侵权,并且其可采取的措施范围更广,对保障权利人合法权益起到了更好的效果。[①]《中华人民共和国民法典》(以下简称《民法典》)侵权责任篇对"避风港原则"作出了进一步革新与完善,将"通知-删除"规则加以扩张与细化,升级为"通知-必要措施"规则。《民法典》第一千一百九十四条至第一千一百九十七条规定了网络侵权责任,不仅对原先网络侵权责任的一般规则、红旗标准扩展开来,还新增了相应的反通知权,形成了完善的网络侵权

---

① 刘晓,叶宇皓.民法典背景下我国"避风港原则"的适用困境及破解路径[J].电子知识产权,2022(05):28-38.

责任规则体系。如《民法典》明确规定了错误通知的法律责任,初步为错误通知的利益受损方设置救济机制,既能够有效遏制恶意通知的发生,也使得相关权利主体在发出通知时采取更为谨慎的态度。

自避风港原则确定之日起,针对该原则的争议一直没有停止过。最大的争议莫过于如何协调避风港原则与著作权人权益保护之间的关系。比如:通知需要达到什么程度,删除需要多长时间,如何使这些法律规定更具有操作性,适用避风港原则的标准能否更加明确等。此外如何对新技术进行归类也是其中的问题。近年来发生的百度文库案件等系列案件引起了人们对于避风港原则的重新思索,社会上呼吁修改避风港原则的声音越来越高。而如何保护著作权人的利益应是修改的重点考虑因素。

二、红旗原则

避风港原则的出现是由于技术的发展,也是因为社会的进步。互联网企业如果要发展,如何处理可能存在的作品著作权侵权是最大的问题。应该说避风港原则的法律规定对互联网企业的迅速崛起起了非常大的作用,但是,在这个发展过程中又有着新的挑战:如何防止避风港原则的过度使用给著作权人带来的损失。作为避风港原则的例外,红旗原则主要侧重于保护著作权人的利益。

红旗原则即如果侵犯著作权(主要是信息网络传播权)的事实是显而易见的,就像是红旗一样飘扬,网络服务提供者就不能装作看不见,或以不知道侵权的理由来推脱责任。在这样的情况下,如果网络服务提供者不移除侵权信息,就算著作权人没有发出过通知,也应该认定网络服务提供者知道第三方是侵权的,应该承担相应的法律责任。

中国对红旗原则也有相应规定。2000年公布的《最高人民法院关于审理涉及计算机网络著作权案件适用法律若干问题的解释》第五条规定:提供内容服务的网络服务提供者,若明知网络用户通过网络实施侵犯他人著作权的行为,则要承担共同侵权责任。2004年和2006年修改的《最高人民法院关于审理涉及计算机网络著作权案件适用法律若干问题的解释》没有变更这个规定。

2006年公布的《信息网络传播权保护条例》第二十三条规定:明知或应知所链接的作品、表演、录音录像制品侵权的,应当承担共同侵权责任。

《民法典》第一千一百九十七条规定了网络侵权的红旗标准,明确了网络服务提供者知道或应当知道网络用户侵权而未采取必要措施时,需要与该网络用户承担连带责任。[1]

---

[1] 杨立新.民法典侵权责任编草案规定的网络侵权责任规则检视[J].法学论坛,2019,34(03):89—100。

从目前的规定来看,红旗原则的规定仍过于空洞,以致难以执行。其主要内容是对网络服务提供者主观要件(明知或应知)的规定,缺乏对行为人行为的规定,在具体的司法实践中容易发生争议,不利于统一标准,不利于使用,也不利于对著作权人权利的保护。这也是为什么很多情况下著作权人认为应该适用红旗原则,而法院或者行政机关认为不应适用红旗原则而应适用避风港原则。对红旗原则的规定进行细化,使其更具有操作性,是保护著作权人权利的需要。

三、避风港原则与红旗原则的争议与平衡

目前,中国网络产业的发展不断壮大,新技术不断发展,由此带来的新问题也层出不穷,为了更好地保护网络著作权人的权益,中国法律制度需要不断完善。2006年7月1日施行的《信息网络传播权保护条例》针对著作权规定了"避风港"原则,但还是无法适应新技术的发展,甚至被称为网络运营商的"尚方宝剑"。

2005年7月,百代、华纳、环球等七大国际唱片公司提出诉讼,理由是百度在搜索页面上提供了部分未授权的MP3下载链接。百度公司称,责任应当在于提供盗版音乐的网站,而非提供搜索和链接的公司,之后百度一审和二审均获得胜诉,其主张的即为避风港原则。

2011年爆发的"百度文库"事件将此争议推向高潮。百度公司认为百度文库建立的法律依据即为避风港原则。更多的人提出了对避风港原则的质疑:避风港原则是否过于保护网络服务提供者的利益。按照中国现行法律的规定,如果百度没有对文库里的内容进行选择、编排和推荐等活动,一般是不承担责任的。但是如果存在这些行为,百度说自己不知情或者不应该知情则是不符合实际的,这就涉及了红旗原则。作为避风港原则的例外,红旗原则主要侧重于保护著作权人的利益。

表面上看,避风港原则和红旗原则分别保护了网络服务提供商和著作权人的合法权利,实质上,它们体现了背后三方利益主体,即网络服务提供商、著作权人以及接受中介服务的用户之间的利益平衡。第一,对于网络服务提供商来说,避风港原则免除了其对海量信息的审查义务,将网络服务提供商从准司法机构角色中解脱出来,使其将更多的精力放在网络技术的改进上,以便为社会公众提供更好的服务,促进文化科学艺术的传播和科学技术的进步。第二,红旗原则保护著作权人的权利,以达到激励其进行文学、艺术和科学技术创作的目的,使人类普遍享有更高层次的精神财富。第三,以上二者科学配合,让更大范围的公众能够更便利地对创作成果进行学习和鉴赏,整体促进文化的繁荣和社会的发展进步,这其实也就是设立避风港原则和红旗原则的目

的所在。

> **案例 9-2　全国首例算法推荐案——爱奇艺诉今日头条侵权案宣判**
>
> 　　原告爱奇艺公司诉称，其系在线视频平台"爱奇艺"的经营者，经授权依法享有热播影视作品《延禧攻略》（以下简称"延剧"）在全球范围内独占的信息网络传播权，并为此支付了巨额的版权费用，有权针对侵权行为依法进行维权。延剧在爱奇艺公司运营的爱奇艺平台进行全网独家播出期间，播放量超过 150 亿次，产生了巨大的热播效应。字节跳动公司未经授权，在延剧热播期间，通过其运营的今日头条 App 利用信息流推荐技术，将用户上传的截取自延剧的短视频向公众传播并推荐，侵权播放量极高，其中单条最高播放量超过 110 万次。爱奇艺公司认为字节跳动公司在应知或明知侵权内容的情况下，未尽到合理注意义务，存在主观过错，侵害了爱奇艺公司对延剧享有的信息网络传播权，请求判令字节跳动公司赔偿经济损失 2921.6 万元及维权开支 78.4 万元。
>
> 　　字节跳动公司辩称，爱奇艺公司的证据不足以证明其对延剧享有独家信息网络传播权。涉案短视频由用户自行上传，字节跳动公司仅提供信息存储空间服务。字节跳动公司作为网络服务提供者，已尽到合理注意义务，不存在任何侵权的主观过错，不构成侵权。
>
> 　　经审理，法院认定字节跳动公司具有充分的条件、能力和合理的理由知道其众多头条号用户大量地实施了涉案侵权行为，属于法律所规定的应当知道情形。字节跳动公司在本案中所采取的相关措施，尚未达到"必要"程度。字节跳动公司不仅仅提供了信息存储空间服务，同时提供了信息流推荐服务，理应对用户的侵权行为负有更高的注意义务。最终，字节跳动公司的涉案行为构成帮助侵权，被判定赔偿原告经济损失 150 万元及诉讼合理开支 50 万元。
>
> 　　中国政法大学民商经济法学院李扬教授进一步指出，"通知—删除"规则仅是判断网络服务提供者对侵害著作权行为是否具有主观过错的方法之一，红旗规则也是重要的判断手段。认定网络服务提供者是否具有主观过错时，即使权利人发送的通知不符合法律规定的有效通知要件，但仍可以适用红旗规则进行判断。综合考虑涉案作品知名度、热播期、权利人持续发展状况、涉案作品所处位置、用户播放量等因素，如果发现侵权事实像一面红旗一样飘扬在网络服务提供者面前，而网络服务提供者像鸵鸟一样置若罔闻，不采取任何防止措施，也应当据此认定其对侵权行为构成应知。故该案判决适用红旗规则认定网络服务提供者的主观过错，是可取的。

> 本案中,法院特别强调,字节跳动公司向用户提供的并不仅仅是信息存储空间服务,而是同时提供了信息流推荐服务。涉案侵权短视频的大范围传播,是用户的侵权行为与上述两种服务相结合的结果。字节跳动公司以其服务特点和技术优势帮助用户在移动互联网上高效率地获得更多的曝光和关注的同时,也为自身获取了更多的流量和市场竞争优势等利益。但不容忽视的是,字节跳动公司的先进和高效的服务也存在着提高侵权传播效率、扩大侵权传播范围、加重侵权传播后果等风险。正因为存在获取更多优势、利益与带来更大侵权风险并存的上述情况,字节跳动公司与不采用算法推荐、仅提供信息存储空间服务的其他经营者相比,理应对用户的侵权行为负有更高的注意义务。
>
> 随着智能技术的不断发展,社会正向强人工智能阶段趋进,算法技术在版权领域的应用只会越来越广泛且深入。此案对网络服务提供者的注意义务、算法推荐的侵权注意义务等作出明确认定,对相关案件具有重要的指导意义。

第三节 数字版权保护的应用

新媒体版权不仅仅靠法律保护,还需要版权人、网络服务提供商等相关利益者利用技术手段来保护。随着新媒体产业的发展,数字版权管理技术得到了广泛应用,新技术、新产品、新服务层出不穷,主要应用在音乐、数字电视和电子书等的数字版权保护领域。

一、音乐的数字版权保护

音乐领域是数字媒体产业中版权保护技术应用开展较早,也是相对比较成功的领域。其中,比较典型的是应用专有加密封装技术实现网上付费音乐下载的苹果公司的 iTunes。

苹果公司于 2003 年 4 月 28 日开通的 iTunes 是最为典型的网上付费音乐下载项目,是著名的数字版权管理(Digiral Rights Management,DRM)在音乐版权保护方面的成功案例。iTunes 的服务器端位于线上,用户需下载并安装客户端软件 iTunes,通过 iTunes 可以在在线商店搜索曲目并进行视听,也可以通过该软件将歌曲传输到 iPod 中。iTunes 曲目采用 MPEG-AAC 格式,曲目被苹果专有的 DRM 系统 Fairplay 加密封装后供用户下载使用。该系统采用了一种封闭式系统,禁止其他内容提供者和用户随意使用。Fairplay 对曲目的使用权限和范围进行限制,仅允许在五台不同电脑的 iTunes 客户端上播放,而对于 iPod 上的播放,则没有数量限制。第三方的 MP3 播放器不能播放从 iTunes 上购买的曲目。2005 年,iTunes 的 DRM 系统已支持数字视频内容,其运作方式与音乐相同。2009 年 1 月 6 日,苹果公司宣布转换商店目录中 80% 的音乐到无版权保护状态,4 月达到 100%,音质提升到了 256Kbps,这意味着今后用户付费下载得到的音乐文件没有任何拷贝移动的限制,可以随意传输到任何媒体播放器上播放。①

从我国音乐数字版权保护具体实践来看,2015 年可谓是中国数字音乐版权史上的重要转折点,国家版权局严厉整顿并下架音乐服务商在网上免费提供未经授权上线的音乐作品。近年来,中国手机音乐客户端用户规模快速增长,多家厂商开始进行数字音乐版权资源的布局。2018 年,腾讯音乐娱乐集团在美国纽约证券交易所上市,腾讯音乐付费订阅比例也有显著增加。此外,在国家版权局的积极协调推动下,腾讯音乐与网易云音乐相互授权音乐作品,对网络音乐版权合作一事有了良好回应,相互授权的音乐作品达到各自独家音乐作品数量的 99% 以上。这次合作对网络音乐作品的顺畅传播、网络音乐平台的良性竞争、开放互利氛围的营造都发挥着重要作用。

二、数字视频的版权保护

新媒体版权问题不仅是简单的所有权问题,在一个充满各种复杂关系的网络环境里,对不同内容进行不同程度的版权保护是媒体版权保护的关键。YouTube 在这一方面就非常有经验。

每当视频拥有者将视频上传到 YouTube 时,YouTube 除了会将该视频存入数据库之外,还要随之上传一份"使用协定"。该协定明确规定当有该视频的复制版本被发现时,应当采取哪些惩罚措施,该惩罚措施由视频所有者自行规定,可以对不同非法情况区别对待。同时,每当有视频上传到 YouTube,YouTube 内容识别系统便会自动将其与数据库的内容进行比对,即便是非法复制版本使用了原文件的一部分也可以被检测出来。

三、电子书的版权保护

电子书是书籍作品的数字化表现形式,它以电子版的方式在互联网上出版、发行,读者通过个人电脑、掌上电脑、便携式终端等离线或在线阅读。电子书的版权保护涉及作者、出版商、发行机构、图书馆、书店以及读者等多个层面。

---

① 张文俊,倪受春,许春明.数字新媒体版权管理[M].上海:复旦大学出版社,2014:185.

(一) 谷歌电子书销售平台

2010年,谷歌通过图书馆计划和合作伙伴计划向消费者提供电子书籍。图书馆计划是谷歌与大学图书馆和公共图书馆合作,将图书馆中的馆藏书目编目到谷歌的电子书销售平台上,消费者可以通过这个平台看到每本图书的部分信息,那些过了版权保护期的内容则可以全部呈现。合作伙伴计划是谷歌与出版社合作,出版社授权谷歌将自己销售图书的部分内容呈现在谷歌的电子销售平台上。通过这些合作,无论是图书馆、出版商和作者,还是谷歌,乃至消费者,其利益都得到了保证和扩大。

(二) 盛大文学全版权模式

盛大文学以及旗下网络原创文学网站开创了一种全新的数字出版模式,被西方媒体称为"数字阅读的三种主流模式之一"。其操作流程是:作者将作品提供给网站,网站经过审核后发布,读者免费阅读部分内容,其他内容或更新章节则需要支付每千字两到三分钱的费用,所得收入由网站与作者共同分成,比例由5∶5到3∶7不等,网站作为数字内容运营商,拥有定价权。

"全版权"是指一个产品的所有版权,包括网上的电子版权、线下的出版权、手机上的电子版权、影视和游戏改编权,以及一系列衍生产品的版权等。盛大文学全版权模式运营包含两个部分:版权的生产和分销。版权的生产在盛大文学的七大原创文学网站上完成,版权的分销则是与其他内容生产商协作完成。

2004年11月,盛大文学凭借资金优势和渠道优势,收购了起点中文网。起点中文网是盛大文学经营网络文学的起点,也是版权生产的起点。盛大文学从经营起点中文网开始,从2004年到2010年,先后收购了七家网络文学原创网站,使其占有市场份额超过80%。在经营过程中,盛大文学逐渐完善了以"微付费"为特征的VIP网络阅读收费模式。

所谓微付费(Micro-payment),也叫小额支付,是针对用户为零散内容而支付的一种模式。一般金额非常小,但是用户范围非常广。盛大集团在运营网络游戏的过程中,早已铺设了能达到全国近70%二级城市的销售推广渠道。利用这些销售渠道,盛大文学完善了起点中文网的微付费系统。这个微付费系统的独特性在于:一是对网上优秀作品进行签约,前半部供读者免费试阅,后半部需付费阅读。二是以章节为单位,按每千字2分钱的价格进行销售,如仅选择部分感兴趣章节,费用更低。三是作者可获得用户付费额的50%~70%作为基本报酬,且按月结算。四是作品创作、发布、销售、反馈以分钟为间隔,作者与读者实时互动。五是尊重版权、严格准入,每个作者必须提供真实身份,对新上传作品必须声明版权所有权。

版权的生产主要由盛大文学旗下原创文学网站完成,版权的分销则是通过不同渠道完成。盛大集团投入8000万元搭建推广版权衍生品的立体营销平台,邀请作家经纪人对盛大文学的签约作家进行包装和运营,探索将小说的电子版权、无线发布权、纸质版权及动漫影视改编权等统一包装、运营,打造一个以文学为核心,整合影视、版权、无线等多方资源的产业链,充分挖掘中国原创文学的文化创意产能。

随着受众群的扩大和稳定,同时受到欧美电子阅读器如亚马逊Kindle的影响,盛大文学开始从在线付费阅读向移动阅读发展,推出"锦书计划",开发自己的移动终端——Bambook。Bambook内容接入了全球领先的中文正版数字书城——云中书城,其内容囊括盛大文学旗下起点中文网、红袖添香、小说阅读网、榕树下、潇湘书院、天方听书网、悦读网等网站内容及众多全国知名出版社和图书公司的电子书,为消费者提供包括数字图书、网络文学、数字报刊等数字商品。除了有网络原创小说外,还有大量经典原著和人文社科著作,这表明盛大文学不但要继续经营网络原创文学,还将向主流化方向发展。

(三)日本对电子书出版权的立法保护

出版业是日本经济的重要支柱产业,日本政府历来高度重视出版业的发展。早在2000年,日本政府发布《实现世界最尖端的数字内容大国》报告,2004年日本知识财产战略本部又出台《内容产业振兴政策——软实力时代的国家战略》。正是在日本政府的大力倡导与强力推动下,其电子书产业才能迅速发展,逐步形成了具有国际竞争力的产业结构与产业链。然而,日益严重的以非法复制、上传、下载、改编为特征的网络盗版与侵权行为,严重影响并制约了电子书产业的发展,层出不穷的盗版和侵权纠纷与诉讼,对电子书产业的发展造成了极大威胁。

基于电子书产业发展面临的严重盗版问题,日本在2014年《著作权法修正案》中采取了"扩充出版权"的立法模式,即在原有出版权的基础上为电子书增加数字出版权,属于对出版权范围的扩大,而非为出版者新增加了一项权利。数字出版权的设立,为电子书的出版者维护权利提供了新的武器。按照日本《著作权法》对数字出版权的规定,电子书的出版者对侵权盗版行为,不再需要等待作者的态度和维权行动,可以单独向法院申请禁止令,请求对盗版行为进行制止,并对侵权人实施法律制裁。

除了明确为数字出版权立法外,日本还采取多元并举的措施,解决电子书的著作权问题。比如,日本《著作权法》第三十三条规定,对教科书的使用实行法定许可制度,即对于已经发表的作品,出于教学目的,可以在教科书中使用,但是必须事先通知权利人,并考虑使用目的、作品种类和使用费标准等问题,同时每年应当通过文化和旅游厅向权利人支付补偿金。按照这项规定,学校可以将已经发表的作品制作成电子教科书,用于教学目的。

日本政府还注重从整合优化电子书产业链方面出发,推动优质内容资源的生产,倡导内容权利人、传统出版者、数字出版者、技术支持者和使用者之间通过合作解决著作权问题。比如,2021年4月,日本政府出资150亿日元,联合274家出版社建立"数字出版机构",旨在协调解决电子书出版过程中遇到的各种权益分配问题。为了方便不同主体之间的合作,日本修订了《著作权与邻接权管理事务法》,完善了日本复制权中心等著作权集体管理组织的运行机制。

第四节 信息网络传播权与版权保护

在新媒体发展的过程中,版权问题引起不少网络风波甚至是法律诉讼。特别是在抖音、快手等短视频平台及网络电视剧、网络文学领域,各种"雷同""相似"的问题层出不穷,知识版权保护成为业界广泛关注的问题。认清新媒体时代下版权保护的新形势,了解世界范围内版权保护的实践路径,继而思考相应的保护举措,是当下深化新媒体版权保护工作中的重要环节。

一、新媒体时代下版权保护的新形势

目前,新媒体技术快速发展,微信、抖音、快手等新媒体平台打破了传统的信息传播方式。网络在给人们带来便利的同时,也带来了一些问题,其中最为严重的就是侵权问题。新媒体背景下,如何加强新媒体的版权保护,如何解决新媒体作品抄袭问题,是互联网行业发展的重中之重。为了实现这一目标,必须对版权问题的新形势有所了解。

1. 版权的概念得到延展和扩充

在新媒体环境中,版权概念的扩充延展主要包含以下三种情况:

一是复制权,复制权通常是指在版权所有人的许可下,将作品进行二次加工,从而形成一个全新的作品。因为没有相关法律法规的管控,在网络传播的过程中,复制现象随处可见。传统意义的复制是指永久性的复制,而网络上的复制是临时性的,由于网络作品授权机制不完善,临时性的复制是否侵权还有待研究。

二是网络传播所有权,即版权人有权决定是否将自己的作品放到网络上进行传播。

三是技术措施权,是指版权所有人有权采用某些技术手段,来限制他人未经授权接触或使用作品,包括版权所有人严格禁止其他人直接或间接使用作品所采用的相关技术措施。在传统的版权保护中,这种权利是不曾出现的。

2. 版权的侵权模式发生改变

首先是新媒体版权侵权具有大众化特点。新媒体技术通常以数字与网络为主要传播载体，因此在进行信息传播的过程中，版权侵权行为日益大众化。这主要是因为在网络传播环境下，复制及传播作品十分便捷，这很大程度上降低了新媒体侵权的难度，使得作品所有人对作品的控制力度大大降低。

其次是新媒体版权侵权存在无形性特点。在新媒体版权侵权的过程中，信息数据是通过网络形式进行传播，借助网络媒介进行储存与扩散，不再依靠文本及语言的形式。网络的传播具有实时性与可修改性，很多侵权问题被举报后，侵权人会进行修改，导致侵权问题更加隐蔽与无形，给版权所有人的利益带来损害。

最后是新媒体的版权侵权存在不受地域限制的特点。新媒体技术要依靠网络，网络具备全球性的特点，因此新媒体的侵权更容易突破时间和空间的客观限制。很多国家的版权治理法律只针对国内，而很少有公司会有专业律师团队来研究国外的侵权问题，因此大量侵权人窃取国外作品的版权获利，导致侵权行为更加广泛。

二、合理使用与侵权

在知识产权领域，版权人的利益与大众利益之间总是存在着相互冲突的利益关系，一方面，大众需要接触到创造性的成果，另一方面，版权人需要获得创作的动力。这种关系几乎存在于所有国家的版权制度之中，为了协调这种相互冲突的利益关系，传统版权法采取了一种合理使用以及首次销售的原则，在大众能够接触版权作品的同时为版权人提供有限度的保护。

合理使用是指在不会有损于作品拥有者的经济利益的条件下，促进大众对作品的使用，维护大众利益而允许用户以任何形式对作品的部分内容进行摘录、复制或备份，包括用于研究、个人学习、媒体报道、评论和教学等。合理使用原则在版权人的利益和大众利益之间找到了平衡点，在兼顾版权人利益的同时又鼓励了创新。

然而，合理使用所涉及的大众利益与版权人的利益在新媒体时代演变成为一种强烈的利益冲突。互联网上越来越多的信息中夹杂着大量受到著作权法保护的作品，便捷的数字化形态使得侵权的范围和强度前所未有地增大，盗版和非法使用严重影响到版权人的利益。合理使用原则富有弹性的标准此刻备受责难。合理使用原则俨然成为大众利益和版权人利益冲突激化的原因。

2005年12月，胡戈以电影《无极》为素材，独立制作完成视频短片《一个"馒头"引发的血案》。短片中，胡戈对《无极》部分画面进行了重新剪辑和配音，将《无极》的故事演绎成电视台主持人向观众讲述2005年某月在某市发生的《一个"馒头"引发的血案》的侦破过程。该片片尾有载明电影画面、导演、演员、制片人、摄影师等相关内容的所有原始出处。《无极》的制片方认为胡戈的行为侵犯了《无极》制作权人的保护作品完整权和署名权,而胡戈则不承认侵权。2018年,我国台湾省的知名视频制作者"谷阿莫"因其"X分钟带你看完XX作品"的电影解说类短视频被包括迪士尼在内的多家公司控诉侵权。原告方认为,谷阿莫在未经合法授权的情况下,对影片内容进行重制或公开传输,侵犯了著作权,且其非正版片源导致剧情提前被泄露,严重影响票房,给公司带来了巨额损失。而谷阿莫辩称自己使用电影片段作为素材的行为满足著作权法中合理使用的要求,不构成侵权,并呼吁有关部门不应为了保护著作权而扼杀新的创作。该案争议的焦点就是合理使用和侵权的区分。在新媒体环境下,个人使用行为的合理范围难以界定,实践中产生的争议和分歧也很多,因此,对于既定合理使用规则的重新认识才是平衡合理使用与侵权的关键。

三、国外对于合理使用与侵权的处理方式

传统环境下的著作权法虽然不能完全适应新媒体时代的需求,但是如加以改进,使之适应数字环境的变化,便能很好地协调大众利益与版权人利益之间的平衡,从而促进人类社会的进步和发展。国际上的相关法规为此提供了值得借鉴的样例。

(一)《伯尔尼公约》与"三步检验法"

《保护文学和艺术作品伯尔尼公约》(以下简称《伯尔尼公约》)于1886年诞生于瑞士,公约在版权保护方面发挥着重要作用。公约第九条规定,特殊情形下允许对作品进行复制,但是必须以不损害作品的正常使用为前提,而且复制不能无故侵害作品的合法利益。该规定是"三步检验法"的雏形,仅适用于复制权,并未延及其他专有权利。《与贸易有关的知识产权协议》(以下简称《TRIPS协议》)吸收继承了《伯尔尼公约》关于合理使用的制度设计,并进一步扩张"三步检验法"的适用范围,包括复制权在内的所有版权权利都适用该协议。

基于互联网大环境下的版权保护需求,《世界知识产权组织版权条约》和《世界知识产权组织表演和录音制品条约》相继出台,两个条约在《伯尔尼公约》和《TRIPS协议》的基础上继续深化发展,"三步检验法"的适用范围再次得到扩展,版权之外的邻接权都可通过该标准进行界定。经过多个国际条约的不断扩充和改进,"三步检验法"日趋完善,形成当下国际认可和通用的合理使用判定标准。

根据三步检验法,对他人作品的使用行为要认定为合理使用,必须完全满足以下三步要求:

第一步,使用行为应属于特殊情形。特殊情形由条约成员国通过法律明文规定,不同成员国可以根据本国实际情况规定本国的特殊情况,成员国关于特殊情形的规定不必一致。

第二步,使用他人作品不得对在先作品的正常使用造成影响,如果存在不良影响则认为使用行为不属于合理使用。

第三步,作品使用行为不得不合理地侵害版权人的合法利益。此中的"合法利益"应从广义上进行理解,不仅包括实际产生的利益,也包括预期可得利益,不单纯指经济收益,作品的正常使用、市场需求、粉丝受众等有利因素都应涵盖在内。此中的"不合理"既要从使用者的主观状态进行考量,又要从造成的客观损害事实进行推断。主观方面,使用者存在主观恶意的,其使用行为当然认定为"不合理";客观方面,在后作品如果影响到所使用作品的市场需求,导致所使用作品受众量减少,经济收益减损等,都应归入"不合理"的范畴。

对于新媒体作品版权合理使用的问题,世界知识产权组织发挥了积极的作用。但是,由于"三步检验法"的思想性、原则性太强,而各国的现实情况不同,因此在使用"三步检验法"时需要根据国情调整相关的内容。

(二)美国版权法的"四要素标准"

《美国版权法》于1976年颁布,该法吸纳了《伯尔尼公约》的合理使用三步检验法,并不断对其发展完善。美国版权法在不断回应时代需求的过程中,逐渐总结出一套更为科学全面的合理使用方法:"四要素标准"。作品使用行为是否可以纳入合理使用范畴,应从四个方面综合考量:①使用的目的和性质,即是营利性还是非营利性,一般非营利性构成合理使用的可能性较大。②享有著作权作品的性质,即该作品已经出版还是没有出版、是事实性的记述还是创造性的描述,一般对已经出版的事实性记述作品的利用构成合理使用的可能性较大。③同整个著作权作品相比所使用部分的数量和内容的实质性。④使用对著作权作品潜在市场或价值的影响。

美国根据数字技术的发展,于1998年颁布了《千禧年数字著作权法》。该法案主要用于调整在应用信息技术和网络技术的情况下著作权人与社会公众的权利。由于该法案被认为对待技术措施的立场过分倾向于著作权人,忽视了公众利益,因此美国公众纷纷呼吁修改该法案。

随后,美国于2003年先后提出了《数字媒体消费者权利法》《平衡法》和《数字消费者知情法》三个法案,三个法案扩大了消费者对数字作品的合理使用和个人使用的范围,将合理使用的方式从传统的复制、录制等方式扩大到数字传输等方式,增加了允许使用数字作品的规定。

四、中国对合理使用规定的完善

自中国1991年正式颁布《著作权法》以来，随着现代科技的应用，《著作权法》也一直处于不断修订和调整之中。2020年11月，《著作权法》第三次修订审议通过。在互联网迅速发展的背景下，新修订的《著作权法》针对网络传播中的新情况进行了调整，对作品认定、侵权赔偿、行政执法、著作权集体管理组织的运行等方面做出新规定。

《著作权法》第三次修订审议通过，意味着新媒体环境下的版权保护不再是无本之木，而是变得有章可循，其中一系列较为细致的规定加大网络传播中的版权保护力度，产生了积极的影响。

2006年，《信息网络传播权保护条例》颁布，2013年修订，其中第六条对网络环境下著作权作品的版权进行了相应规定。

（一）《著作权法》

《著作权法》第二十四条规定，在下列情况下使用作品，可以不经著作权人许可，不向其支付报酬，但应当指明作者姓名或者名称、作品名称，并且不得影响该作品的正常使用，也不得不合理地损害著作权人的合法权益：

（一）为个人学习、研究或者欣赏，使用他人已经发表的作品；

（二）为介绍、评论某一作品或者说明某一问题，在作品中适当引用他人已经发表的作品；

（三）为报道新闻，在报纸、期刊、广播电台、电视台等媒体中不可避免地再现或者引用已经发表的作品；

（四）报纸、期刊、广播电台、电视台等媒体刊登或者播放其他报纸、期刊、广播电台、电视台等媒体已经发表的关于政治、经济、宗教问题的时事性文章，但著作权人声明不许刊登、播放的除外；

（五）报纸、期刊、广播电台、电视台等媒体刊登或者播放在公众集会上发表的讲话，但作者声明不许刊登、播放的除外；

（六）为学校课堂教学或者科学研究，改编、汇编、播放或者少量复制已经发表的作品，供教学或者科研人员使用，但不得出版发行；

（七）国家机关为执行公务在合理范围内使用已经发表的作品；

（八）图书馆、档案馆、纪念馆、博物馆、文化馆等为陈列或者保存版本的需要，复制本馆收藏的作品；

（九）免费表演已经发表的作品，该表演未向公众收取费用，也未向表演者支付报酬且不以营利为目的；

（十）对设置或者陈列在公共场所的艺术作品进行临摹、绘画、摄影、录像；

（十一）将中国公民、法人或者非法人组织已经发表的以国家通用语言文

字创作的作品翻译成少数民族语言文字作品在国内出版发行;

(十二)以阅读障碍者能够感知的无障碍方式向其提供已经发表的作品;

(十三)法律、行政法规规定的其他情形。

但是,中国现行的《著作权法》对"合理使用"采用的是封闭式的立法模式,这种模式过于僵硬,缺乏适当的前瞻性。同时,它关于合理使用制度的规定并不能满足当前数字环境下著作权保护与限制的实际需要。

(二)《信息网络传播权保护条例》

中国的《信息网络传播权保护条例》在第六条中对网络环境下著作权作品的合理使用进行了相应的规定。第六条规定,通过信息网络提供他人作品,属于下列情形的,可以不经著作权人许可,不向其支付报酬:

(一)为介绍、评论某一作品或者说明某一问题,在向公众提供的作品中适当引用已经发表的作品;

(二)为报道时事新闻,在向公众提供的作品中不可避免地再现或者引用已经发表的作品;

(三)为学校课堂教学或者科学研究,向少数教学、科研人员提供少量已经发表的作品;

(四)国家机关为执行公务,在合理范围内向公众提供已经发表的作品;

(五)将中国公民、法人或者其他组织已经发表的、以汉语言文字创作的作品翻译成的少数民族语言文字作品,向中国境内少数民族提供;

(六)不以营利为目的,以盲人能够感知的独特方式向盲人提供已经发表的文字作品;

(七)向公众提供在信息网络上已经发表的关于政治、经济问题的时事性文章;

(八)向公众提供在公众集会上发表的讲话。

《信息网络传播权保护条例》有关合理使用的规定是在新媒体环境下对作品使用的限制性规定,是对《著作权法》的补充。

案例 9-3 《甘柴劣火》的"洗稿"争议

2019年1月11日,无界传媒前执行主编黄志杰在其运营的微信公众号"呦呦鹿鸣"上发表了一篇名为《甘柴劣火》的文章,展现了甘肃武威的地方官员与媒体的明争暗斗,成为广为流传的"网络爆款"。不过,文章发布不久便被财新记者王和岩质疑其内容是将新闻报道"攒吧攒吧炮制而来",是"一而再再而三无限制照搬"。面对财新的记者指控,黄志杰则坚称《甘柴劣火》

案例分享:"甘柴劣火"洗稿事件

一文是"独创、原创的",并提出多个反驳理由,包括文章来自多个信息源、引用财新部分已注明出处、文章是包含大量"个人经验"的"独家叙事",同时质疑财新"把新闻事实当成生意""垄断新闻事实的传播"。双方关于《甘柴劣火》有无"洗稿"的争执一时僵持不下,该事件也引发了法律界与媒体界的热烈讨论。虽然各界对《甘柴劣火》是否"洗稿"未能形成共识,但普遍认为其创作和引用上存在不够规范的问题。

"洗稿"并不是一个法律术语,据学者研究,它最早源于新闻界,指新闻传媒通过一系列手段对稿件多次编辑或发表在不同渠道,以掩盖其真实来源,避免著作权审查。随着时间发展,"洗稿"现象逐渐从新闻界蔓延至图书漫画、影视剧本、广告文案等广泛的文字作品领域,进而衍生出不同利益主体间有关"抄袭""剽窃"的版权纠纷。

虽然"洗稿"已不再是新现象,但目前各界对"洗稿"的界定却依然不甚明晰。《人民日报》曾发表评论文章称,"洗稿"就是对别人的原创内容进行篡改、删减,使其好像面目全非,但其实最有价值的部分还是抄袭的。《检察日报》评论员李曙明则认为,"洗稿"就是整合他人文章中有价值的信息,用自己的表达方式再写一遍,但在面对"合理引用""公共利益"等问题时,"洗稿"仍缺乏一个明确的法律边界,也未必构成版权法上的"抄袭"。此外,"洗稿"的手段并不单一,随着技术的发展,基于算法抓取的机械化、网络化、产业化的"洗稿"团体大行其道,这也给"洗稿"的界定带来了难度。

尽管各界对"洗稿"难以有统一的界定,但从前述讨论中可以看出,"洗稿"的关键在于对表达或思想的偷换,即"洗稿"后的文章看似与原作品并不相同,但其中却有着大量与原作品相近似的表达或思想。在媒体行业的语境下,传媒法学者魏永征教授对"洗稿"的定义更为准确。即"洗稿"就是通过更换一定的表达方式(句式、词汇、结构等)来将他人新闻作品内容(事实和观点)变成自己作品的行为。其常用的手法包括语序调整、词汇替换、事实与观点的挪用等。《甘柴劣火》正是因为大量使用了媒体的新闻报道而又调整了原有报道的用词和语序,才被指控为"洗稿"。

在媒体融合时期,独特的内容生产逐渐成为占有市场的"王道",各家媒体对自有版权内容的保护也愈发重视。与此同时,为降低成本,躲避版权审查,"洗稿"这一颇具争议的内容生产方式逐渐成为不少自媒体的选择。2018年7月,由国家版权局等四部委联合启动的"剑网2018"专项行动将自媒体以"洗稿"方式抄袭剽窃、篡改删减原创作品的侵权行为作为打击重点;11月,央视《焦点访谈》抨击了自媒体的六大乱象,其中之一即为"洗稿",并指出"洗稿"形成的"伪原创"十分隐蔽,版权所有者更难以维权。

> 上述一系列事件反映出,"洗稿"已成为网络内容生产领域的一大突出问题,亟须有效规范。

五、新媒体产业的版权保护

新媒体是网络信息技术发展的必然产物,但是它也存在一些缺点,比如信息的泛滥、网络公信力弱、侵犯个人隐私等问题,尤其是新媒体版权问题正得到越来越多的关注。与传统媒体相比较,新媒体版权的主要问题是版权保护与侵权认定。若要解决这个问题,就需要从立法保护、行业自律以及技术支持三方面齐头并进、常抓不懈。

(一)完善法律保护

毫无疑问,完善法律保护是新媒体版权保护的首要措施。中国近年来越来越重视版权保护问题,先后通过修订国家基本法、颁布新的司法解释等,形成一整套法制体系。2004年颁布《关于办理侵犯知识产权刑事案件具体应用法律若干问题的解释》,将"在线盗版"明确定性为新型犯罪。2005年颁布《互联网著作权行政保护办法》。2006年颁布《信息网络传播权保护条例》,并于2013年1月修订,定义了信息网络传播权、技术措施、权利管理电子信息等内容。2009年颁布《著作权行政处罚实施办法》。2010年2月《著作权法》第二次修订,对信息网络传播权做了界定,解决了网络版权保护的初步问题。2012年颁布《最高人民法院关于审理侵害信息网络传播权民事纠纷案件适用法律若干问题的规定》,明确了"网络用户、网络服务提供者未经权利人许可,通过信息网络提供权利人享有信息网络传播权的作品、表演、录音录像制品,除法律、行政法规另有规定外,将构成侵害信息网络传播权行为"等。

然而,新媒体发展迅猛,新业态、新问题层出不穷,上述法律法规大部分修改更新速度相对缓慢,很多原则和规定参照了国际条约和国外做法,有的在具体实践运用中缺乏针对性,有的需要进一步统一和完善。

2020年11月,《著作权法》第三次修订审议通过,距离2010年2月第二次修订著作权法已有十年。在互联网迅速发展的背景下,新修订的《著作权法》对作品认定、侵权赔偿、行政执法、著作权集体管理组织的运行等方面做出新规定。特别是明确了作品构成要素,引入惩罚性赔偿制度,对新媒体作品认定与加大版权侵权赔偿力度、提高威慑力方面产生了积极影响。随后,最高人民法院印发《关于加强著作权和与著作权有关的权利保护的意见》,对著作权保护工作加以指导,强调着力解决案件审理质效、规范证据规则、重视技术发展新态势等问题,还提出要加强诚信诉讼,完善失信惩戒与追责机制。除此之外,最高人民法院、最高人民检察院还出台了一系列推进知识产权保护工作的文件,完善著作权相关法律体系,强化了著作权司法保护。

然而,目前现有的新媒体版权相关法律仍然存在不足。版权法规定的内容比较宽泛,对一些模棱两可的问题没有出台相应的解决或者救济办法,这便导致了维权人的维权难度加大,侵权人有漏洞可钻。数字媒体版权的相关立法实践是个崭新的课题,值得立法、执法部门深入思考与研究,这样才能使数字媒体版权的保护更加法制化、规范化,进而推动我国数字媒体产业的快速发展。

(二)建立行业自律

加强行业自律,建立内部版权保护机制,通过专业方式和机构进行反盗版行为也是新媒体进行版权保护的重要措施之一。

值得一提的是,2008年北京奥运会,包括人民网、新华网等在内的100余家行业单位通过签署《奥运新媒体版权保护北京宣言》向社会承诺:以新媒体转播本届奥运赛事需提前以合法途径获得相关授权和许可;自觉抵制侵权盗版行为;贯彻落实《奥运知识产权保护条例》和《互联网视听节目服务管理规定》;高度尊重奥运会权利人以及持权转播商机构的权益;共同把奥运版权保护作为奥运会传播业务的重要组成部分;自觉接受政府主管部门和社会各界监督。央视网与上海文广、搜狐、新浪、腾讯等9家互联网企业结成了联盟,联合组建了"奥运新媒体版权保护行动小组"。该行动小组在奥运会期间建立24小时全网监控平台,设立24小时举报热线,在各自网站上开辟"曝光台",每天向公众公布盗版网站名单以及处罚结果。根据小组成员单位签署的《奥运新媒体版权保护联盟反盗版行动计划(执行方案)》,奥运会期间,各单位采取了切实有效的技术手段,彻底清除视频盗链行为,不以视频链接、嵌套页面、嵌套播放器等任何技术手段为其他非授权网站提供奥运授权内容,并在商业开发方面杜绝一切隐性营销行为,各单位都把搜索引擎链接全部指向了拥有奥运赛事正版内容的网站。在这一系列举措下,北京奥运会实现了"零盗版"。

通过这一案例我们可以看到,媒体共同维权能有效提高自身话语权,而对于侵权行为的打击,话语权越集中,得到重视和反馈的概率也就越大。再如2018年12月成立的中国财经媒体版权保护联盟,形成了行业版权保护的共同意识,提高了各财经媒体对其作品转载体的议价能力,推动了整个行业常态化监控和维权、市场化交易等活动的顺畅进行。

(三)强化技术措施

目前,我国新媒体版权保护方面的技术主要是对访问用户采取限制措施、信息加密等的相关技术,此外还有数字水印技术、数字版权保护技术、影视基因技术等,许多著作权人开

区块链技术在数字版权保护中的应用

始在影视作品和网络上采取各种技术手段保护自己的权利。技术措施本来是存在于法律之外的私力救济手段,它有效地防止了作品被非法复制、传播和利用。但是技术是不断向前发展的,再先进的技术措施总会被更先进的技术规避措施所突破。而且一些技术也有其局限性,比如数字水印技术只能在发现盗版后用于取证或追踪,并不能在事前防止盗版,由于购买和使用成本较高,实际效果却不甚明显。因此版权技术还需不断创新并推广应用。同时,也需要注意新媒体版权保护的技术措施,保护版权人的利益固然重要,但保持版权人和公众利益之间的利益平衡同样重要。

尽管我国新媒体版权保护在技术措施方面仍有许多不足,但是北京奥运会成功利用技术措施保护奥运新媒体版权这一案例,可以看出新媒体版权保护并非不可控,有的时候甚至比传统媒体的版权保护更加容易。新媒体环境下,所有信息都是数字代码,只要对正版信息的数字代码进行处理,就能很快对侵权信息进行定位。此外,相较于从国外引进防盗版技术,国内相关企业自主研发技术会更加适合中国国情,也更加经济实惠。

随着数据交换等技术的出现和发展,传统版权保护意义上的图片、文字、视频等内容以数据的形式快速传播,产生大量的数字版权侵权现象。这些数字侵权行为存在隐匿化、类型化等多种问题,再加上数字版权的权属难以确定、侵权证据容易灭失、损害后果难以认定,给数字版权企业和权利人权益造成巨大损害,在一定程度上阻碍了我国数字版权市场的健康发展。区块链技术的出现及应用,为当前数字版权保护带来了新的契机。

区块链是一种由分布式数据存储、点对点传输、共识机制、加密算法等技术集成的计算机范式,其本质就是结合密码学和计算机科学的一种去中心化的数据库。区块链的技术特征在于"去中心化""去信任化""不可篡改性"和"可追溯性"。利用区块链的分布式数据存储、共识机制、"时间戳"技术所构建去信任的数据交换环境,可以准确、及时、完整地记录数字版权的产生、使用、交易、许可及转让等一系列过程,解决数字版权确权难问题,在实现作品低成本、实时确权的同时,也为对侵权行为的追踪提供可能。基于区块链技术"去中心化"的数据存储特点,每个区块节点都具备单独存储备份功能,使得某个节点瘫痪并不会致使数字版权信息灭失。"不可篡改性"的特点则提供了证据保管功能的基础,区块链技术因此可以为数字版权存在性提供证明。由于数字版权在使用、流转过程中,具体的交易价格、交易数量都会被记录、上链并打上"时间戳",权利人可以准确追溯到每一次授权交易的信息,进而确定实际的损失额或者侵权人的违法所得额,为数字版权侵权判赔额确定提供参考。此外,区块链的智能合约技术可以在权利人与其数字版权之间创设永久或可转让的链接,便于处理数字版权的许可和分配等问题,避免数字版权交易过程中的信息不对等、交易链冗长导致各方主体之间出现利益不平衡、不透明。综上所述,利用区块链技术可以实现对数字版权的全链路保护。

本章小结

本章概括介绍了国内新媒体版权的发展阶段、现状。通过学习和借鉴国外对新媒体版权保护的各种措施,可以一窥国内新媒体版权保护的发展方向。由于新媒体技术的不断向前发展和广泛运用,人们获取信息的方式也随之发生巨大变化,这对新媒体版权保护工作提出了更高、更迫切的要求。我们除了需要继续完善相关法律法规之外,还需要加强新媒体行业自律,切实建立健全完善的新媒体版权保护体系,从而促进新媒体产业的繁荣发展。

思考与练习

1. 谈一谈避风港原则对于现阶段的新媒体版权保护的利与弊。
2. 转发微博究竟算不算侵权?
3. 你认为保护新媒体版权我们能做些什么?
4. 新媒体环境下版权保护有哪些变化?
5. 区块链技术在数字版权保护中的优势如何体现?

参考文献

[1] 刘晓,叶宇皓.民法典背景下我国"避风港原则"的适用困境及破解路径[J].电子知识产权,2022(05):28—38.

[2] 杨立新.民法典侵权责任编草案规定的网络侵权责任规则检视[J].法学论坛.2019,34(03):89—100.

[3] 朱鸿军,蒲晓.中国新媒体版权保护现状、问题和建议[J].新闻与写作,2019(05):74—81.

[4] 黄贺铂.数字音乐平台版权保护的困境与多元主体优化路径[J].出版发行研究,2021(08):61—66.

[5] 赵云辉.数字版权保护中视频加解密算法的优化设计[J].通信技术,2020,53(10):2528—2532.

[6] 陈久红.日本对电子书出版权的立法保护与启示[J].河南科技,2022,41(10):155—158.

[7] 郑万青,高金强.数字出版中电子书版权保护难题辨析[J].中国出版,2018(17):51—54.

[8] 张舰心.新媒体环境下版权保护困境与对策[J].中国报业,2021(15):58—59.

[9] 赖利娜,李永明.区块链技术下数字版权保护的机遇、挑战与发展路径[J].法治研究,2020(04):127—135.

[10] 申林,陈朋颖.区块链技术对短视频版权保护的作用探析[J].传媒,2021(20):56—58.

[11] 彭桂兵,陈煜帆.新闻作品"洗稿"行为的审视与规范——以《甘柴劣火》事件"为例[J].新闻记者,2019(08):46—54.

北京大学出版社
教育出版中心 精品图书

21世纪高校广播电视专业系列教材

电视节目策划教程（第二版）	项仲平
电视导播教程（第二版）	程 晋
电视文艺创作教程	王建辉
广播剧创作教程	王国臣
电视导论	李 欣
电视纪录片教程	卢 炜
电视导演教程	袁立本
电视摄像教程	刘 荃
电视节目制作教程	张晓锋
视听语言	宋 杰
影视剪辑实务教程	李 琳
影视摄制导论	朱 怡
新媒体短视频创作教程	姜荣文
电影视听语言——视听元素与场面调度案例分析	李 骏
影视照明技术	张 兴
影视音乐	陈 斌
影视剪辑创作与技巧	张 拓
纪录片创作教程	潘志琪
影视拍摄实务	翟 臣

21世纪信息传播实验系列教材（徐福荫 黄慕雄 主编）

网络新闻实务	罗 昕
多媒体软件设计与开发	张新华
播音与主持艺术（第三版）	黄碧云 睢 凌
摄影基础（第二版）	张 红 钟日辉 王首农

21世纪数字媒体专业系列教材

视听语言	赵慧英
数字影视剪辑艺术	曾祥民
数字摄像与表现	王以宁
数字摄影基础	王朋娇
数字媒体设计与创意	陈卫东
数字视频创意设计与实现（第二版）	王 靖
大学摄影实用教程（第二版）	朱小阳
大学摄影实用教程	朱小阳

21世纪教育技术学精品教材（张景中 主编）

教育技术学导论（第二版）	李 芒 金 林
远程教育原理与技术	王继新 张 屹
教学系统设计理论与实践	杨九民 梁林梅
信息技术教学论	雷体南 叶良明
信息技术与课程整合（第二版）	赵呈领 杨 琳 刘清堂

教育技术学研究方法（第三版）	张 屹 黄 磊

21世纪高校网络与新媒体专业系列教材

文化产业概论	尹章池
网络文化教程	李文明
网络与新媒体评论	杨 娟
新媒体概论（第二版）	尹章池
新媒体视听节目制作（第二版）	周建青
融合新闻学导论（第二版）	石长顺
新媒体网页设计与制作（第二版）	惠悲荷
网络新媒体实务	张合斌
突发新闻教程	李 军
视听新媒体节目制作	邓秀军
视听评论	何志武
出镜记者案例分析	刘 静 邓秀军
视听新媒体导论	郭小平
网络与新媒体广告（第二版）	尚恒志 张合斌
网络与新媒体文学	唐东堰 雷 奕
全媒体新闻采访写作教程	李 军
网络直播基础	周建青
大数据新闻传媒概论	尹章池

21世纪特殊教育创新教材·理论与基础系列

特殊教育的哲学基础	方俊明
特殊教育的医学基础	张 婷
融合教育导论（第二版）	雷江华
特殊教育学（第二版）	雷江华 方俊明
特殊儿童心理学（第二版）	方俊明 雷江华
特殊教育史	朱宗顺
特殊教育研究方法（第二版）	杜晓新 宋永宁 等
特殊教育发展模式	任颂羔

21世纪特殊教育创新教材·发展与教育系列

视觉障碍儿童的发展与教育	邓 猛
听觉障碍儿童的发展与教育（第二版）	贺荟中
智力障碍儿童的发展与教育（第二版）	刘春玲 马红英
学习困难儿童的发展与教育（第二版）	赵 微
自闭症谱系障碍儿童的发展与教育	周念丽
情绪与行为障碍儿童的发展与教育	李闻戈
超常儿童的发展与教育（第二版）	苏雪云 张 旭

21世纪特殊教育创新教材·康复与训练系列

特殊儿童应用行为分析（第二版）	李 芳 李 丹

特殊儿童的游戏治疗	周念丽	智障学生职业教育模式	
特殊儿童的美术治疗	孙 霞	特殊教育学校学生康复与训练	
特殊儿童的音乐治疗	胡世红	特殊教育学校校本课程开发	
特殊儿童的心理治疗（第三版）	杨广学	特殊教育学校特奥运动项目建设	
特殊教育的辅具与康复	蒋建荣		
特殊儿童的感觉统合训练（第二版）	王和平	**21世纪学前教育专业规划教材**	
孤独症儿童课程与教学设计	王 梅	学前教育概论	李生兰
		学前教育管理学（第二版）	王 雯
21世纪特殊教育创新教材·融合教育系列		幼儿园课程新论	李生兰
融合教育本土化实践与发展	邓 猛等	幼儿园歌曲钢琴伴奏教程	果旭伟
融合教育理论反思与本土化探索	邓 猛	幼儿园舞蹈教学活动设计与指导（第二版）	董 丽
融合教育实践指南	邓 猛	实用乐理与视唱（第二版）	代 苗
融合教育理论指南	邓 猛	学前儿童美术教育	冯婉贞
融合教育导论（第二版）	雷江华	学前儿童科学教育	洪秀敏
学前融合教育（第二版）	雷江华 刘慧丽	学前儿童游戏	范明丽
小学融合教育概论	雷江华 袁 维	学前教育研究方法	郑福明
		学前教育史	郭法奇
21世纪特殊教育创新教材（第二辑）		外国学前教育史	郭法奇
特殊儿童心理与教育（第二版）	杨广学 张巧明 王 芳	学前教育政策与法规	魏 真
教育康复学导论	杜晓新 黄昭鸣	学前心理学	涂艳国 蔡 艳
特殊儿童病理学	王和平 杨长江	学前教育理论与实践教程	王 维 王维娅 孙 岩
特殊学校教师教育技能	昝 飞 马红英	学前儿童数学教育与活动设计	赵振国
		学前融合教育（第二版）	雷江华 刘慧丽
自闭谱系障碍儿童早期干预丛书		幼儿园教育质量评价导论	吴 钢
如何发展自闭谱系障碍儿童的沟通能力	朱晓晨 苏雪云	幼儿园绘本教学活动设计	赵 娟
如何理解自闭谱系障碍和早期干预	苏雪云	幼儿学习与教育心理学	张 莉
如何发展自闭谱系障碍儿童的社会交往能力		学前教育管理	虞永平
	吕 梦 杨广学	国外学前教育学本文献讲读	姜 勇
如何发展自闭谱系障碍儿童的自我照料能力			
	倪萍萍 周 波	**大学之道丛书精装版**	
如何在游戏中干预自闭谱系障碍儿童	朱 瑞 周念丽	美国高等教育通史	［美］亚瑟·科恩
如何发展自闭谱系障碍儿童的感知和运动能力		知识社会中的大学	［英］杰勒德·德兰迪
	韩文娟 徐 芳 王和平	大学之用（第五版）	［美］克拉克·克尔
如何发展自闭谱系障碍儿童的认知能力	潘前前 杨福义	营利性大学的崛起	［美］理查德·鲁克
自闭症谱系障碍儿童的发展与教育	周念丽	学术部落与学术领地：知识探索与学科文化	
如何通过音乐干预自闭谱系障碍儿童	张正琴		［英］托尼·比彻 保罗·特罗勒尔
如何通过画画干预自闭谱系障碍儿童	张正琴	美国现代大学的崛起	［美］劳伦斯·维赛
如何运用ACC促进自闭谱系障碍儿童的发展	苏雪云	教育的终结——大学何以放弃了对人生意义的追求	
孤独症儿童的关键性技能训练法	李 丹		［美］安东尼·T.克龙曼
自闭症儿童家长辅导手册	雷江华	世界一流大学的管理之道——大学管理研究导论 程 星	
孤独症儿童课程与教学设计	王 梅	后现代大学来临？	
融合教育理论反思与本土化探索	邓 猛		［英］安东尼·史密斯 弗兰克·韦伯斯特
自闭症谱系障碍儿童家庭支持系统	孙玉梅		
自闭症谱系障碍儿童团体社交游戏干预	李 芳	**大学之道丛书**	
孤独症儿童的教育与发展	王 梅 梁松梅	以学生为中心：当代本科教育改革之道	赵炬明
		市场化的底限	［美］大卫·科伯
特殊学校教育·康复·职业训练丛书（黄建行 雷江华 主编）		大学的理念	［英］亨利·纽曼
		哈佛：谁说了算	［美］理查德·布瑞德利
信息技术在特殊教育中的应用		麻省理工学院如何追求卓越	［美］查尔斯·维斯特

大学与市场的悖论	〔美〕罗杰·盖格
高等教育公司：营利性大学的崛起	〔美〕理查德·鲁克
公司文化中的大学：大学如何应对市场化压力	
	〔美〕埃里克·古尔德
美国高等教育质量认证与评估	
	〔美〕美国中部州高等教育委员会
现代大学及其图新	〔美〕谢尔顿·罗斯布莱特
美国文理学院的兴衰——凯尼恩学院纪实 〔美〕P.F.克鲁格
教育的终结：大学何以放弃了对人生意义的追求	
	〔美〕安东尼·T.克龙曼
大学的逻辑（第三版）	张维迎
我的科大十年（续集）	孔宪铎
高等教育理念	〔英〕罗纳德·巴尼特
美国现代大学的崛起	〔美〕劳伦斯·维赛
美国大学时代的学术自由	〔美〕沃特·梅兹格
美国高等教育通史	〔美〕亚瑟·科恩
美国高等教育史	〔美〕约翰·塞林
哈佛通识教育红皮书	哈佛委员会
高等教育何以为"高"——牛津导师制教学反思	
	〔英〕大卫·帕尔菲曼
印度理工学院的精英们	〔印度〕桑迪潘·德布
知识社会中的大学	〔英〕杰勒德·德兰迪
高等教育的未来：浮言、现实与市场风险	
	〔美〕弗兰克·纽曼等
后现代大学来临？	〔英〕安东尼·史密斯等
美国大学之魂	〔美〕乔治·M.马斯登
大学理念重审：与纽曼对话	〔美〕雅罗斯拉夫·帕利坎
学术部落及其领地——当代学术界生态揭秘（第二版）	
	〔英〕托尼·比彻 保罗·特罗勒尔
德国古典大学观及其对中国大学的影响（第二版） 陈洪捷
转变中的大学：传统、议题与前景	郭为藩
学术资本主义：政治、政策和创业型大学	
	〔美〕希拉·斯劳特 拉里·莱斯利
21世纪的大学	〔美〕詹姆斯·杜德斯达
美国公立大学的未来	
	〔美〕詹姆斯·杜德斯达 弗瑞斯·沃马克
东西象牙塔	孔宪铎
理性捍卫大学	眭依凡

学术规范与研究方法系列

如何为学术刊物撰稿（第三版）	〔英〕罗薇娜·莫瑞
如何查找文献（第二版）	〔英〕萨莉·拉姆齐
给研究生的学术建议（第二版）	〔英〕玛丽安·彼得等
社会科学研究的基本规则（第四版）	〔英〕朱迪斯·贝尔
做好社会研究的10个关键	〔英〕马丁·丹斯考姆
如何写好科研项目申请书	〔美〕安德鲁·弗里德兰德等
教育研究方法（第六版）	〔美〕梅瑞迪斯·高尔等
高等教育研究：进展与方法	〔英〕马尔科姆·泰特
如何成为学术论文写作高手	〔美〕华乐丝
参加国际学术会议必须要做的那些事	〔美〕华乐丝
如何成为优秀的研究生	〔美〕布卢姆
结构方程模型及其应用	易丹辉 李静萍
学位论文写作与学术规范（第二版）	李 武 毛远逸 肖东发
生命科学论文写作指南	〔加〕白青云
法律实证研究方法（第二版）	白建军
传播学定性研究方法（第二版）	李 琨

21世纪高校教师职业发展读本

如何成为卓越的大学教师	〔美〕肯·贝恩
给大学新教员的建议	〔美〕罗伯特·博伊斯
如何提高学生学习质量	〔英〕迈克尔·普洛瑟等
学术界的生存智慧	〔美〕约翰·达利等
给研究生导师的建议（第2版）	〔英〕萨拉·德拉蒙特等
高校课程理论——大学教师必修课	黄福涛

21世纪教师教育系列教材·物理教育系列

中学物理教学设计	王霞
中学物理微格教学教程（第三版）	张军朋 詹伟琴 王恬
中学物理科学探究学习评价与案例	张军朋 许桂清
物理教学论	邢红军
中学物理教学法	邢红军
中学物理教学评价与案例分析	王建中 孟红娟
中学物理课程与教学论	张军朋 许桂清
物理学习心理学	张军朋
中学物理课程与教学设计	王霞

21世纪教育科学系列教材·学科学习心理学系列

数学学习心理学（第三版）	孔凡哲
语文学习心理学	董蓓菲

21世纪教师教育系列教材

青少年心理发展与教育	林洪新 郑淑杰
教育心理学（第二版）	李晓东
教育学基础	庞守兴
教育学	余文森 王晞
教育研究方法	刘淑杰
教育心理学	王晓明
心理学导论	杨凤云
教育心理学概论	连榕 罗丽芳
课程与教学论	李允
教师专业发展导论	于胜刚
学校教育概论	李清雁
现代教育评价教程（第二版）	吴钢
教师礼仪实务	刘霄
家庭教育新论	闫旭蕾 杨萍
中学班级管理	张宝书
教育职业道德	刘亭亭
教师心理健康	张怀春

书名	作者
现代教育技术	冯玲玉
青少年发展与教育心理学	张 清
课程与教学论	李 允
课堂与教学艺术（第二版）	孙菊如 陈春荣
教育学原理	靳淑梅 许红花
教育心理学（融媒体版）	徐 凯
高中思想政治课程标准与教材分析	胡田庚 高 鑫

21世纪教师教育系列教材·初等教育系列

书名	作者
小学教育学	田友谊
小学教育学基础	张永明 曾 碧
小学班级管理	张永明 宋彩琴
初等教育课程与教学论	罗祖兵
小学教育研究方法	王红艳
新理念小学数学教学论	刘京莉
新理念小学音乐教学论（第二版）	吴跃跃
初中历史跨学科主题学习案例集	杜 芳 陆优君
青少年心理发展与教育	林洪新 郑淑杰
名著导读12讲——初中语文整本书阅读指导手册	文贵良
小学融合教育概论	雷江华 袁 维

教师资格认定及师范类毕业生上岗考试辅导教材

书名	作者
教育学	余文森 王 晞
教育心理学概论	连 榕 罗丽芳

21世纪教师教育系列教材·学科教育心理学系列

书名	作者
语文教育心理学	董蓓菲
生物教育心理学	胡继飞

21世纪教师教育系列教材·学科教学论系列

书名	作者
新理念化学教学论（第二版）	王后雄
新理念科学教学论（第二版）	崔 鸿 张海珠
新理念生物教学论（第二版）	崔 鸿 郑晓慧
新理念地理教学论（第三版）	李家清
新理念历史教学论（第二版）	杜 芳
新理念思想政治（品德）教学论（第三版）	胡田庚
新理念信息技术教学论（第二版）	吴军其
新理念数学教学论	冯 虹
新理念小学音乐教学论（第二版）	吴跃跃

21世纪教师教育系列教材·语文教育系列

书名	作者
语文文本解读实用教程	荣维东
语文课程教师专业技能训练	张学凯 刘丽丽
语文课程与教学发展简史	武玉鹏 王从华 黄修志
语文课程学与教的心理学基础	韩雪屏 王朝霞
语文课程名师名课案例分析	武玉鹏 郭治锋等
语用性质的语文课程与教学论	王元华
语文课堂教学技能训练教程（第二版）	周小蓬
中外母语教学策略	周小蓬
中学各类作文评价指引	周小蓬
中学语文名篇新讲	杨 朴 杨 旸
语文教师职业技能训练教程	韩世姣

21世纪教师教育系列教材·学科教学技能训练系列

书名	作者
新理念生物教学技能训练（第二版）	崔 鸿
新理念思想政治（品德）教学技能训练（第三版）	胡田庚 赵海山
新理念地理教学技能训练（第二版）	李家清
新理念化学教学技能训练（第二版）	王后雄
新理念数学教学技能训练	王光明

王后雄教师教育系列教材

书名	作者
教育考试的理论与方法	王后雄
化学教育测量与评价	王后雄
中学化学实验教学研究	王后雄
新理念化学教学诊断学	王后雄

西方心理学名著译丛

书名	作者
儿童的人格形成及其培养	[奥地利]阿德勒
活出生命的意义	[奥地利]阿德勒
生活的科学	[奥地利]阿德勒
理解人生	[奥地利]阿德勒
荣格心理学七讲	[美]卡尔文·霍尔
系统心理学：绪论	[美]爱德华·铁钦纳
社会心理学导论	[美]威廉·麦独孤
思维与语言	[俄]列夫·维果茨基
人类的学习	[美]爱德华·桑代克
基础与应用心理学	[德]雨果·闵斯特伯格
记忆	[德]赫尔曼·艾宾浩斯
实验心理学（上下册）	[美]伍德沃斯 施洛斯贝格
格式塔心理学原理	[美]库尔特·考夫卡

21世纪教师教育系列教材·专业养成系列（赵国栋 主编）

书名	作者
微课与慕课设计初级教程	
微课与慕课设计高级教程	
微课、翻转课堂和慕课设计实操教程	
网络调查研究方法概论（第二版）	
PPT云课堂教学法	
快课教学法	

其他

书名	作者
三笔字楷书书法教程（第二版）	刘慧龙
植物科学绘画——从入门到精通	孙英宝
艺术批评原理与写作（第二版）	王洪义
学习科学导论	尚俊杰
艺术素养通识课	王洪义